Ulrike Schmidt

Herbst

Über 70 DIY-Deko-Ideen aus meiner Blumenwerkstatt

BLOOM'S

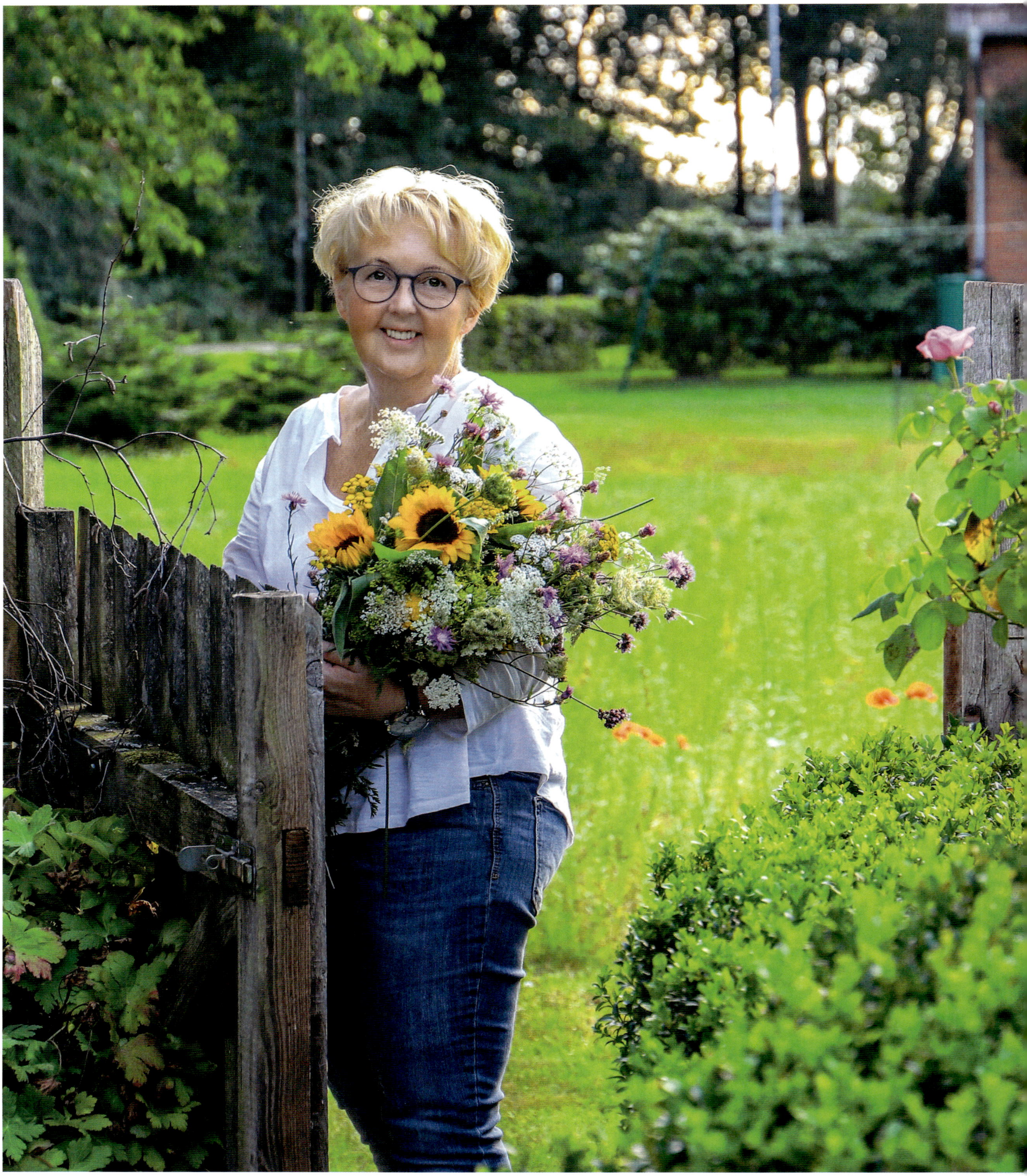

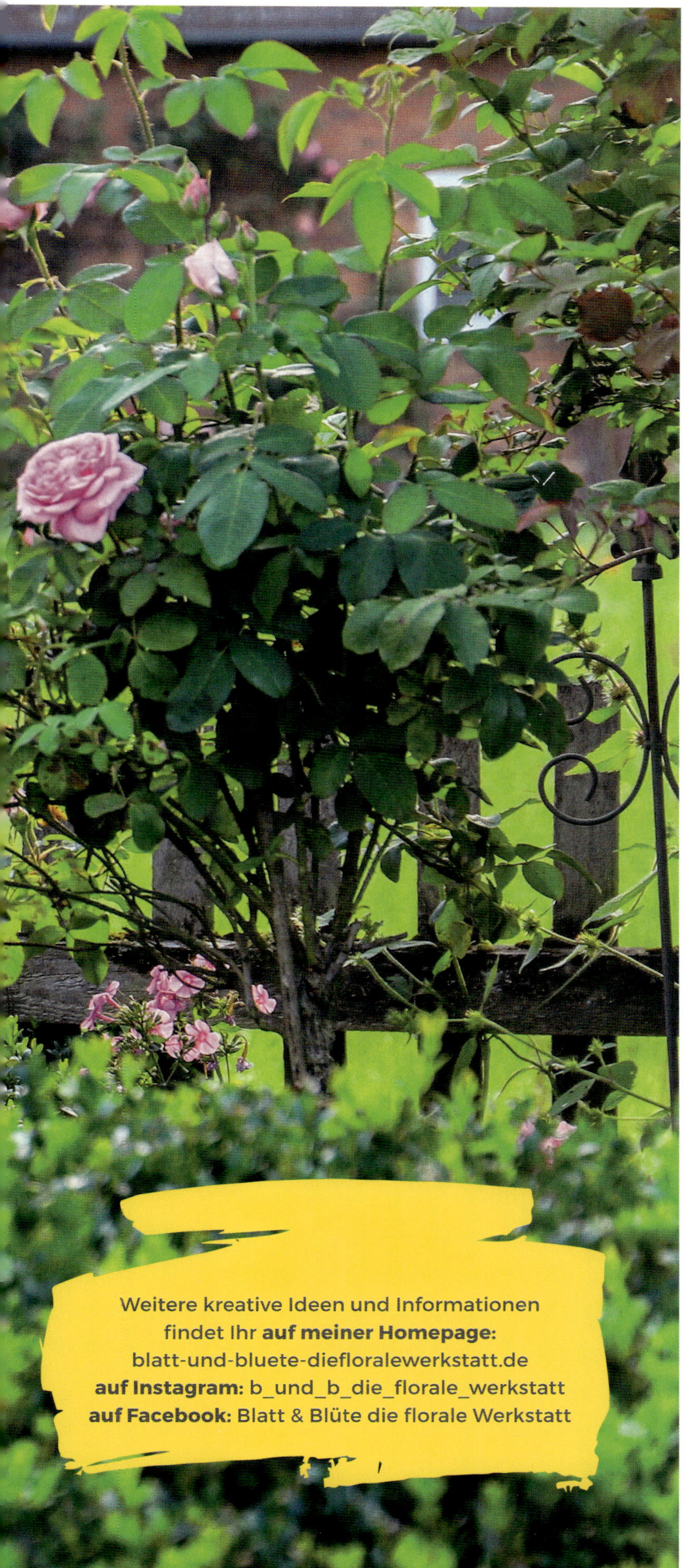

Weitere kreative Ideen und Informationen findet Ihr **auf meiner Homepage:** blatt-und-bluete-diefloralewerkstatt.de
auf Instagram: b_und_b_die_florale_werkstatt
auf Facebook: Blatt & Blüte die florale Werkstatt

Hereinspaziert ...

ich lade Euch ein, mich auf eine farbenfrohe, kreative Reise durch den Herbst zu begleiten. In meinem zweiten Buch „Herbst – über 70 DIY-Deko-Ideen aus meiner Blumenwerkstatt" nehme ich Euch wieder an die Hand und zeige Euch, wie Ihr herbstliche Kränze, Tischdekorationen und kleine Mitbringsel gestaltet. Dabei helfen die vielen bebilderten Schritt-für-Schritt-Anleitungen und Tipps auch Ungeübten beim eigenen Kreativwerden.

Der Garten bietet mir dabei eine unerschöpfliche Spielwiese mit der Farbpower des Herbstes. Somit entstanden viele Kreationen mit Blumen aus dem eigenen Garten. Einige Ideen lassen sich auch mit anderen Materialien fertigen. Es ist wie beim Kochen, hat man nicht die passenden Zutaten für ein Rezept, sucht man nach Ersatz.

Entstanden ist ein wunderschönes Herbstbuch, das im Spätsommer startet. Ich hoffe, ich kann Euch genauso begeistern und wünsche Euch eine farbenfrohe und kreative Herbstzeit.

Eure Ulrike Schmidt

Inhaltsverzeichnis

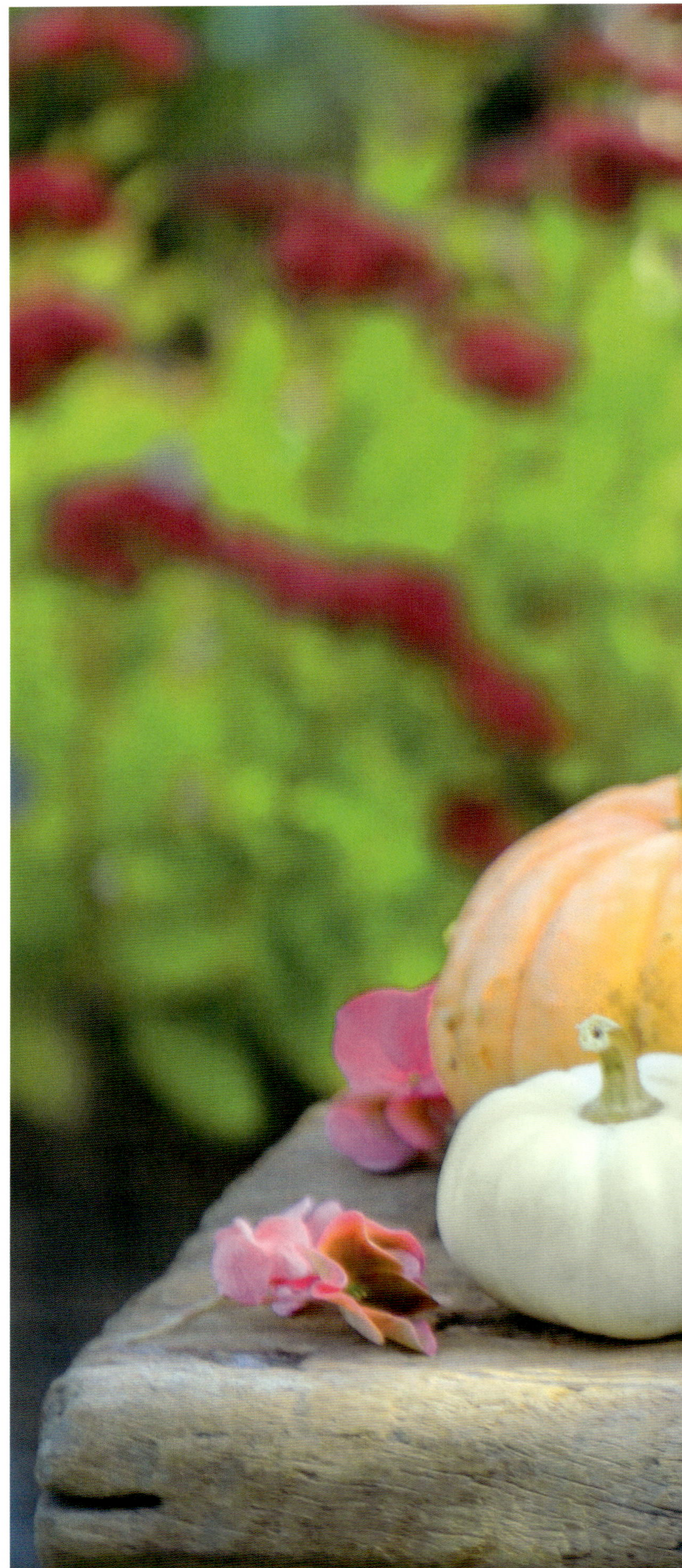

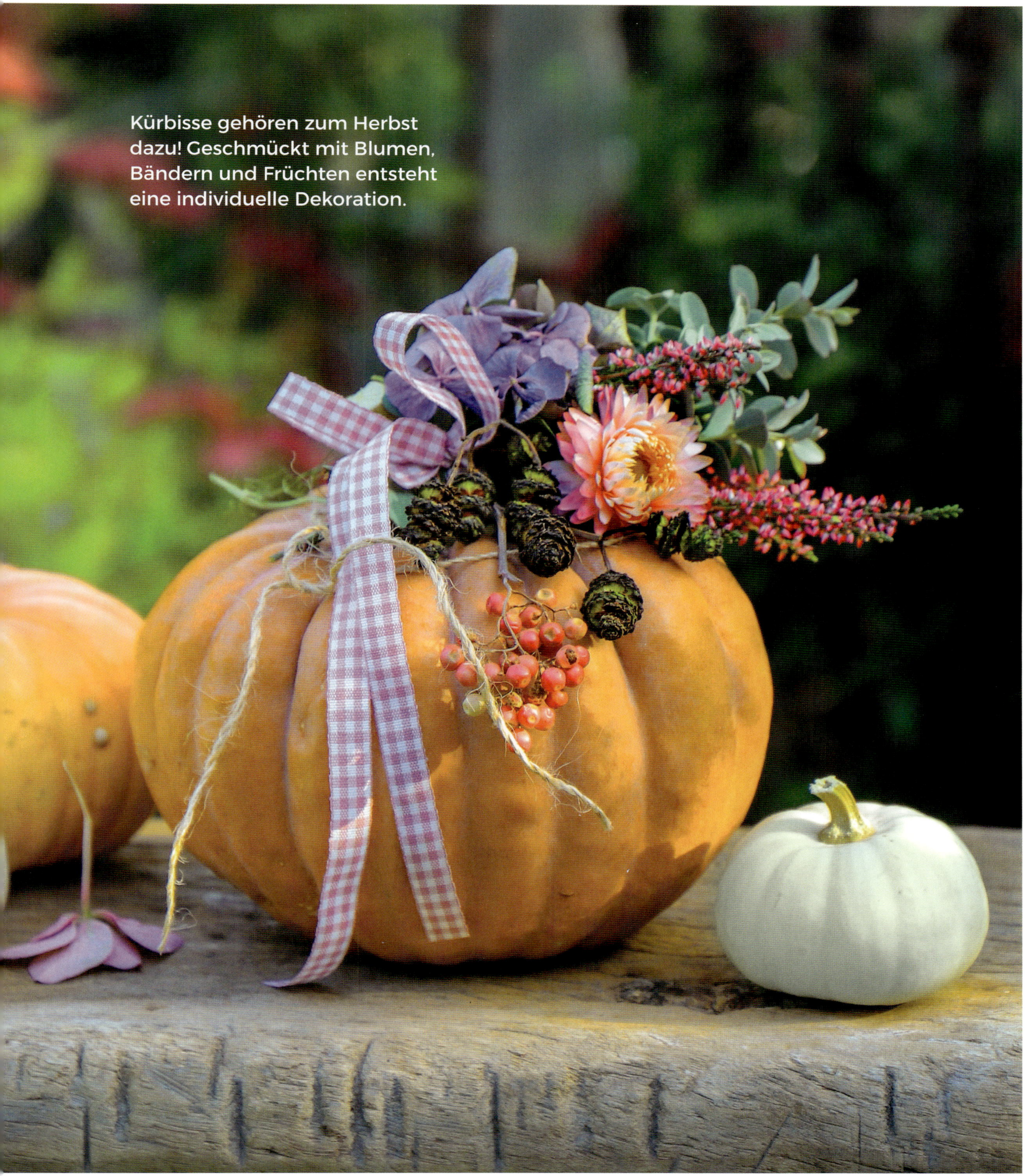
Kürbisse gehören zum Herbst dazu! Geschmückt mit Blumen, Bändern und Früchten entsteht eine individuelle Dekoration.

Bunt durch den frühen Herbst

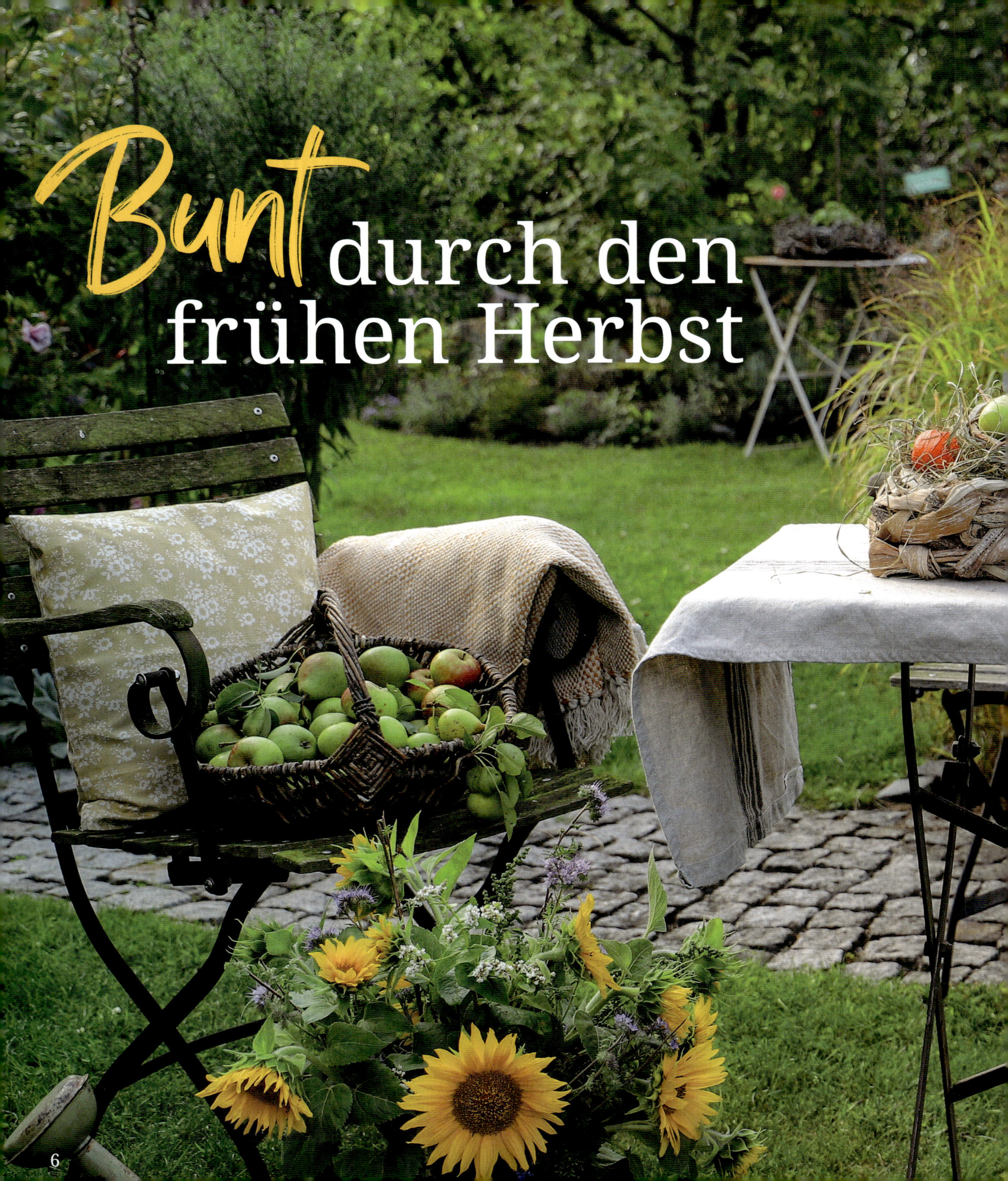

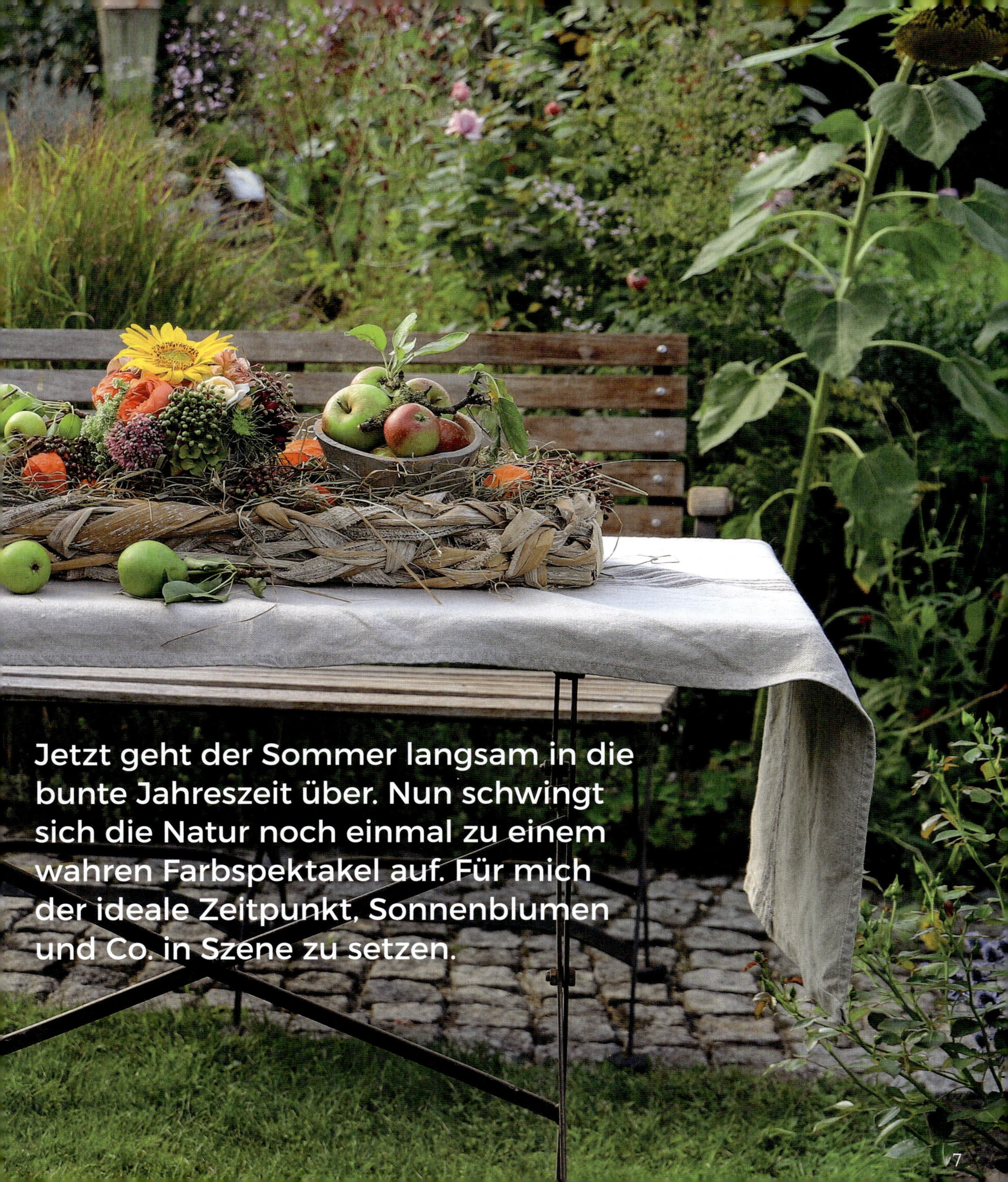

Jetzt geht der Sommer langsam in die bunte Jahreszeit über. Nun schwingt sich die Natur noch einmal zu einem wahren Farbspektakel auf. Für mich der ideale Zeitpunkt, Sonnenblumen und Co. in Szene zu setzen.

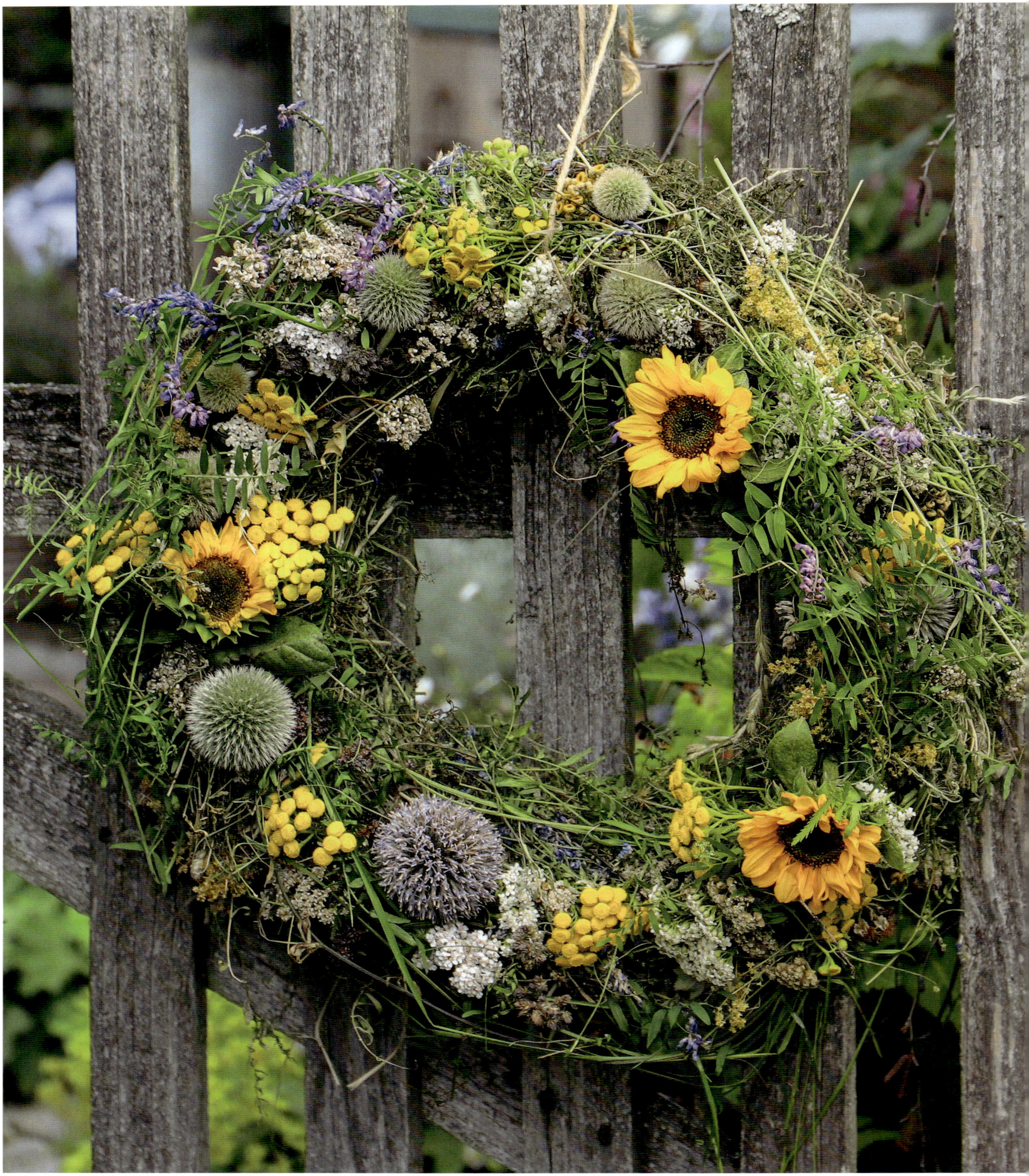

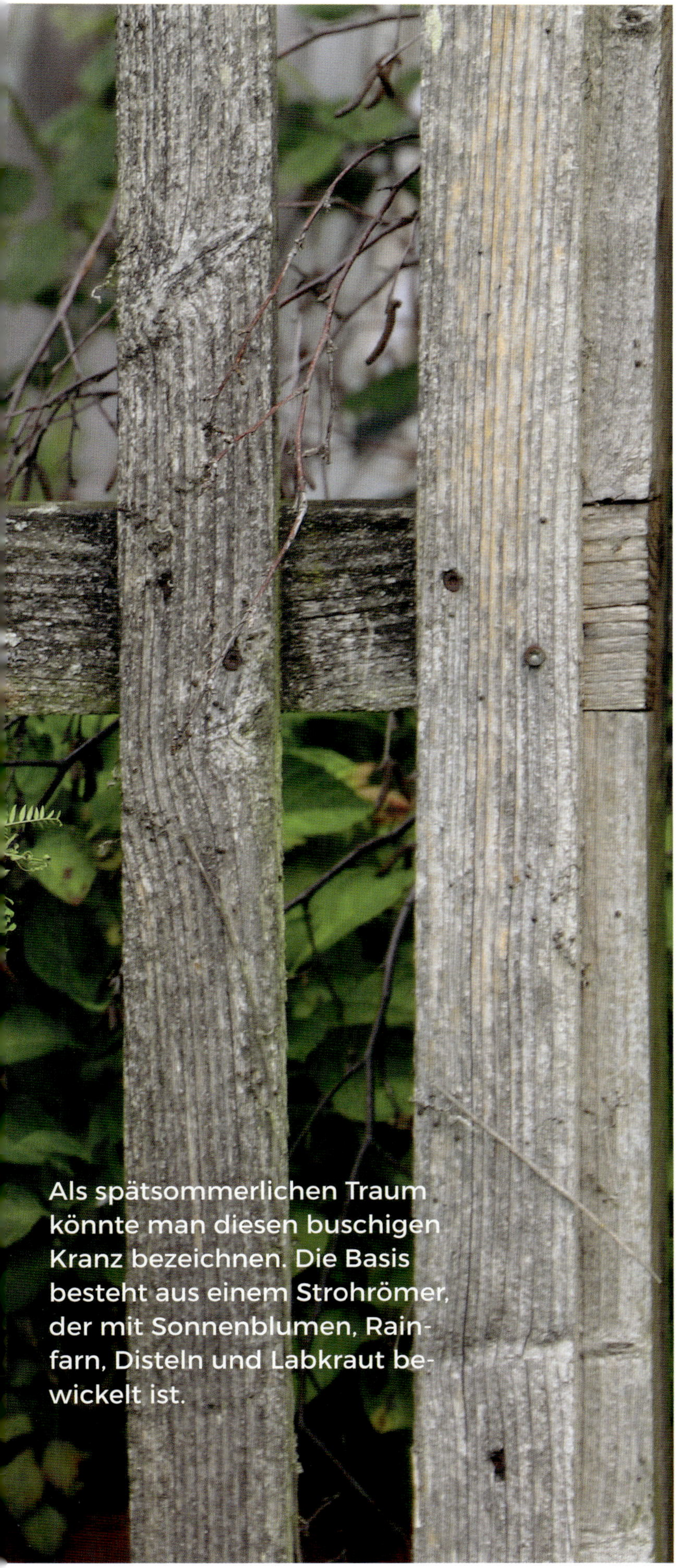

Als spätsommerlichen Traum könnte man diesen buschigen Kranz bezeichnen. Die Basis besteht aus einem Strohrömer, der mit Sonnenblumen, Rainfarn, Disteln und Labkraut bewickelt ist.

Späte Sommergrüße

Wenn sich der Sommer langsam verabschiedet und der Herbst Einzug erhält, dann haben Sonnenblumen ihren großen Auftritt. Gemeinsam mit Wilder Möhre, Disteln, Gräsern und mehr ergeben sie einen herrlichen Strauß.

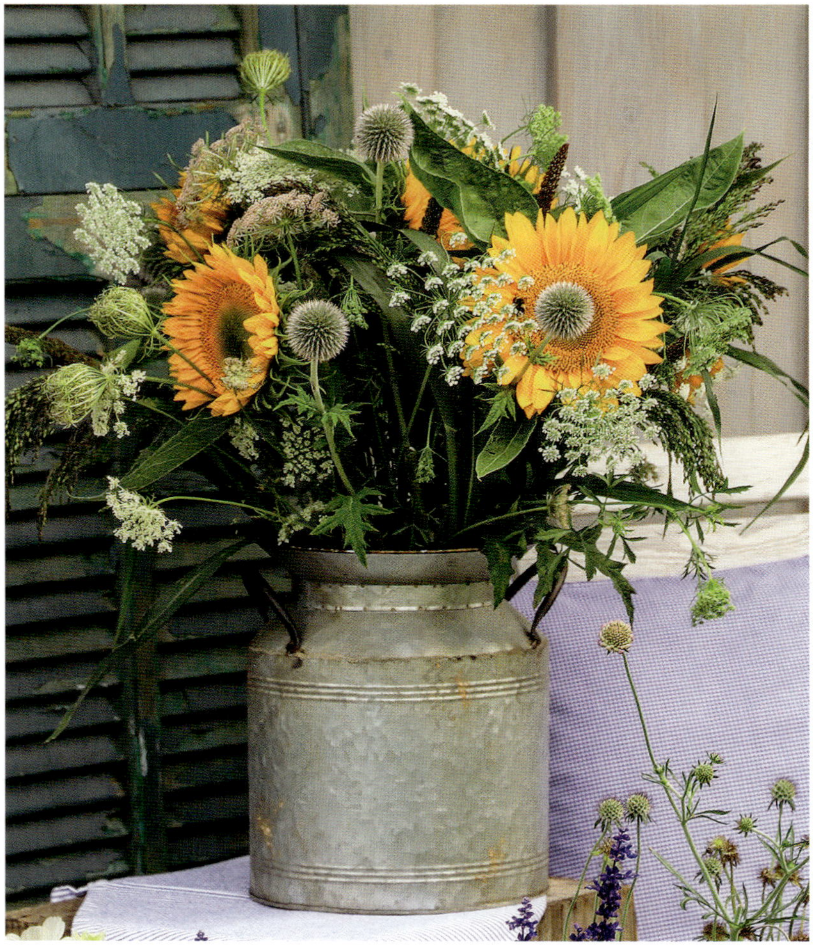

Strahlende Sinfonien

Blütenreich und nostalgisch zugleich! Sonnenblumen sind nicht nur besonders groß, sondern ihre Köpfe sind auch ziemlich schwer. Wer dafür nicht die passende Vase zur Hand hat, kann sich auch mit einer alten Gießkanne behelfen.

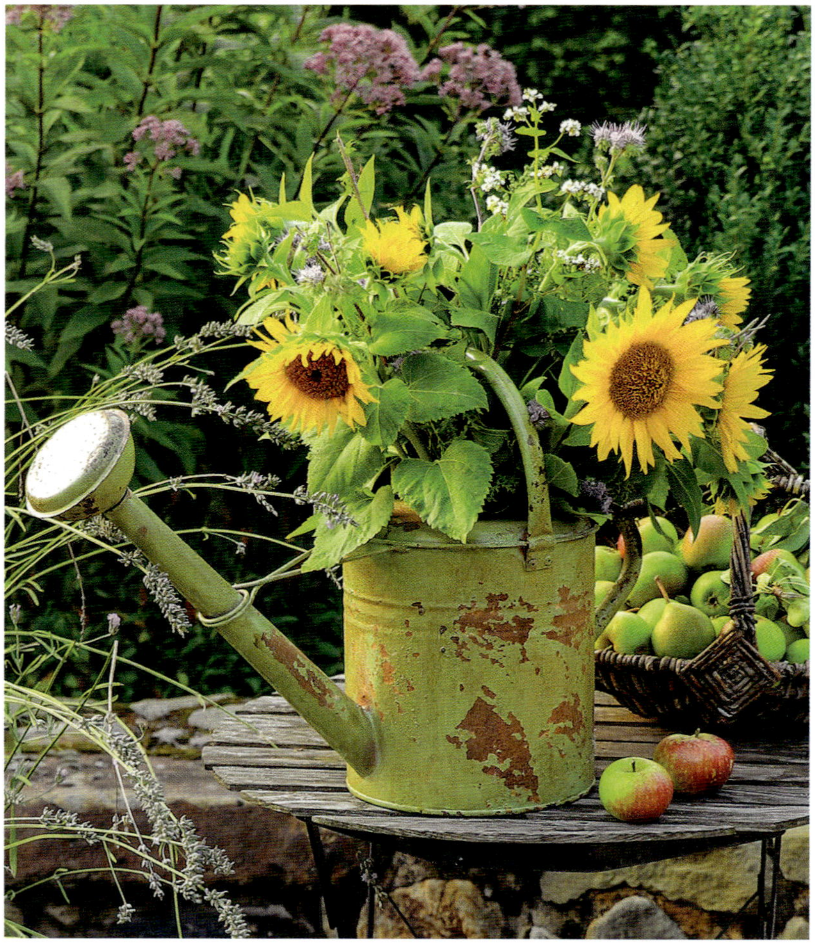

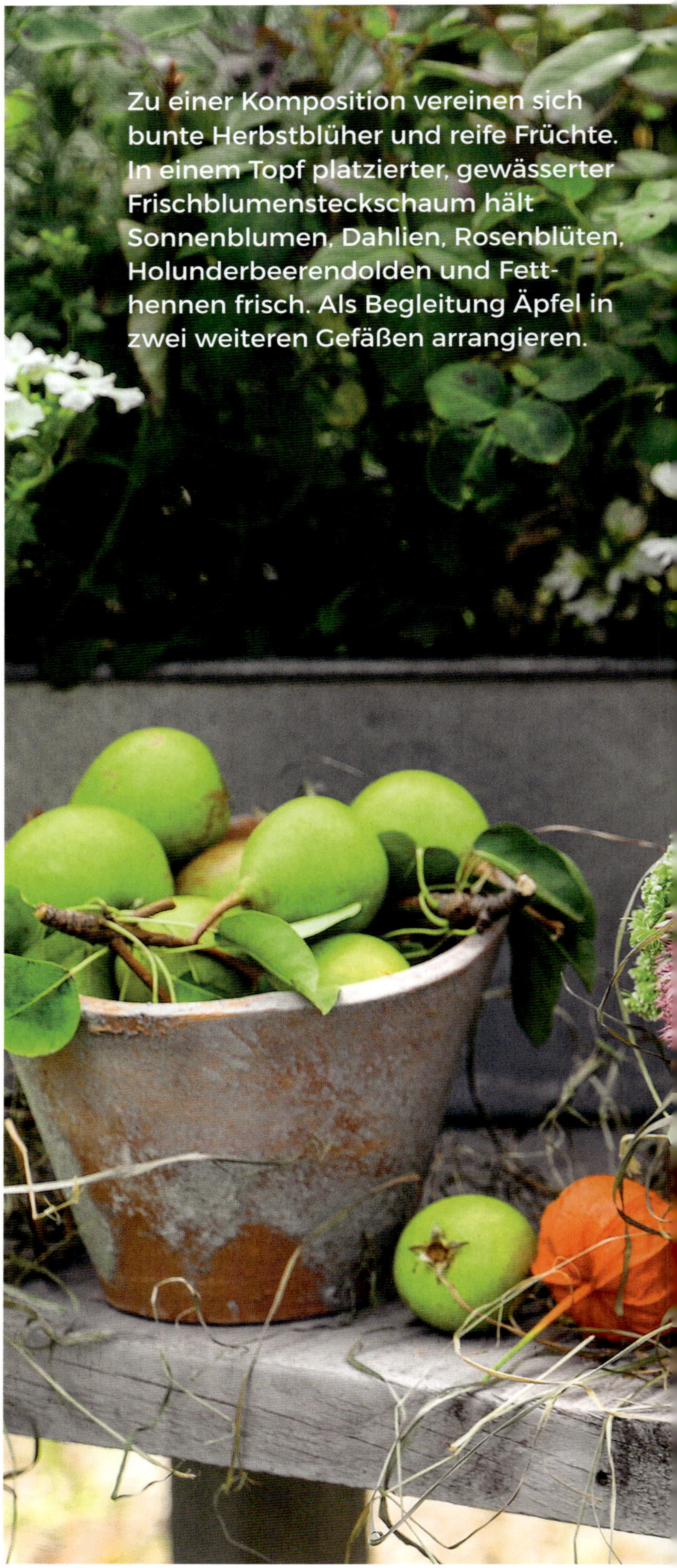

Zu einer Komposition vereinen sich bunte Herbstblüher und reife Früchte. In einem Topf platzierter, gewässerter Frischblumensteckschaum hält Sonnenblumen, Dahlien, Rosenblüten, Holunderbeerendolden und Fetthennen frisch. Als Begleitung Äpfel in zwei weiteren Gefäßen arrangieren.

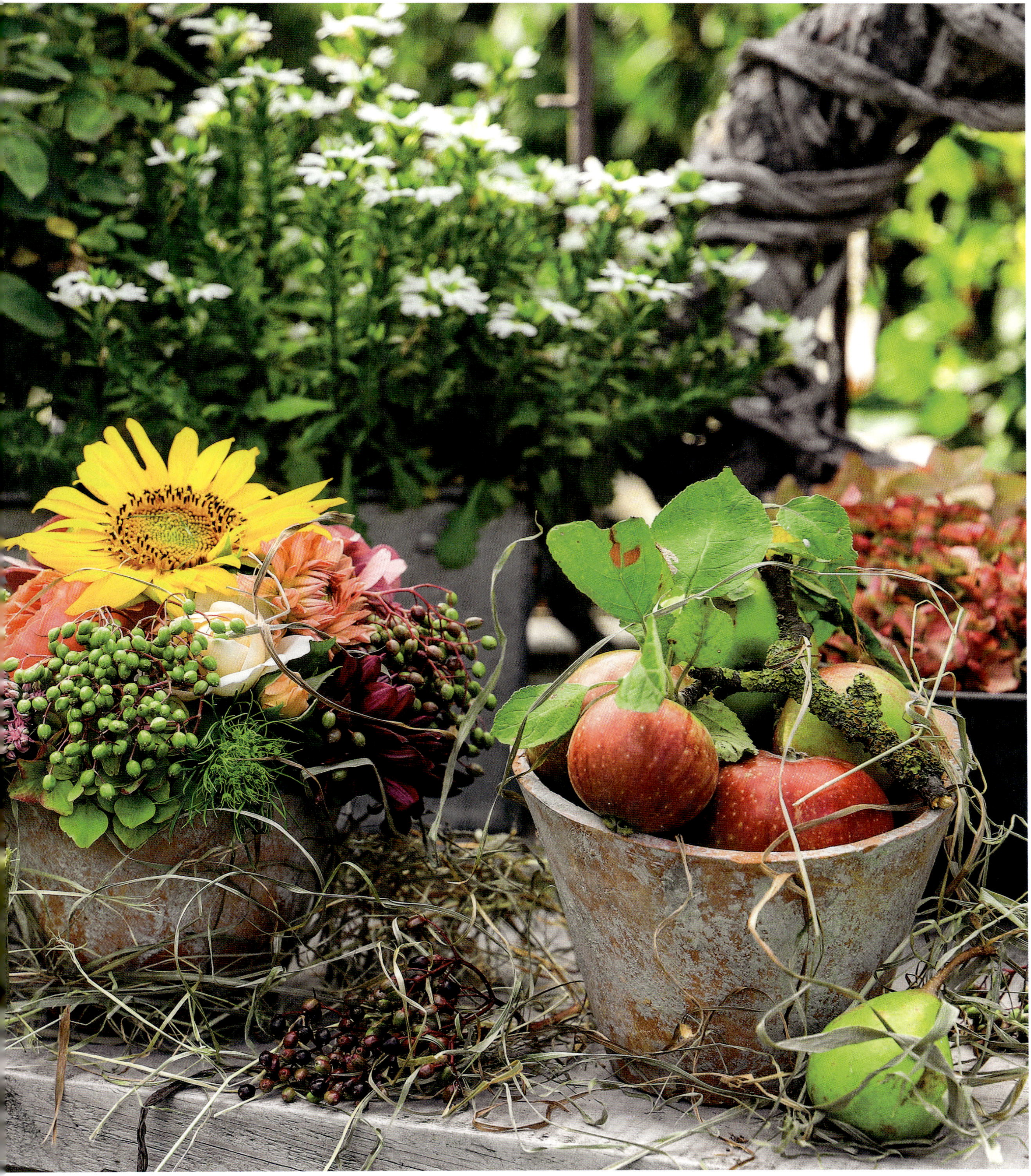

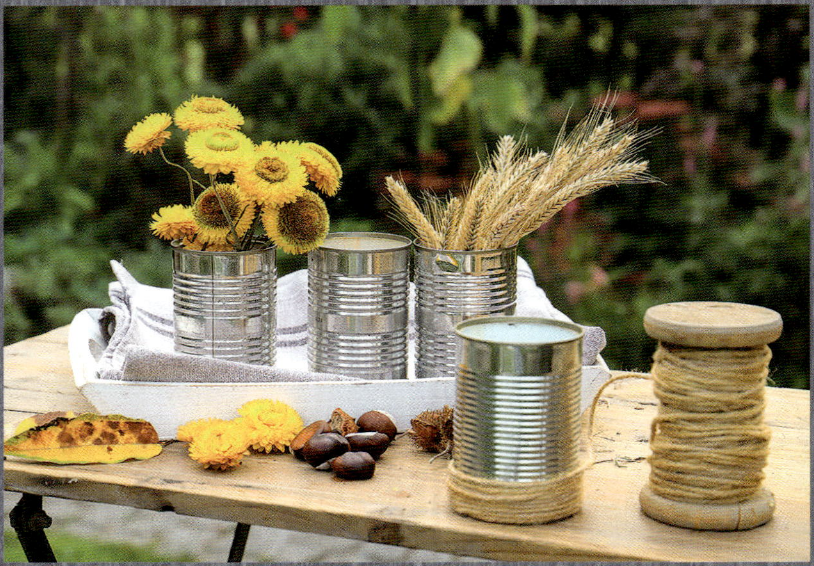

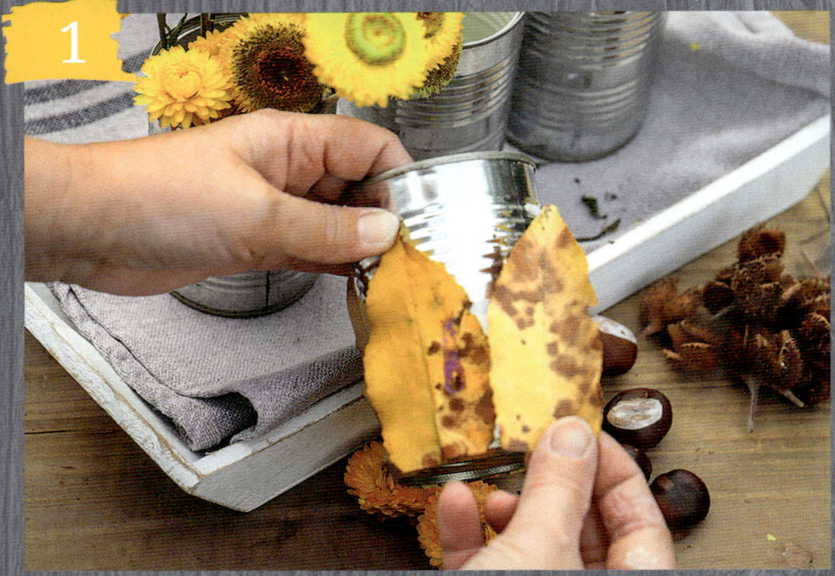

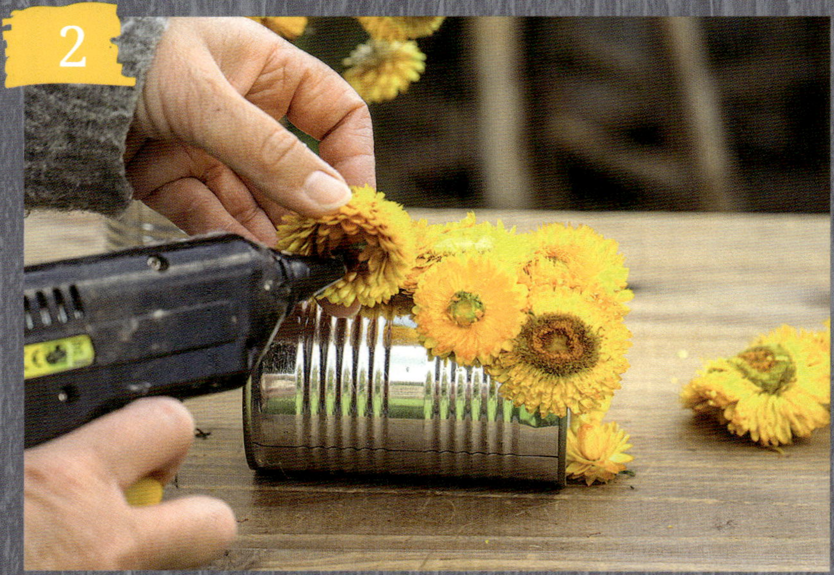

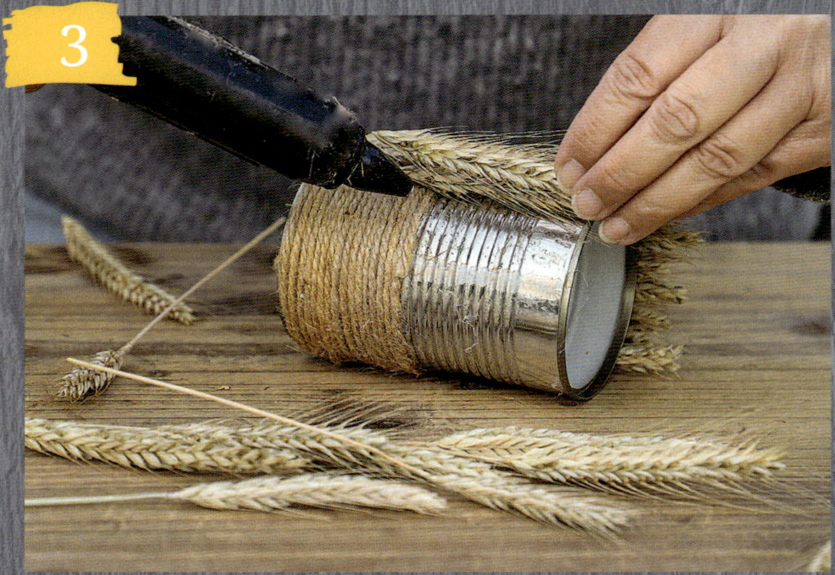

Material: Dosen, Heißkleber, Juteschnur sowie getrocknete Floralien und Fruchtstände wie Strohblumen, Getreideähren, Laub und Bucheckern

Anleitung: Die Banderole der leeren und gesäuberten Konservendosen entfernen. Dann jeweils mit Laub (1), Strohblumen (2) und Bucheckern bekleben. Die vierte Dose zunächst mit Juteschnur umwickeln, dann die Getreideähren aufkleben (3). Die Dosen mit Wasser füllen und verschiedene Blumen und Gräser einstellen.

Tipp

Wer keine leeren Konservendosen hat, kann natürlich auch ausrangierte Marmeladengläser benutzen.

Vasen aus Dosen

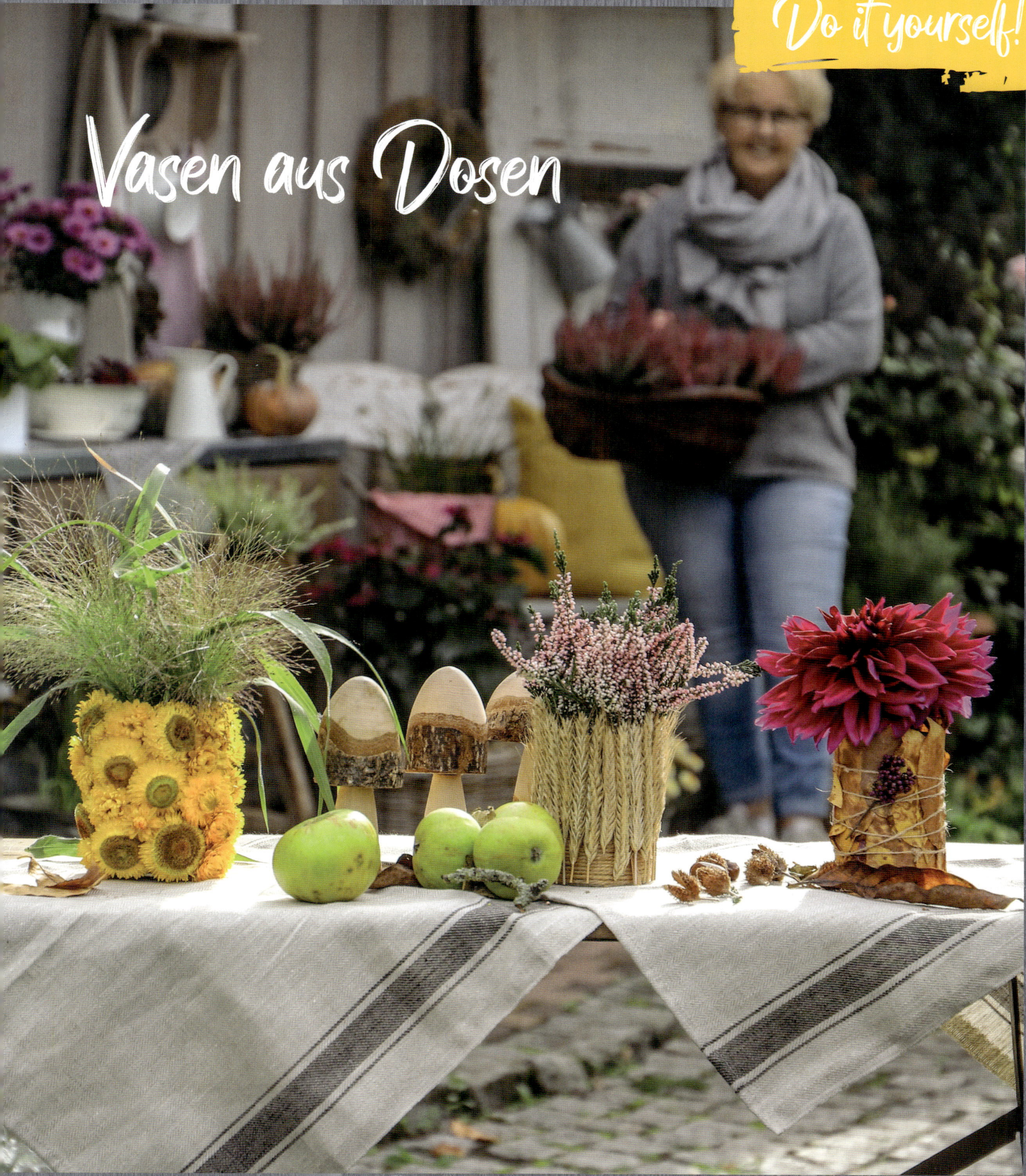

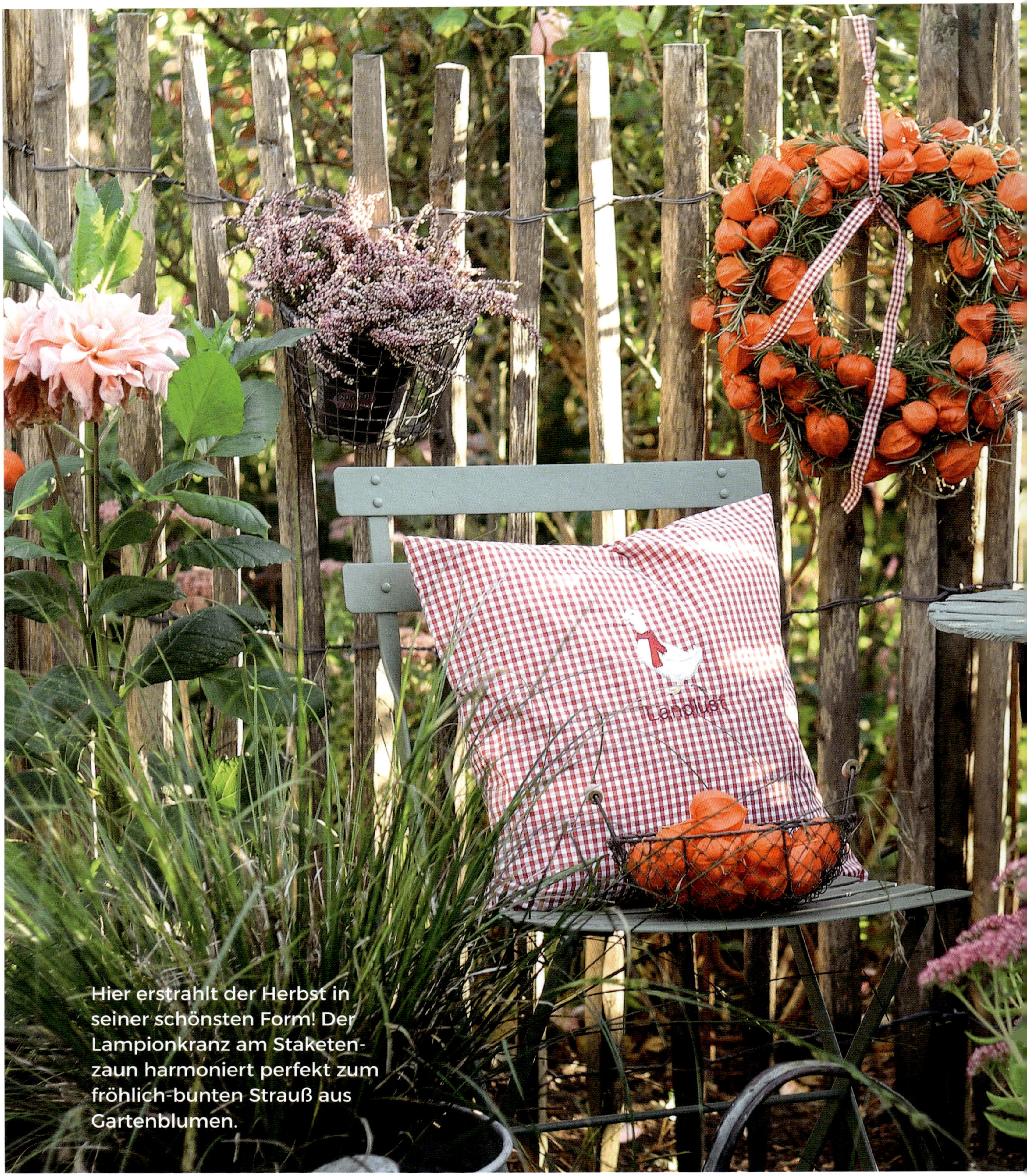

Hier erstrahlt der Herbst in seiner schönsten Form! Der Lampionkranz am Staketenzaun harmoniert perfekt zum fröhlich-bunten Strauß aus Gartenblumen.

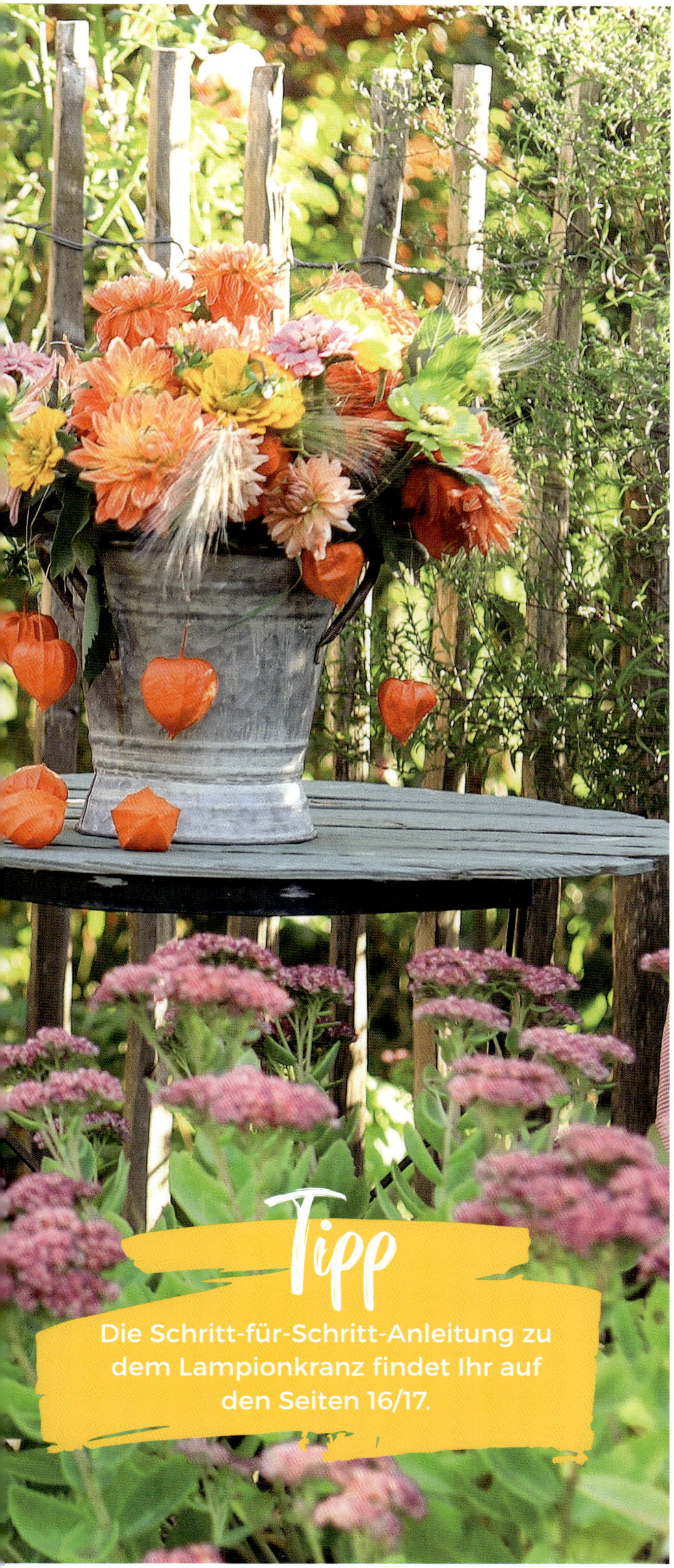

Farbenfrohe Üppigkeit

In einem alten Zinkgefäß kommt das farbenprächtige Bouquet aus Dahlien, Lampionblumen und Zinnien perfekt zur Geltung.

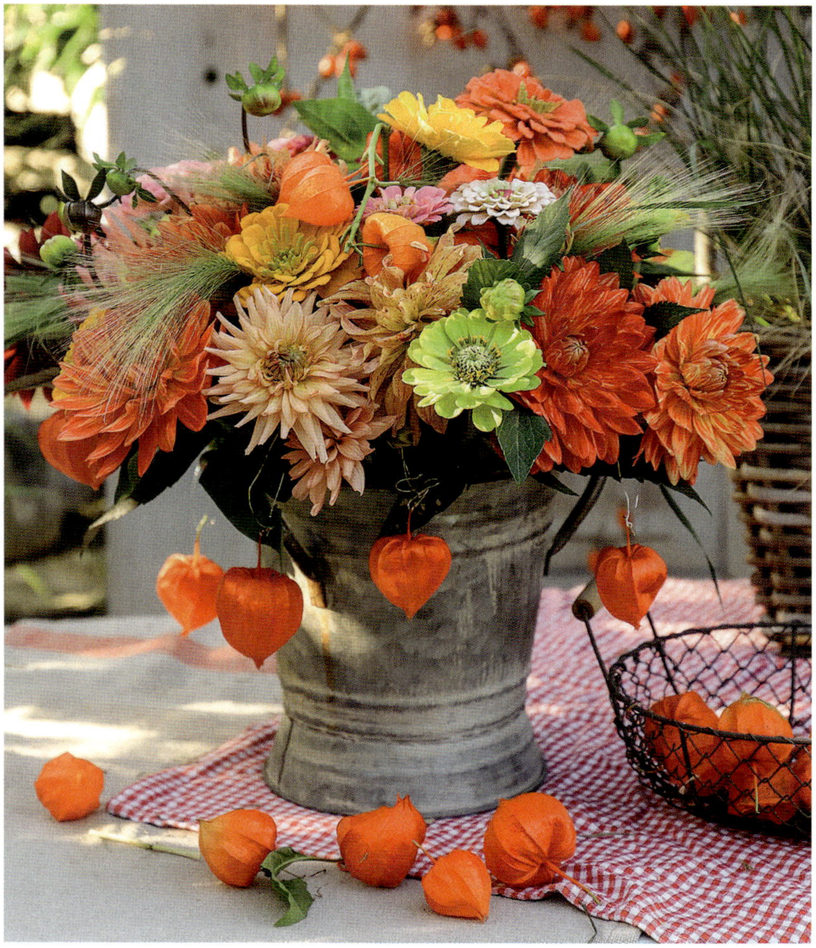

1

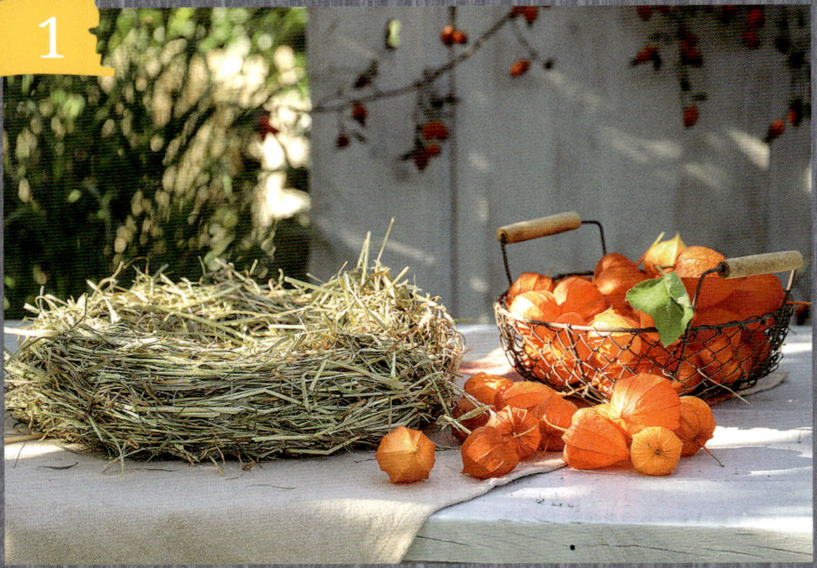

2

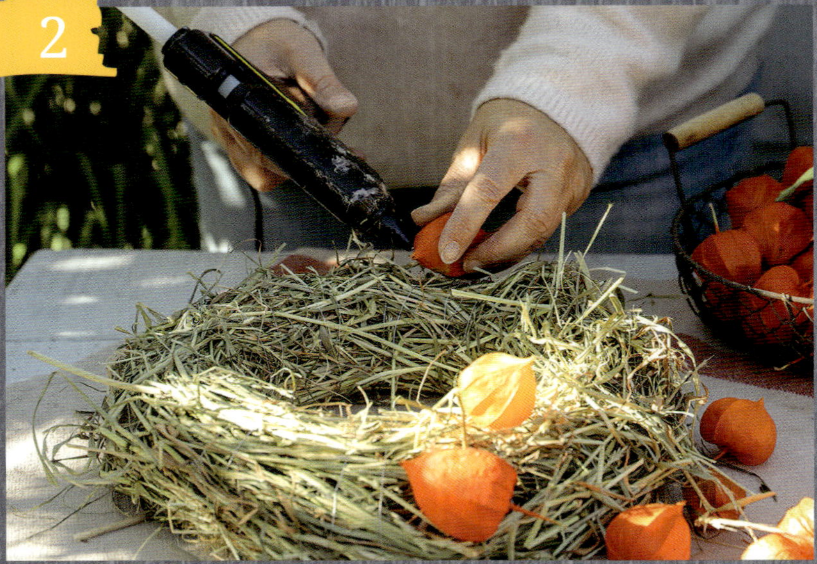

3

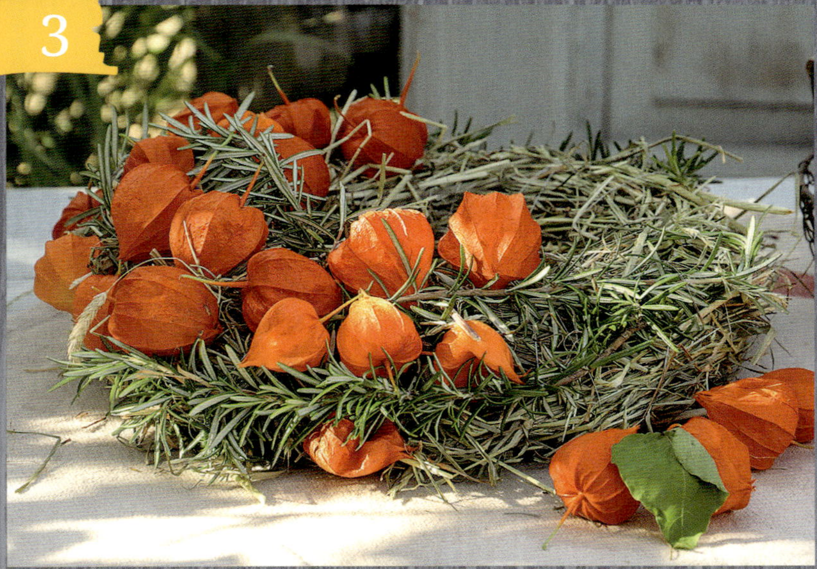

Lampionkranz

Material: Strohrömer (Durchmesser 25 cm), Heißkleber, Wickeldraht sowie Heu, Rosmarinzweige und Lampionblumen

Anleitung: Das Heu büschelweise locker um den Strohrömer binden und mit Draht fixieren (1). Rosmarinzweige dazwischen platzieren. Lampionblumen mithilfe von Heißkleber rund um den Kranz befestigen (2 + 3).

Do it yourself!

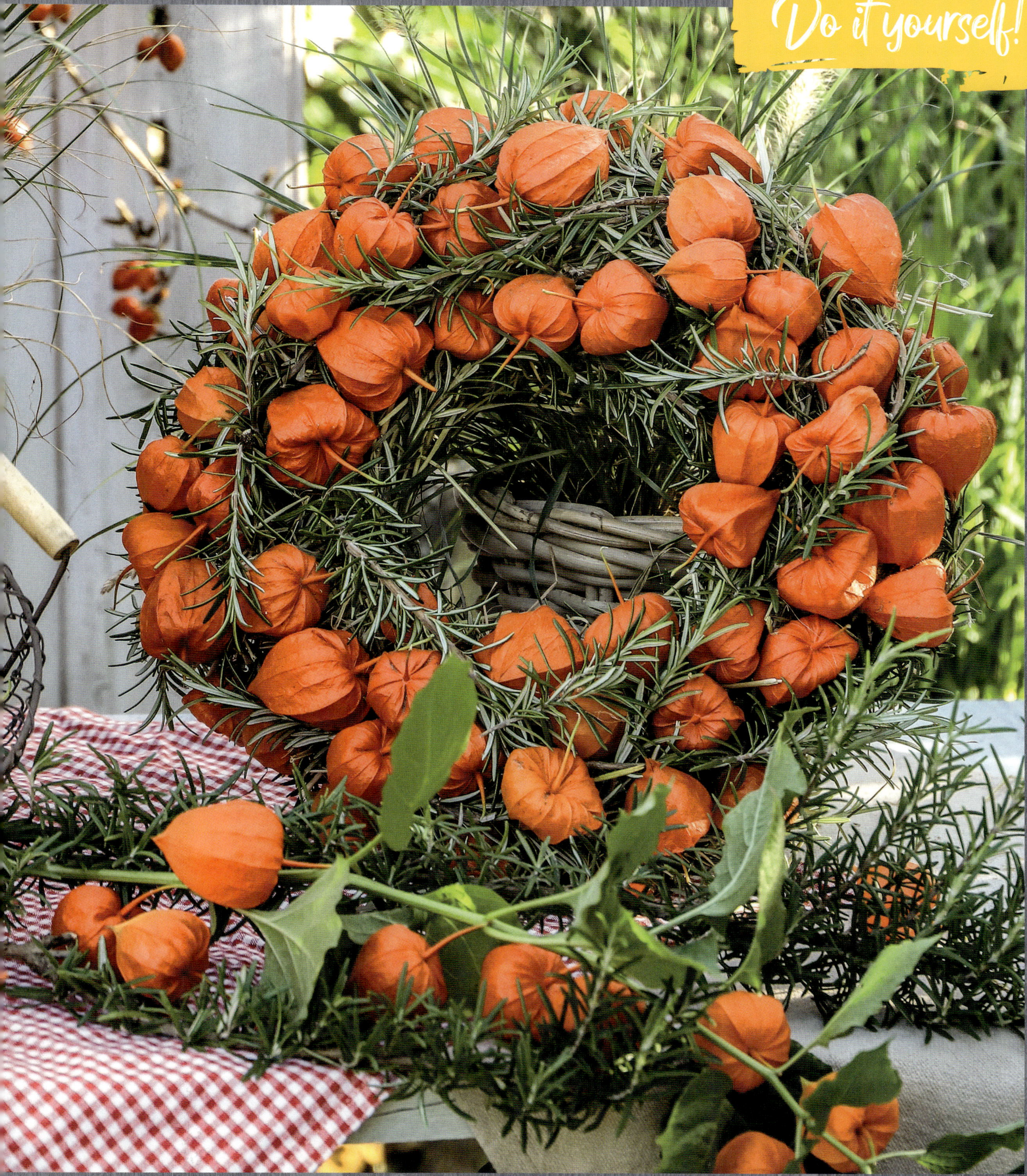

Nostalgisch mit Wiesenflair

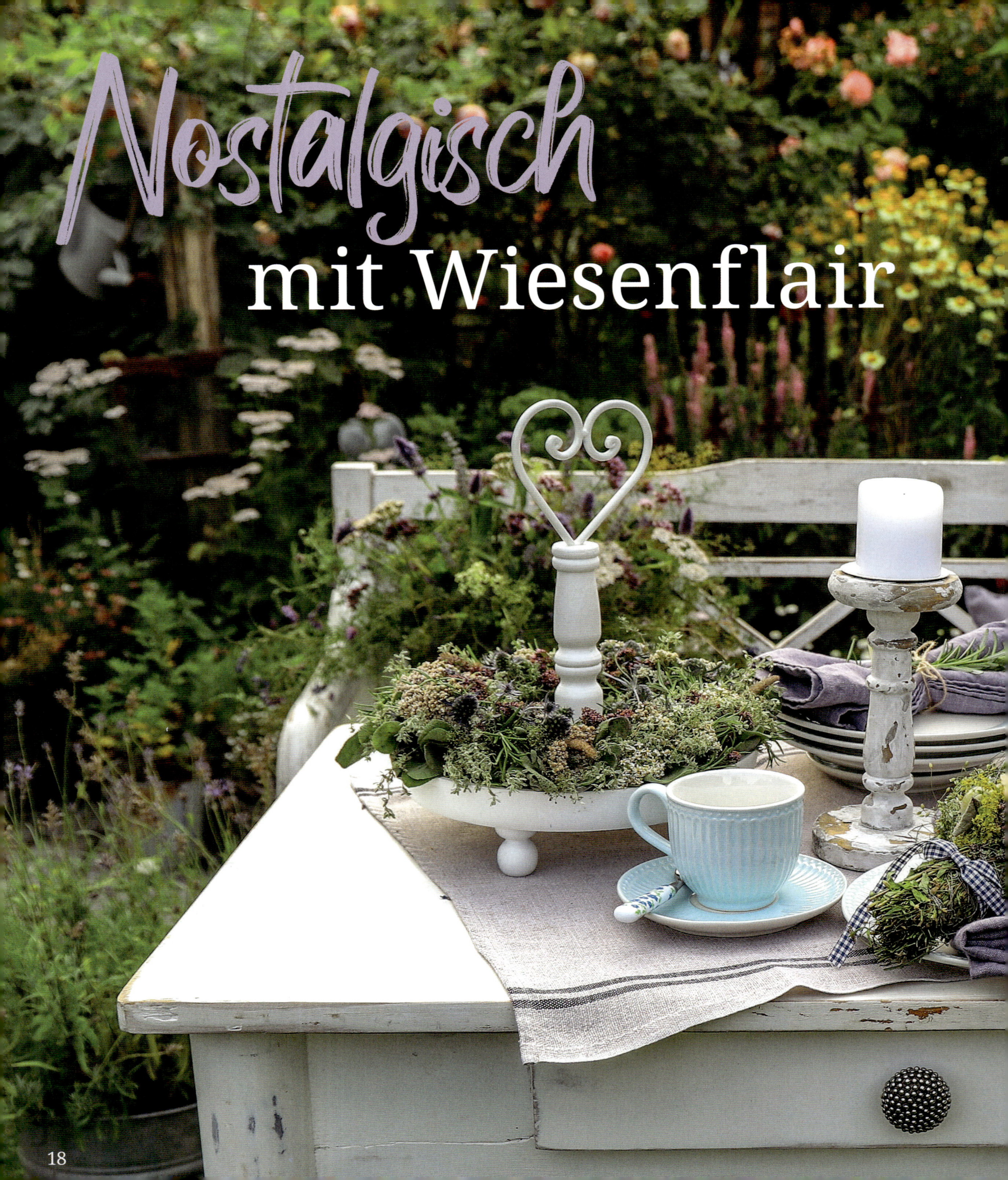

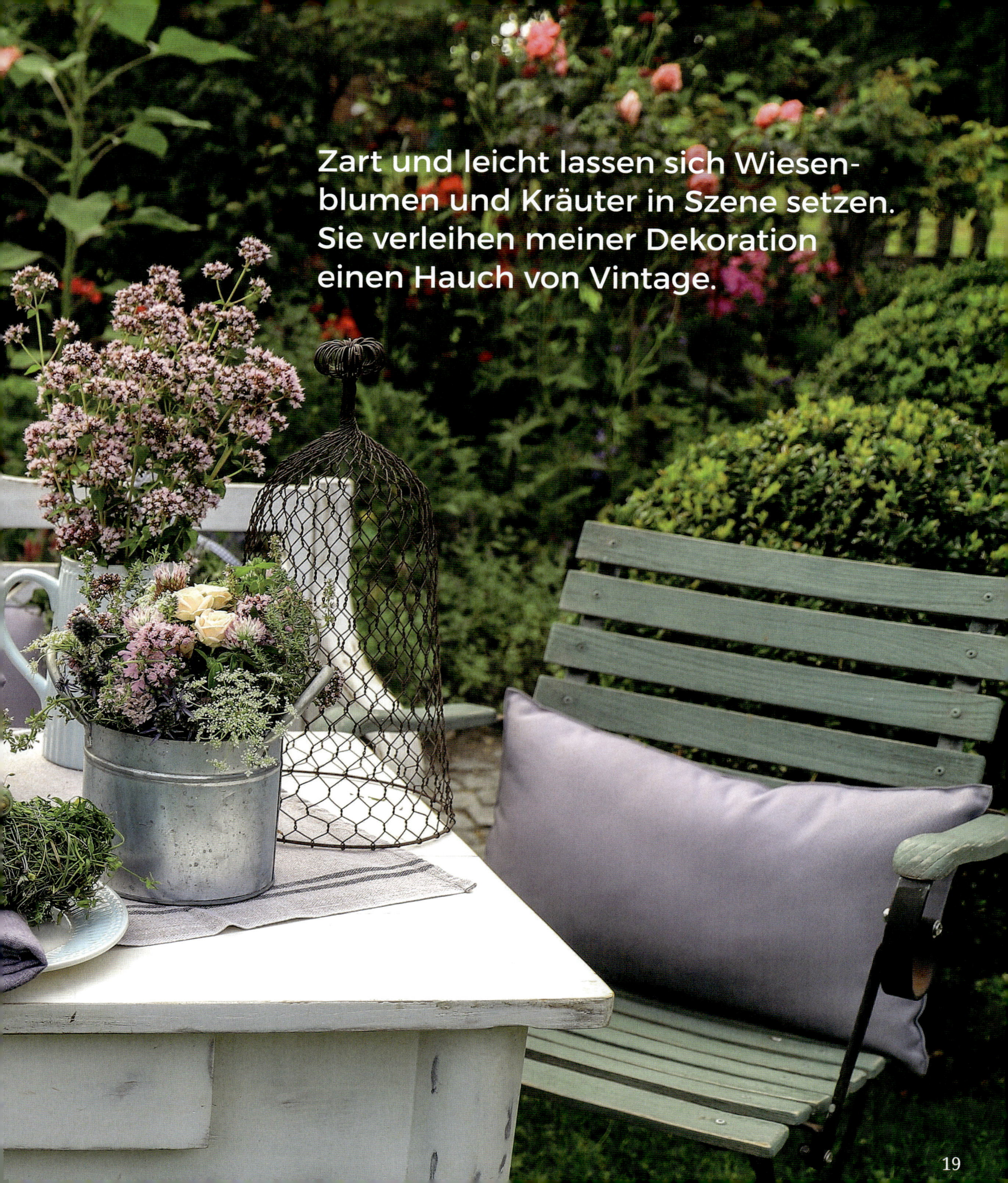

Zart und leicht lassen sich Wiesenblumen und Kräuter in Szene setzen. Sie verleihen meiner Dekoration einen Hauch von Vintage.

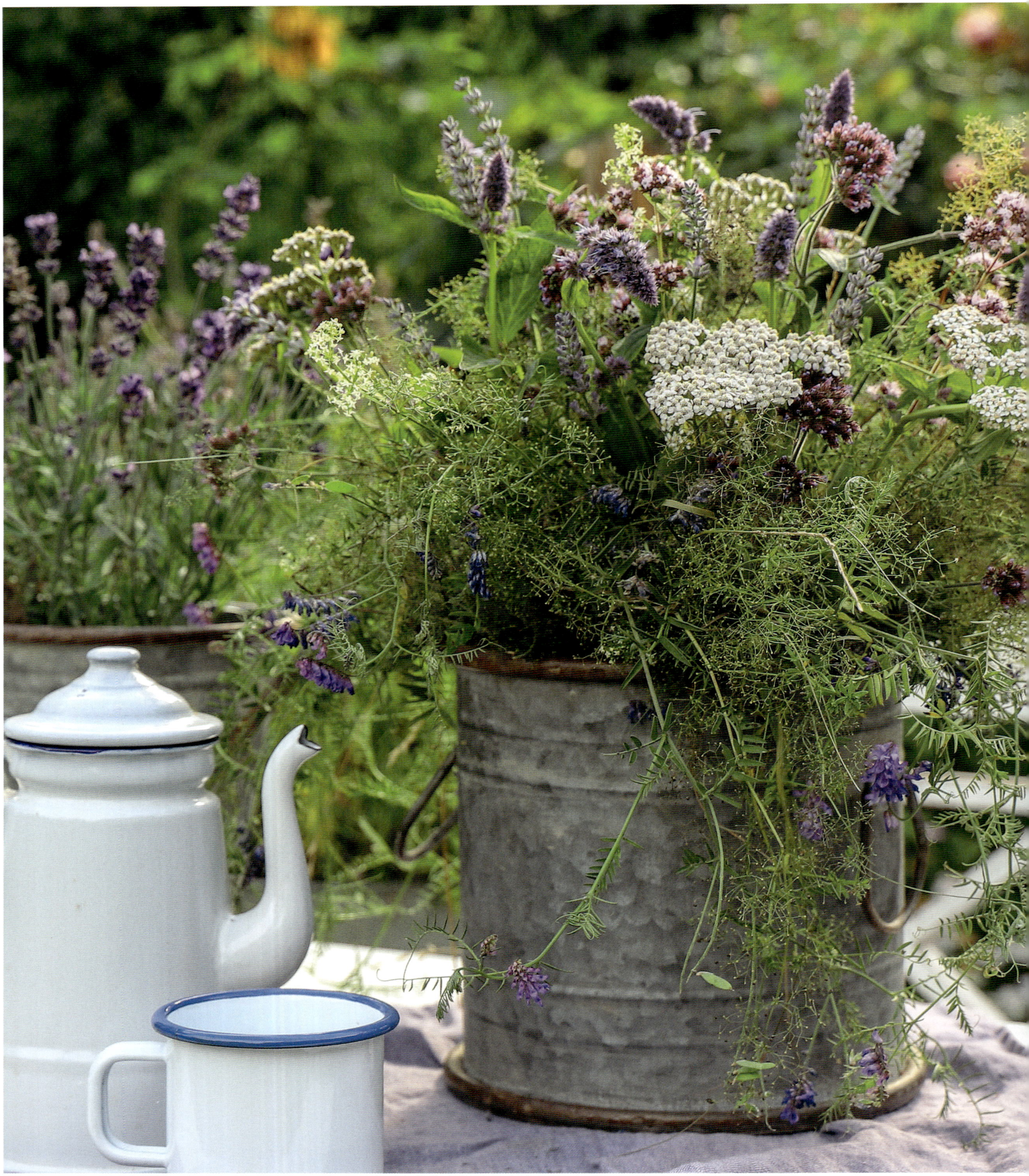

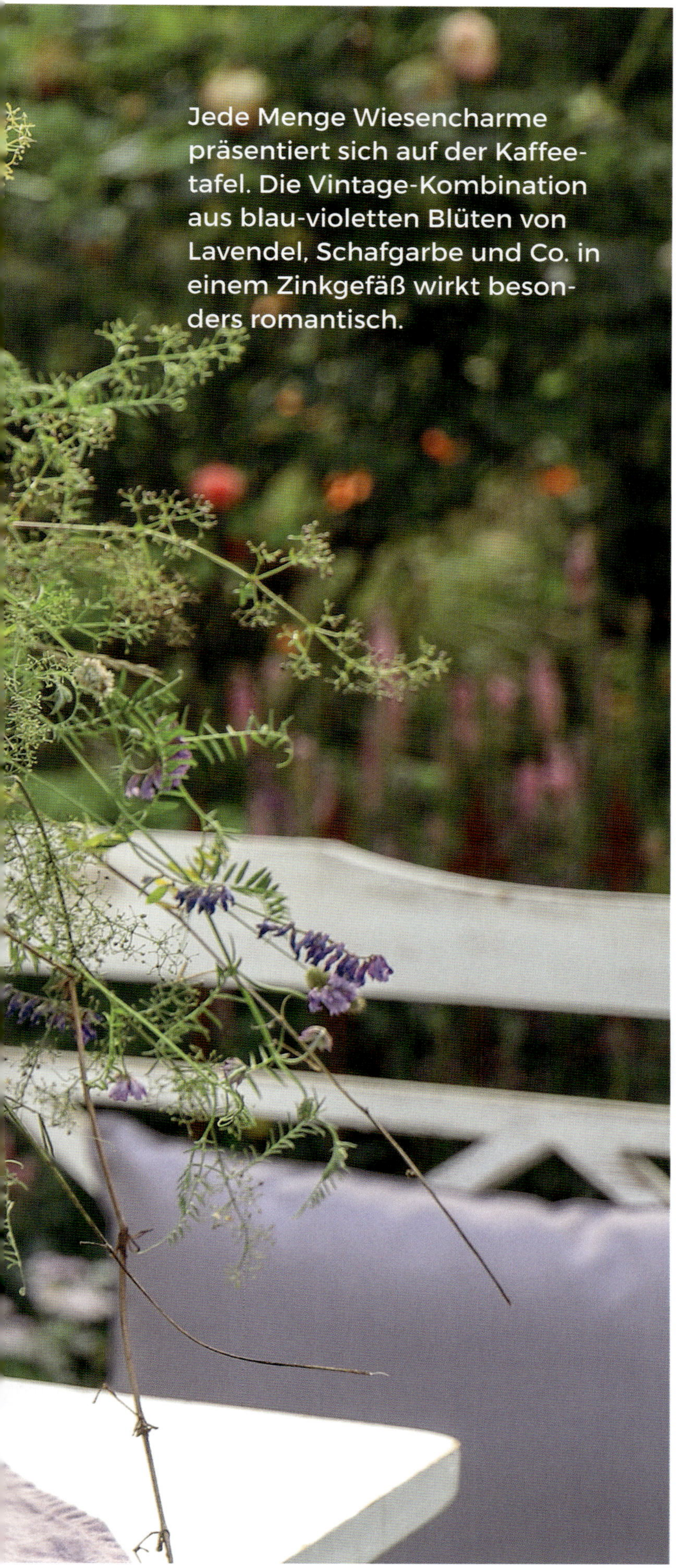

Vintage mit Wiesencharme

Da geht einem das Herz auf! Das Tablett bietet sich als Ablagefläche für einen Kranz aus Kräutern und Blüten besonders an.

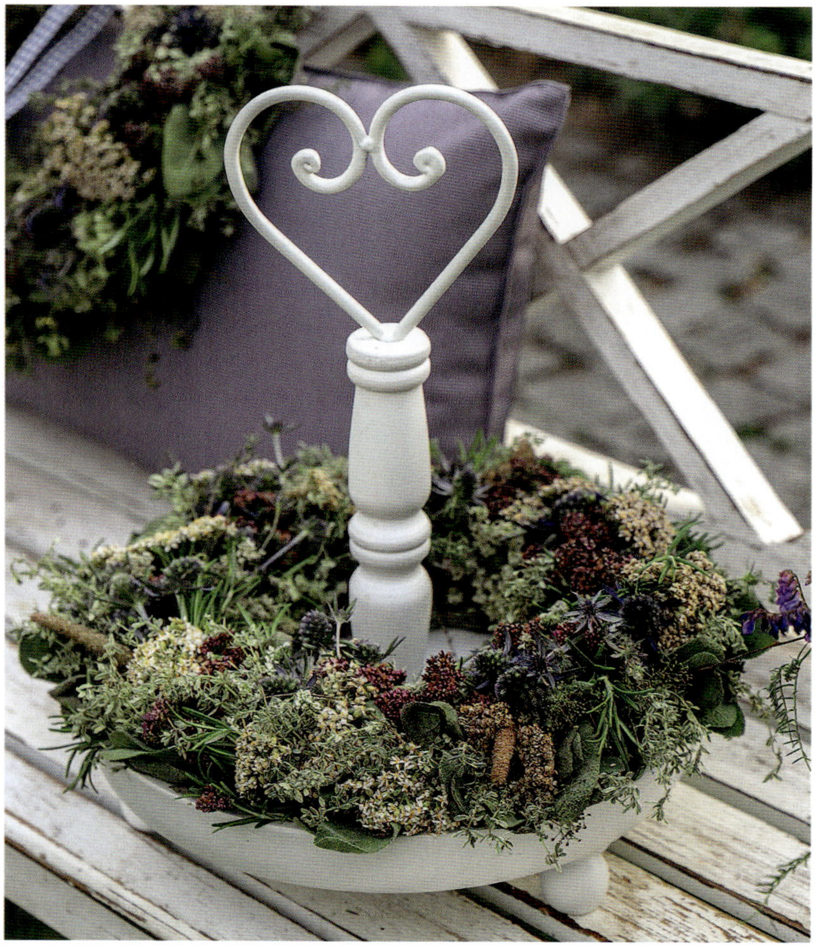

1

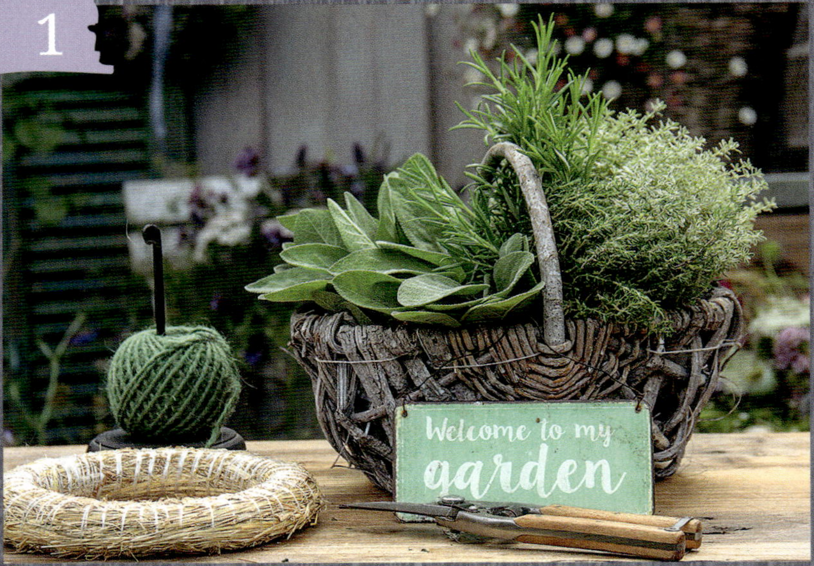

2

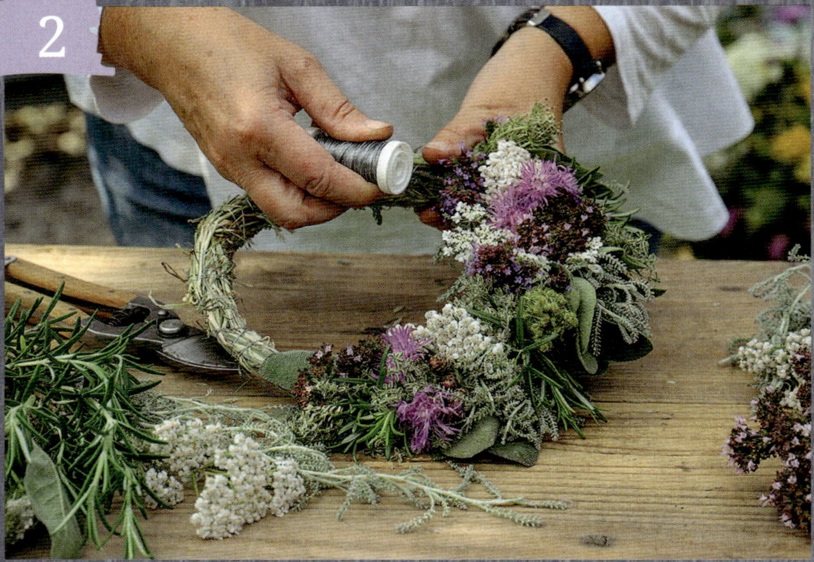

Kräuterkranz

Material: Strohrömer (Durchmesser ca. 20 cm) oder Dekoreifen, Schmuckdraht sowie Salbei, Rosmarin, Thymian, Oregano, Schafgarbe, Heiligenkraut, Wilde Möhre und Disteln

Anleitung: Liegt das Material bereit, kann es direkt losgehen (1). Die kurzgeschnittenen Kräuter und Blüten büschelweise zusammenlegen. Diese nach und nach um den Kranz legen und mit Draht fixieren. Wer einen etwas schmaleren Kranz fertigen möchte, kann auch einen Dekoreifen nutzen. Diesen erst mit Heu bewickeln, dann die Sträußchen befestigen (2).

Tipp

Dieser Kranz bereitet lange Freude. Denn auch im eingetrockneten Zustand ist er eine Augenweide.

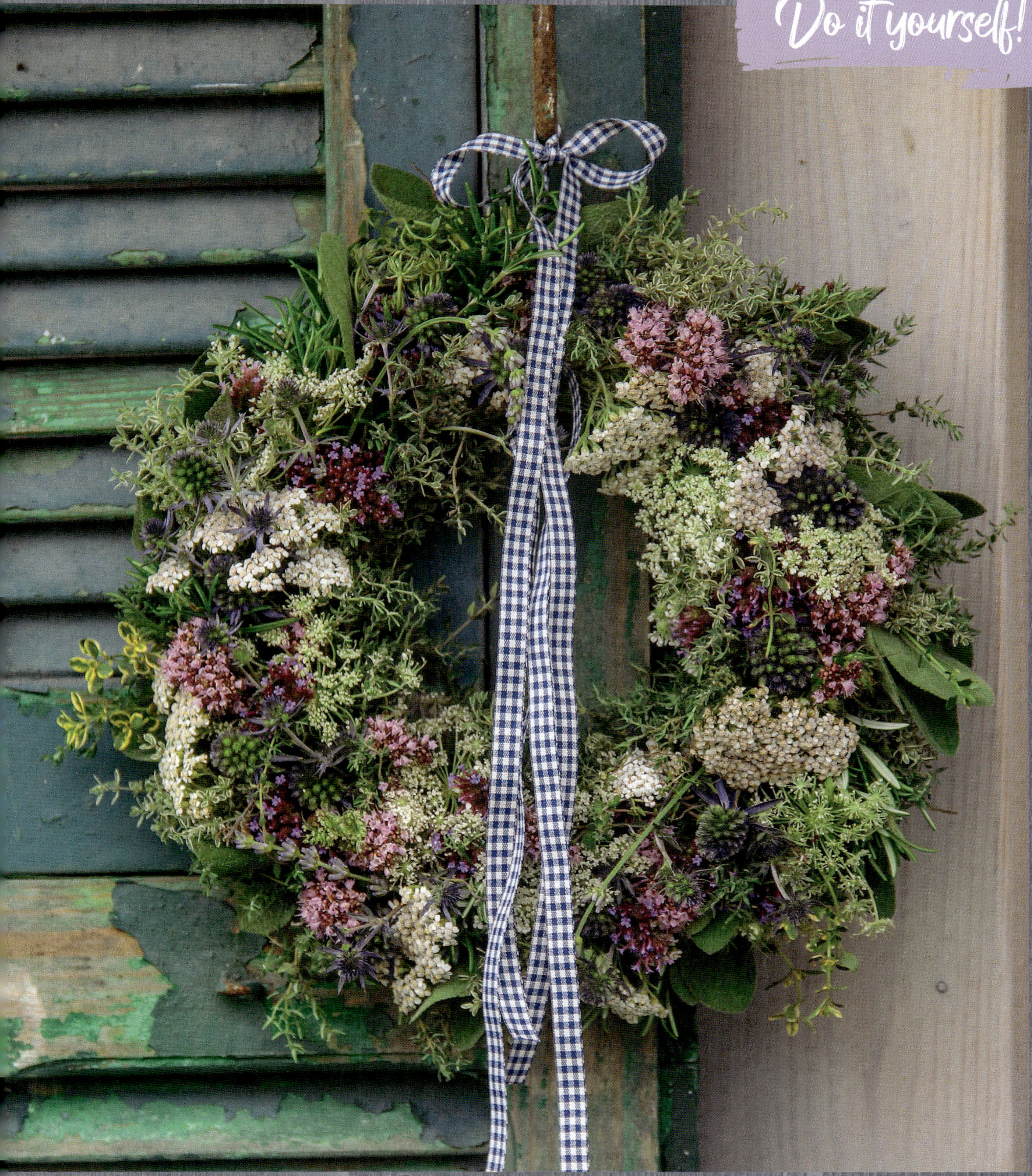

Do it yourself!

Harmonisches Stillleben

Ein Potpourri aus Oregano, Kleeblüten sowie Disteln, Rosen, Schafgarbe, Heiligenkraut und Wilder Möhre vereint sich hier in einem topfähnlichen Gefäß, das an alte Zeiten erinnert.

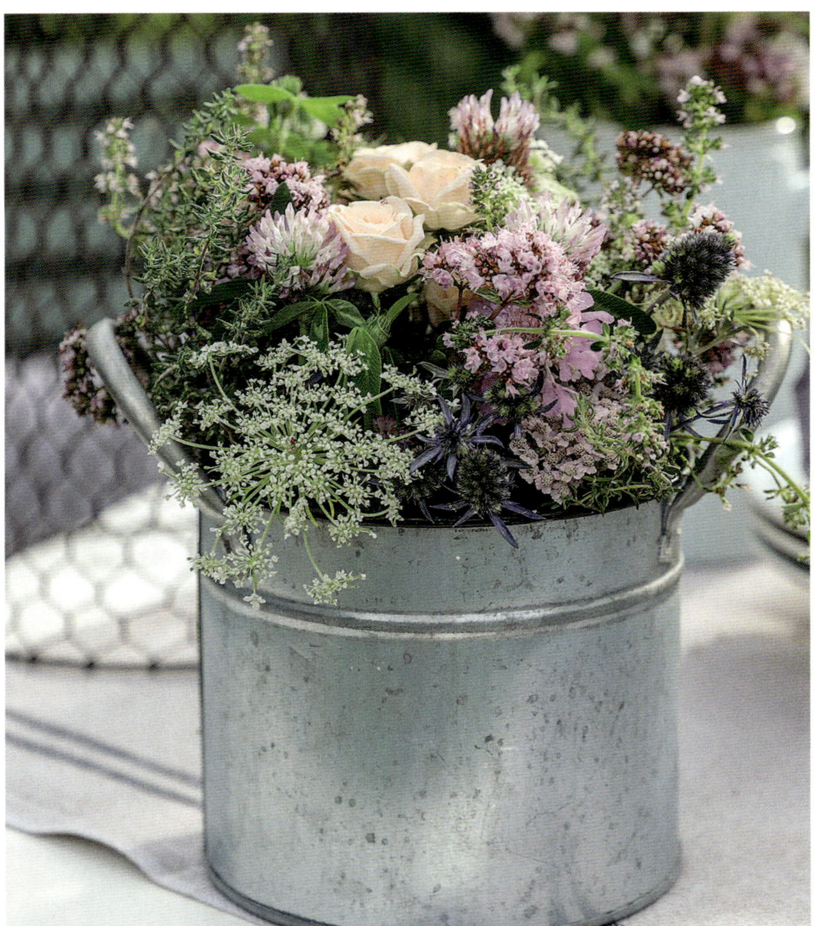

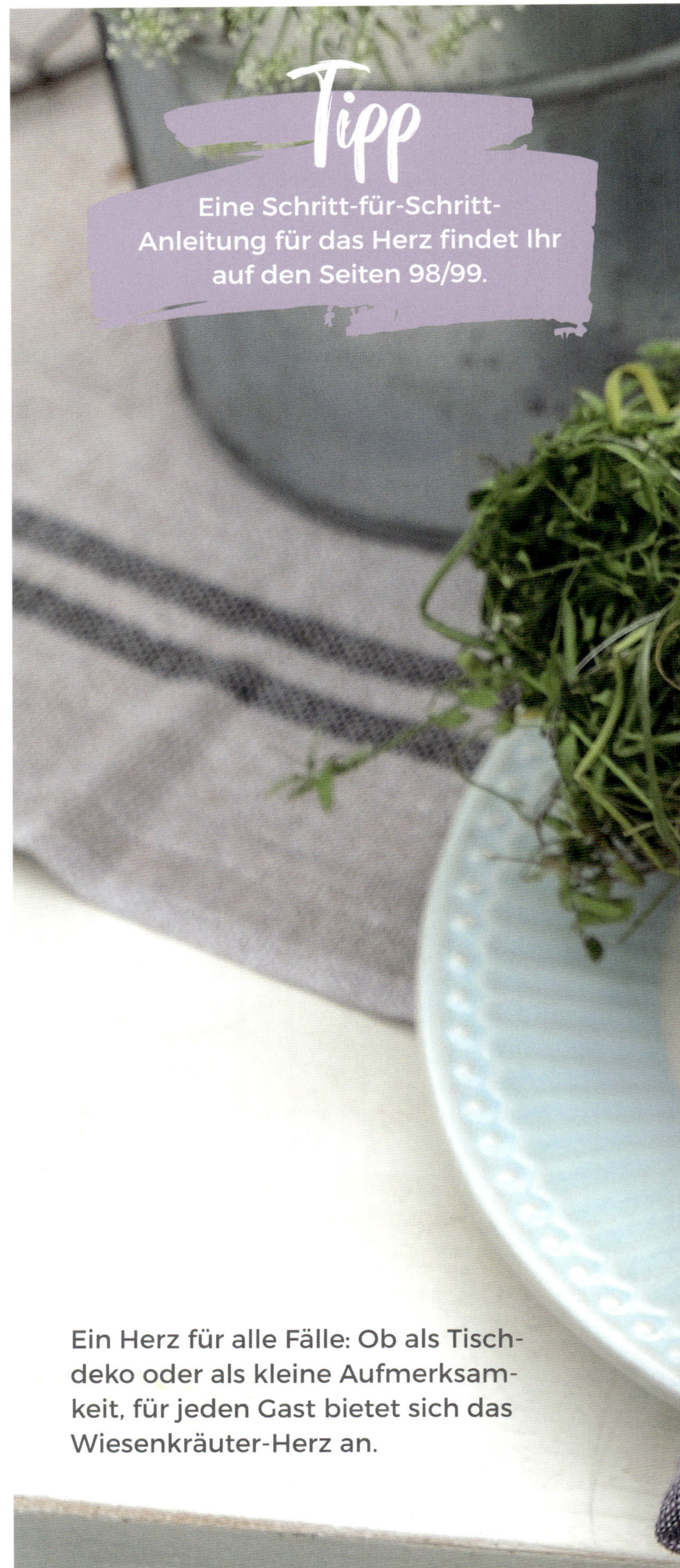

Tipp

Eine Schritt-für-Schritt-Anleitung für das Herz findet Ihr auf den Seiten 98/99.

Ein Herz für alle Fälle: Ob als Tischdeko oder als kleine Aufmerksamkeit, für jeden Gast bietet sich das Wiesenkräuter-Herz an.

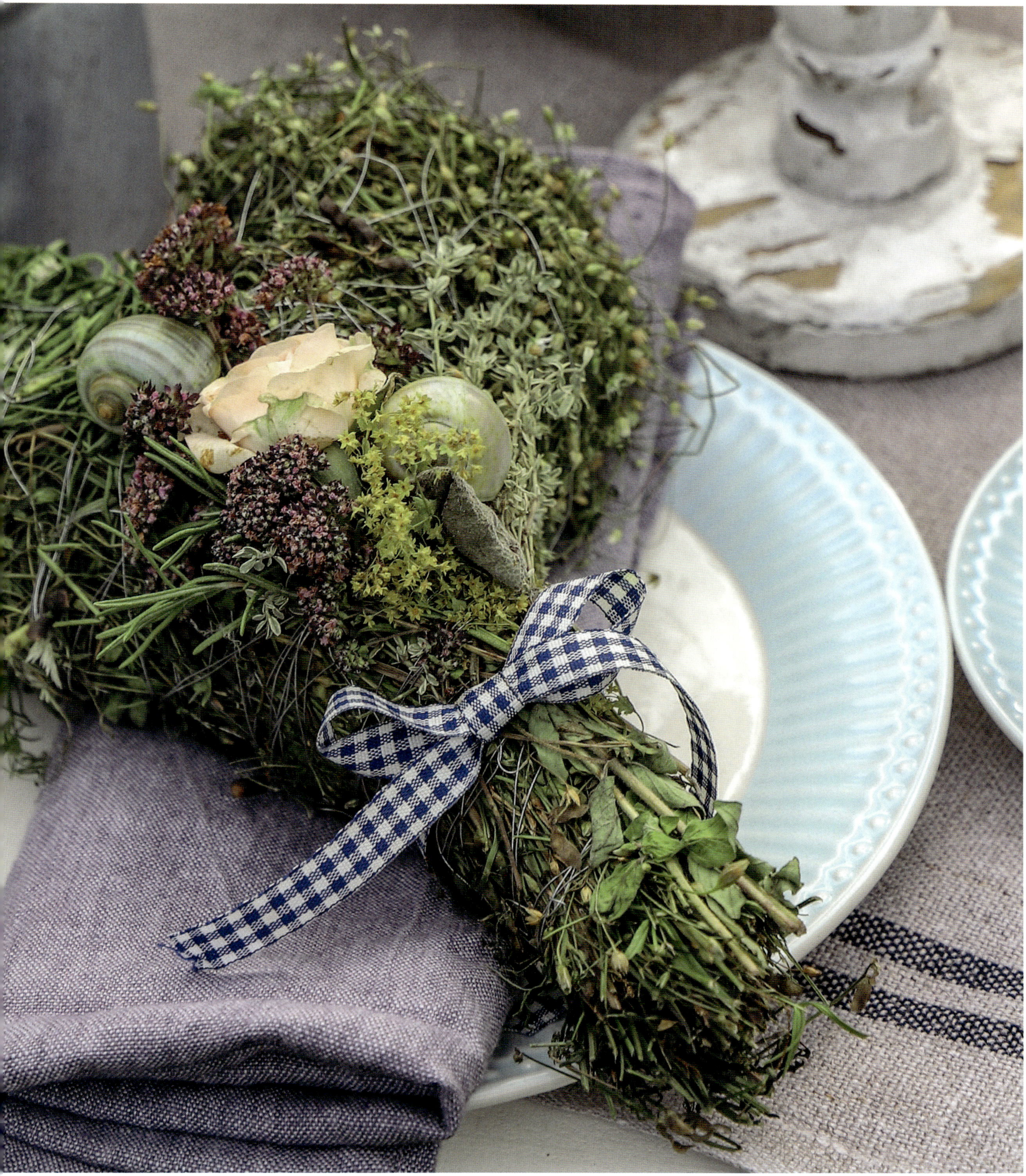

1

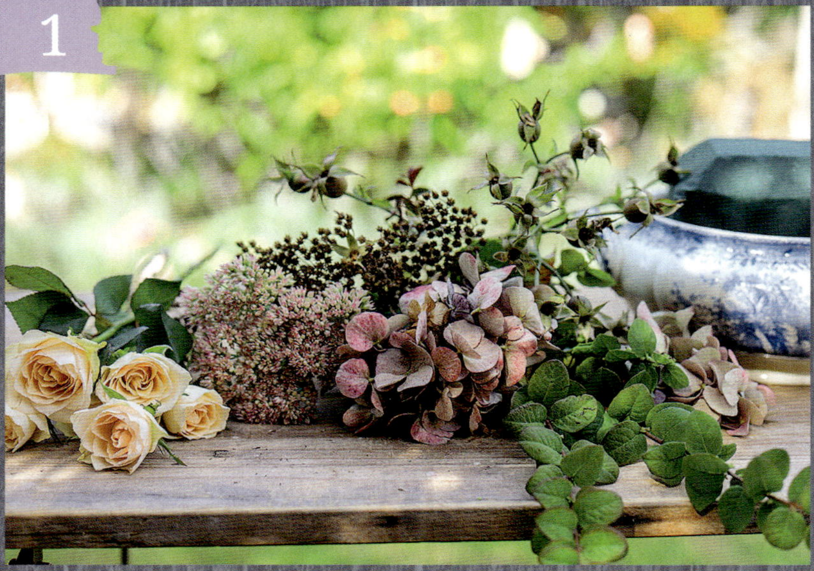

2

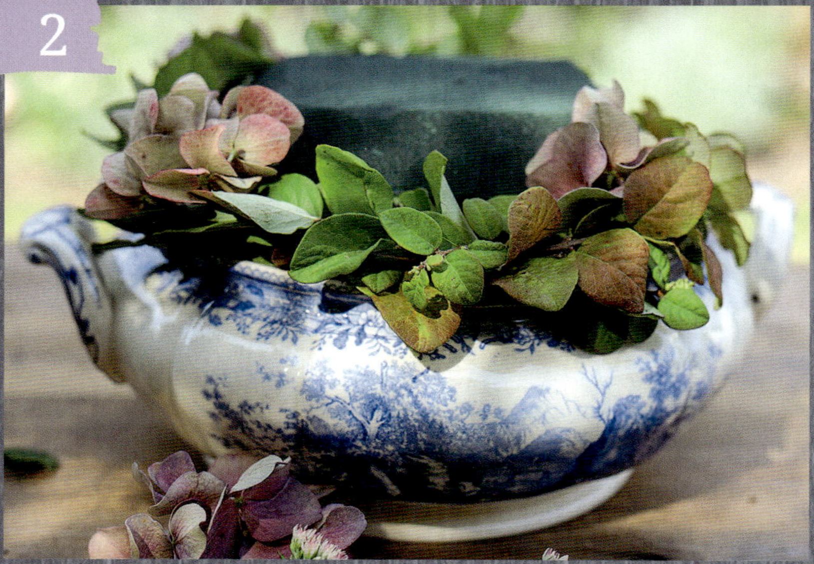

3

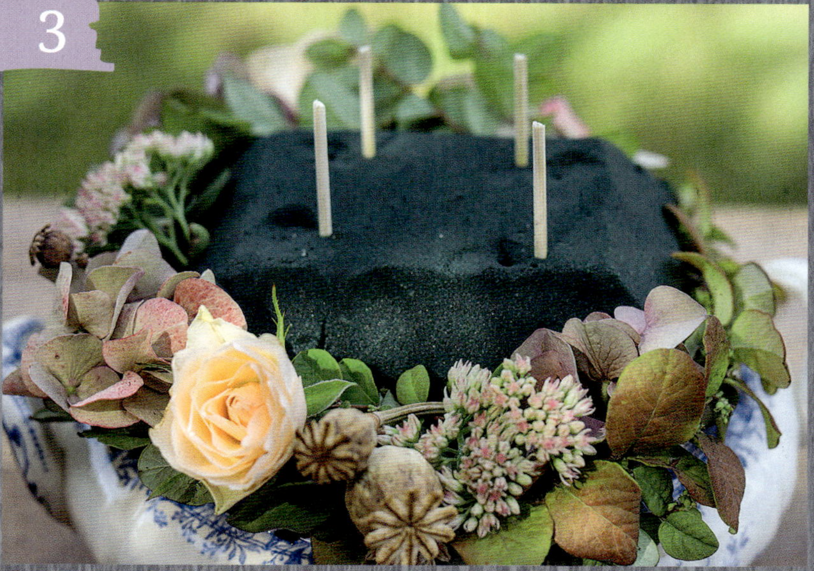

Blühende Suppenschüssel

Material: Suppenterrine, Frischblumensteckschaum, Holzspieße sowie Hortensien, Rosen, Fetthennen, Mohnkapseln und Schnittgrün

Anleitung: Das Material bereitlegen (1), den Frischblumensteckschaum wässern und in die Terrine setzen. Den Außenbereich mit einem Blütenkranz bestecken (2). Vier Holzspieße in den Steckschaum setzen (3). Sie dienen hinterher als Stütze für den Deckel. Diesen aufsetzen und den Freiraum des Steckschaums mit weiteren Blüten kaschieren.

Tipp

Für eine längere Haltbarkeit Blumen und Schnittgrün vor dem Verarbeiten einige Zeit ins Wasser stellen.

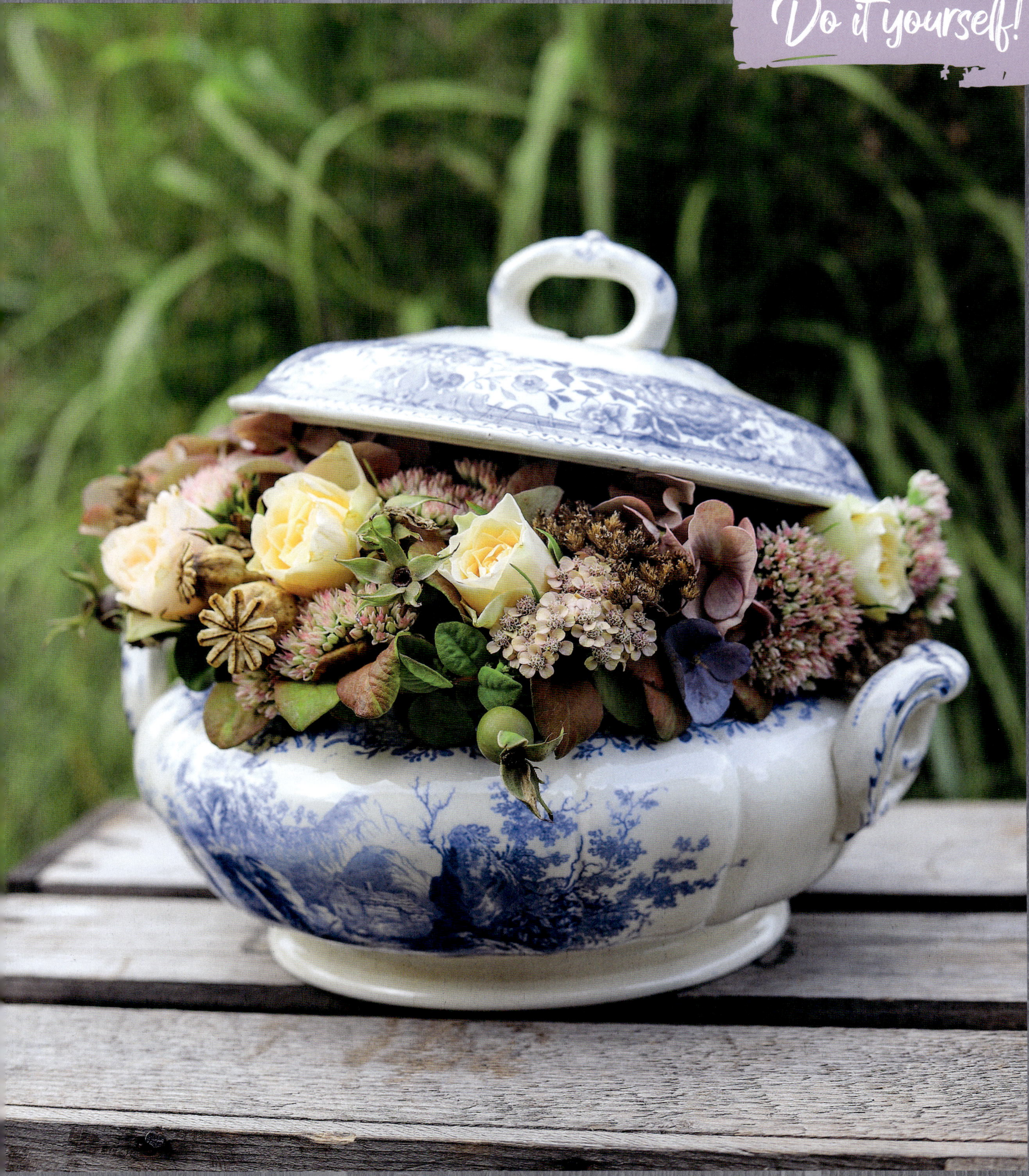

Stimmungsvolle Momente

Eine ausrangierte Sammeltasse oder Sauciere wird hier zum Hauptakteur. Sie bietet der Kerze Halt, die mit Stacheldrahtpflanze und Mohnkapseln dekoriert wird.

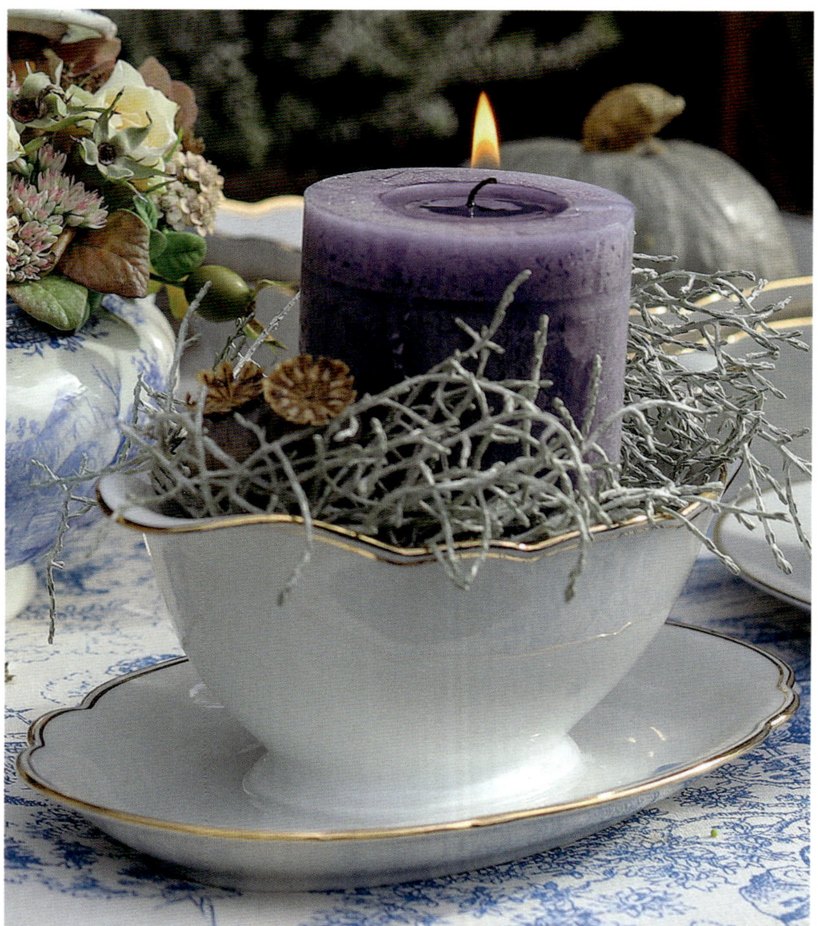

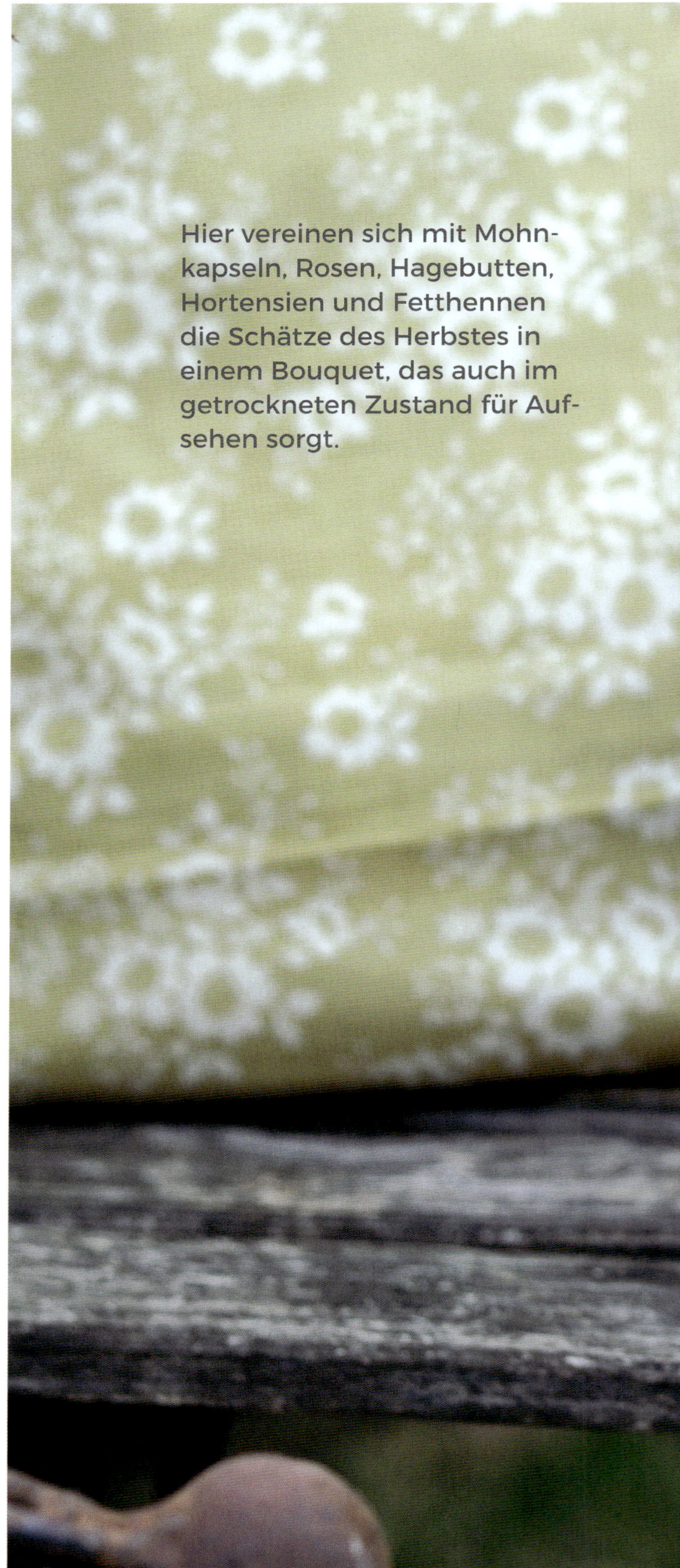

Hier vereinen sich mit Mohnkapseln, Rosen, Hagebutten, Hortensien und Fetthennen die Schätze des Herbstes in einem Bouquet, das auch im getrockneten Zustand für Aufsehen sorgt.

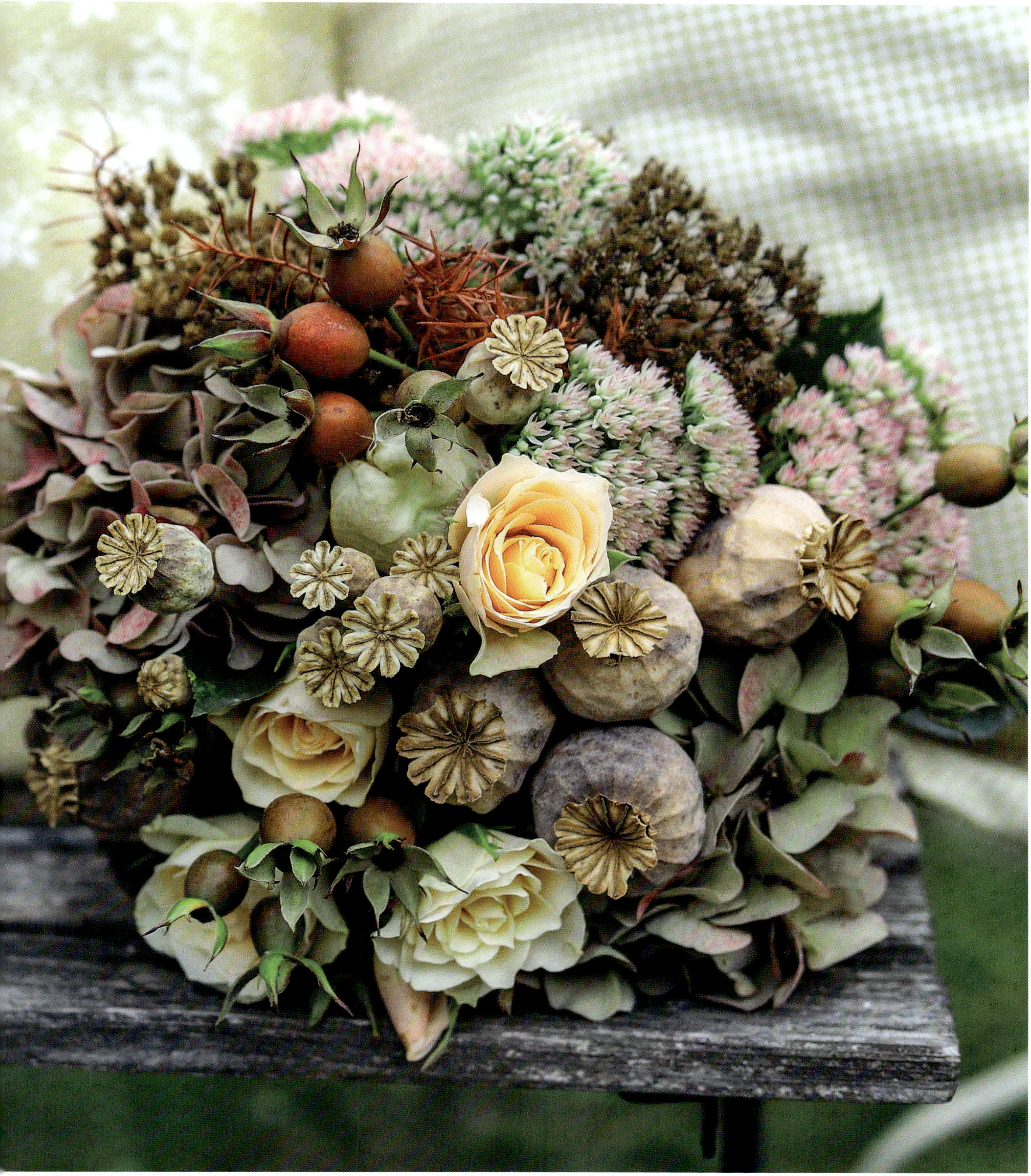

Zarte Hortensien-Liebe

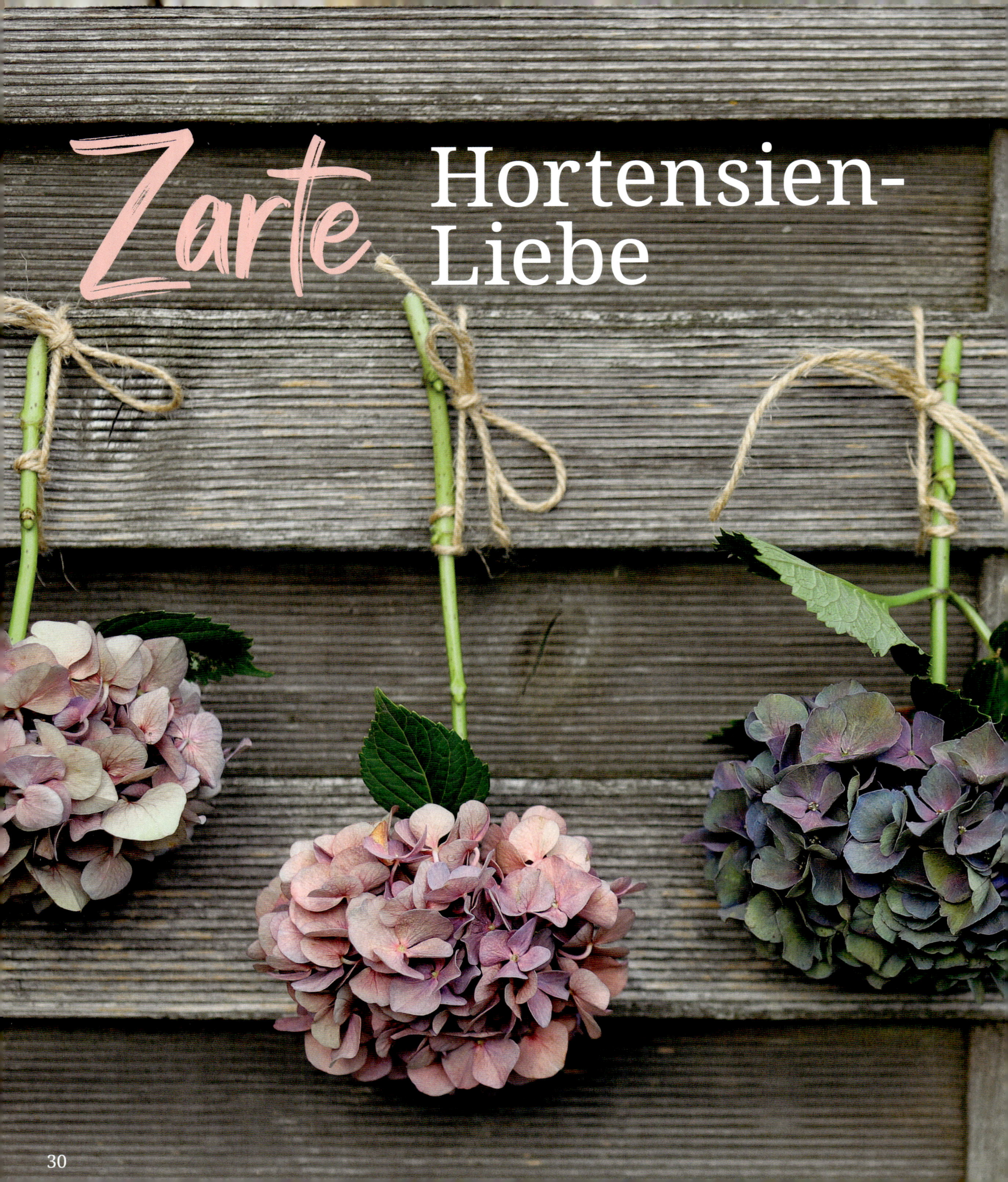

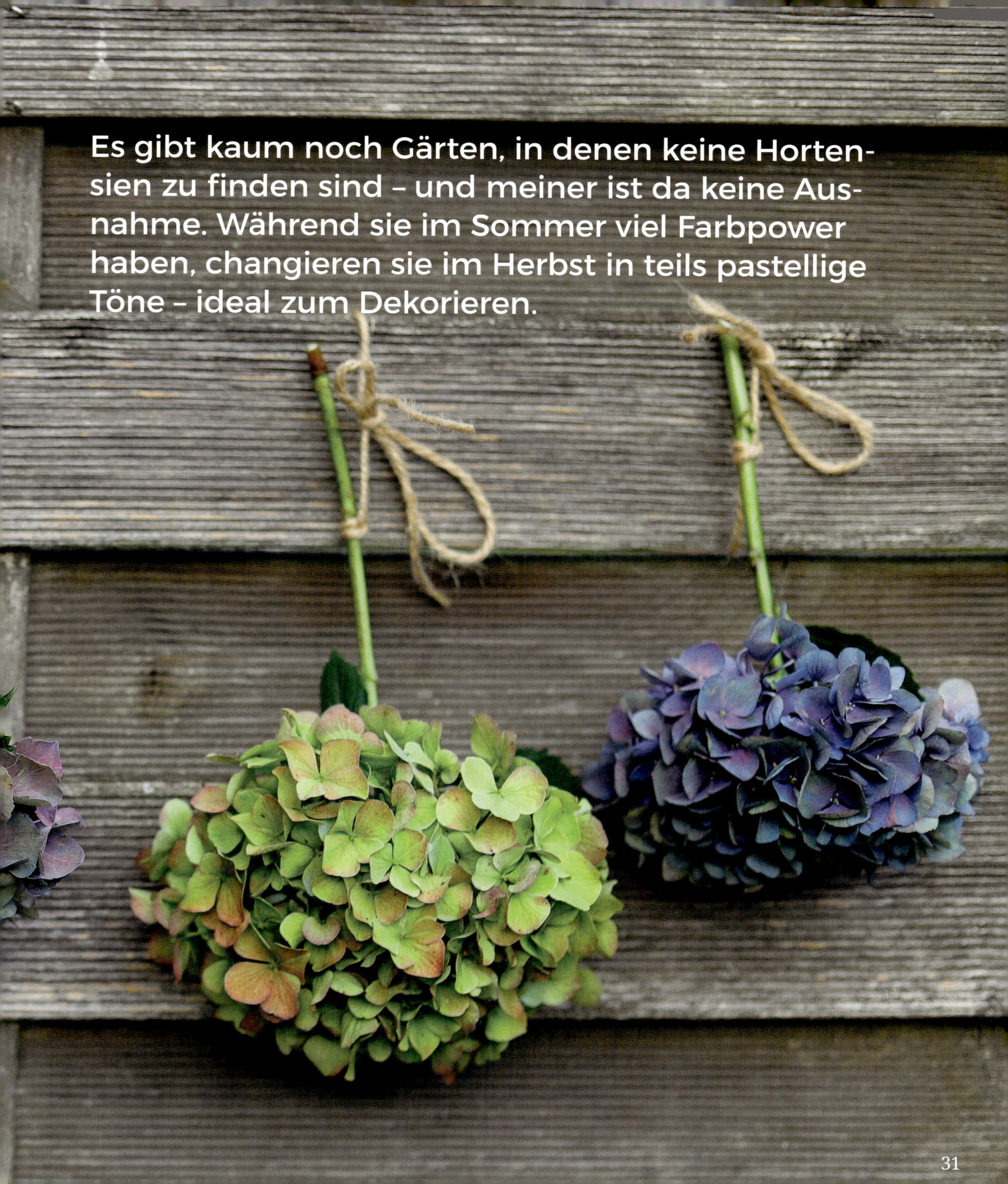

Es gibt kaum noch Gärten, in denen keine Hortensien zu finden sind – und meiner ist da keine Ausnahme. Während sie im Sommer viel Farbpower haben, changieren sie im Herbst in teils pastellige Töne – ideal zum Dekorieren.

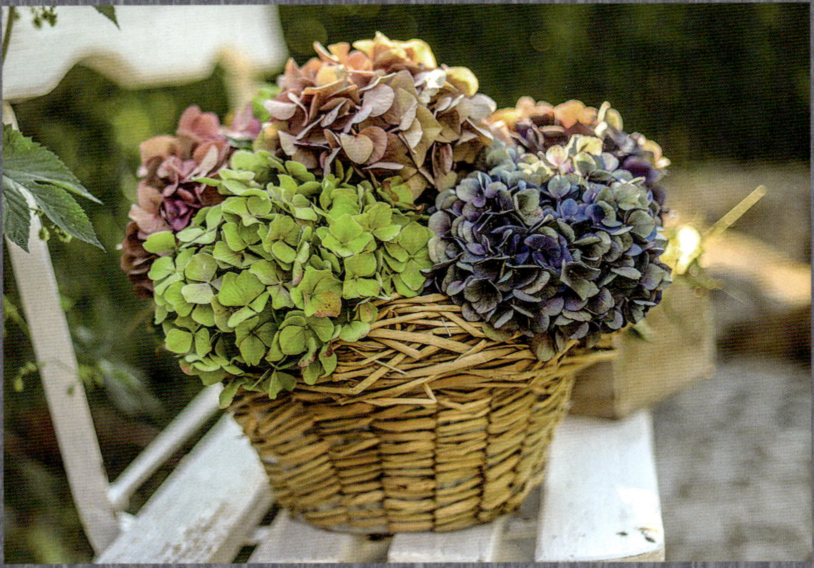

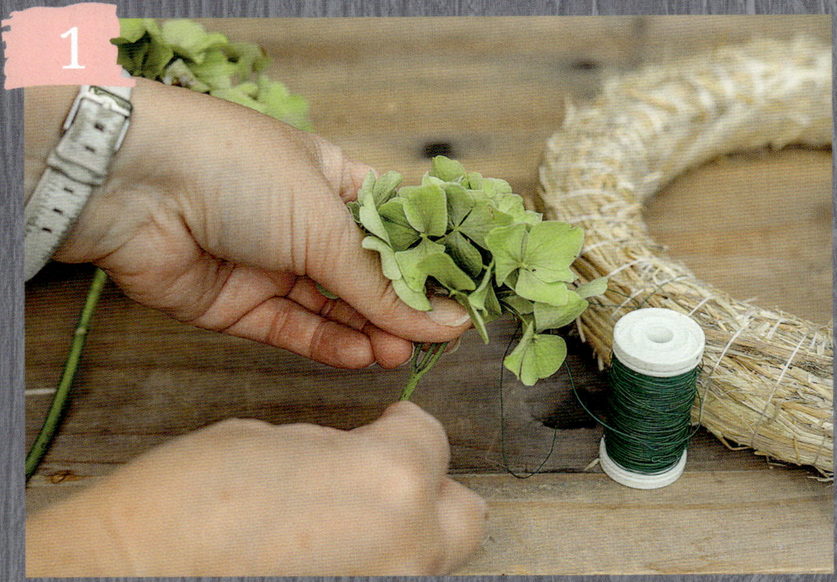

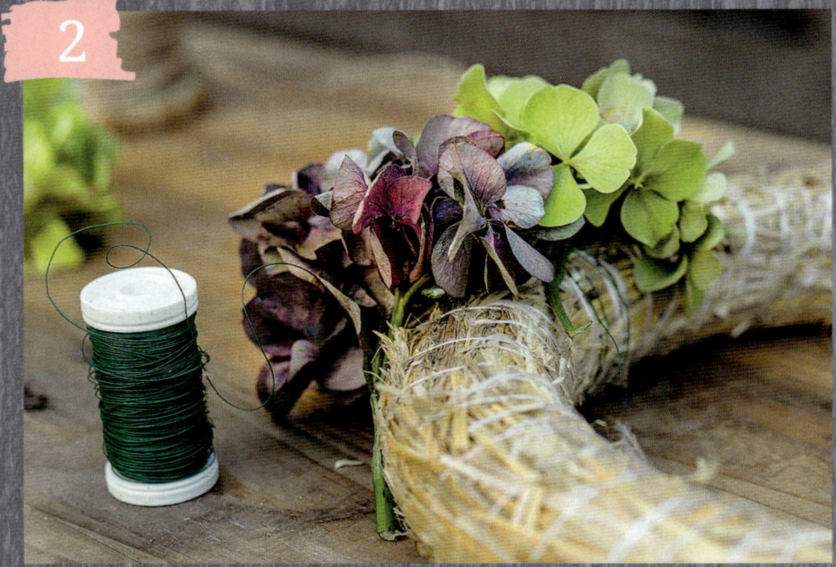

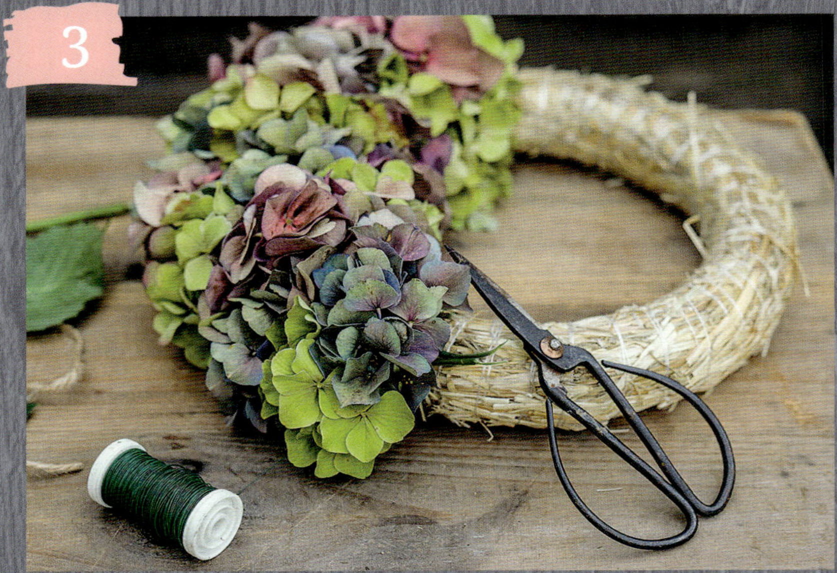

Material: Strohrömer (Durchmesser ca. 25 cm), Wickeldraht sowie Hortensienblüten in verschiedenen Farben

Anleitung: Die Hortensienblüten zurechtschneiden und nach und nach versetzt am Strohrömer anlegen. Mit Wickeldraht befestigen (1 + 2). Je mehr Blüten verwendet werden, desto üppiger wird der Kranzkörper (3).

Tipp

Während des Sommers verändert sich die Konsistenz der Hortensienblüten. Sind sie am Anfang noch ganz weich, werden sie nach und nach immer fester. Erst dann eignen sie sich zur Herstellung von Kränzen und trocknen wunderbar ein.

Hortensienkranz

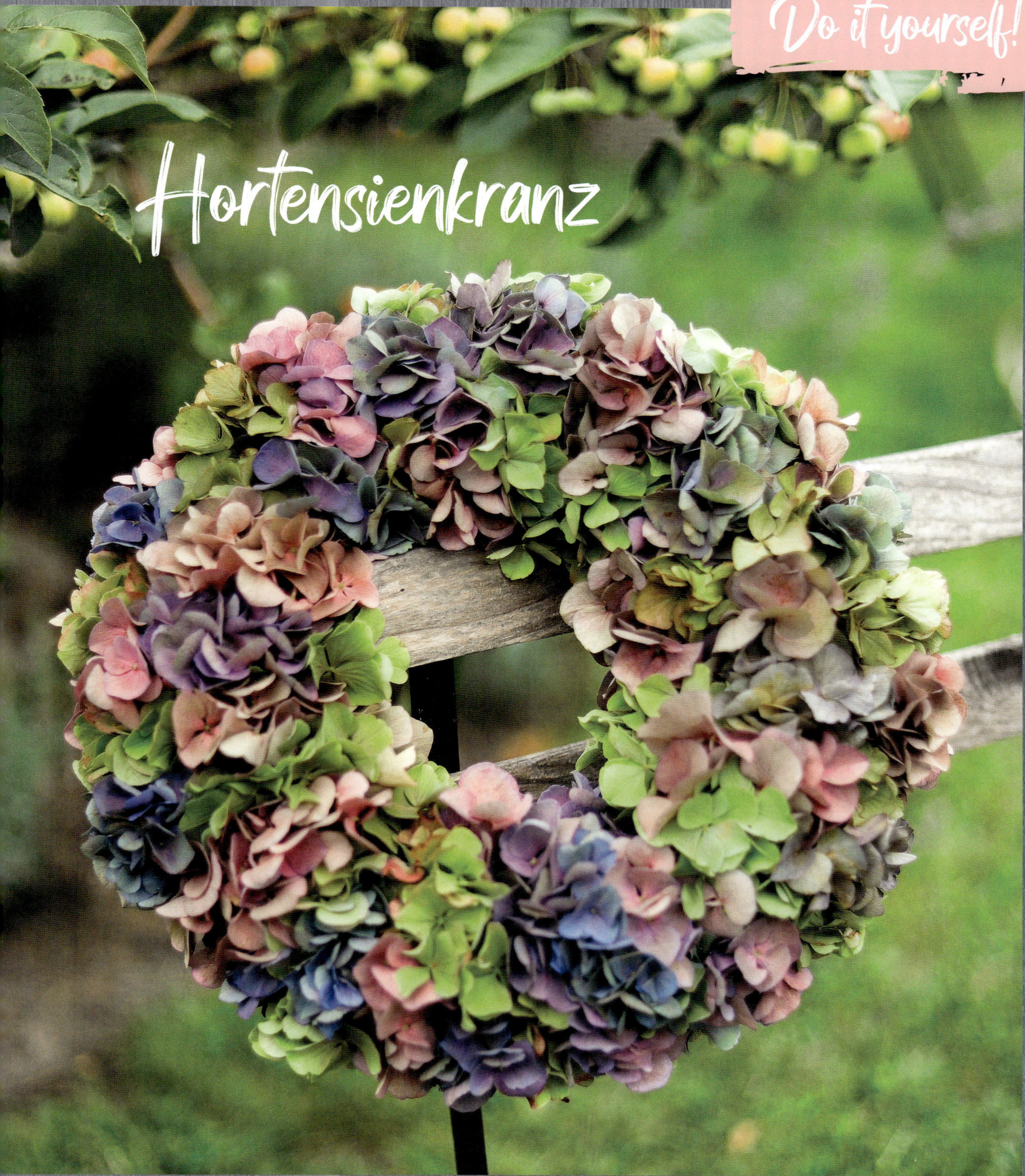

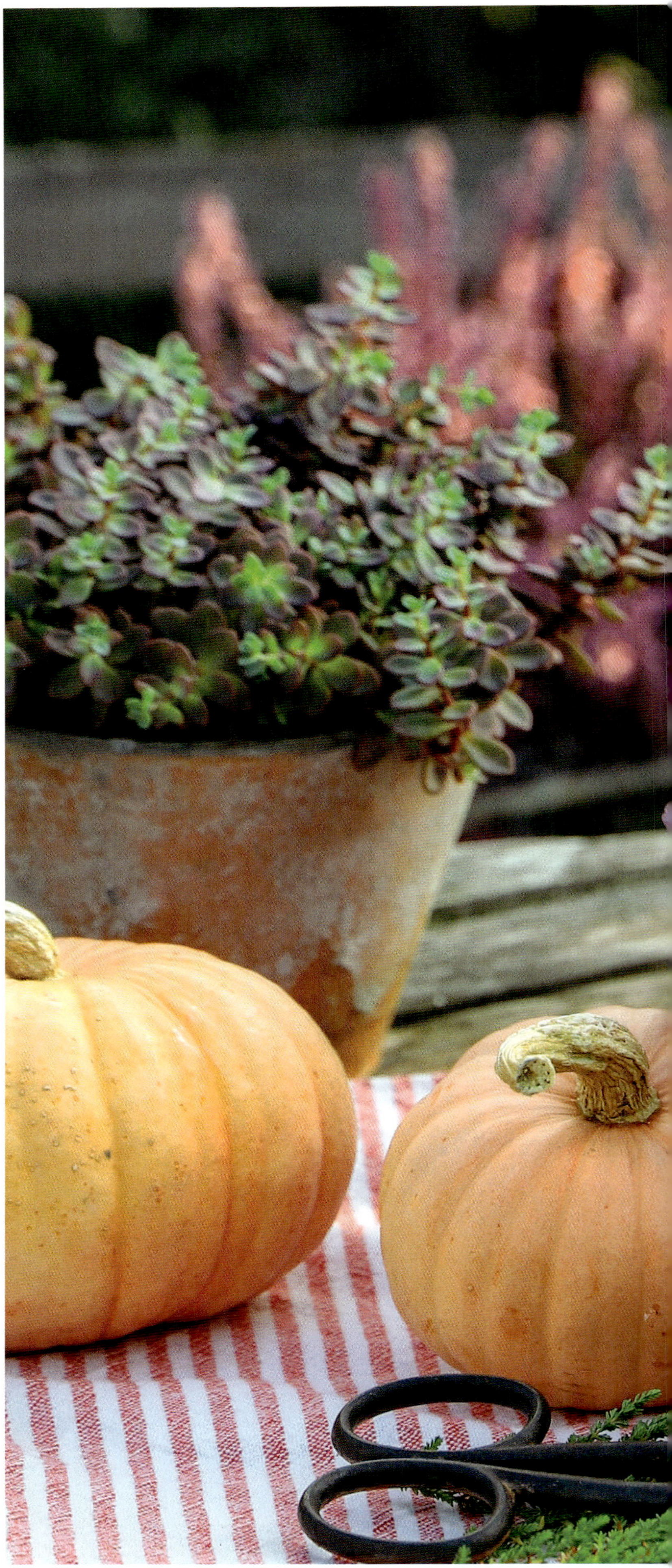

Ton in Ton!

Hier harmonieren die zarten rosafarbenen Blüten der Hortensie als Kranz gebunden perfekt zu den Kürbissen.

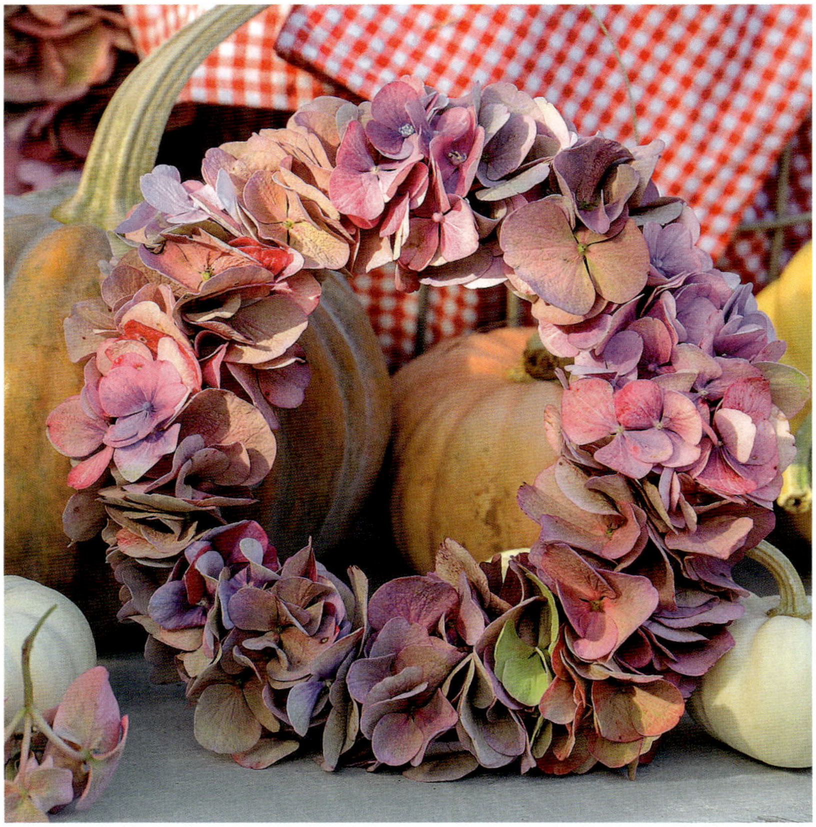

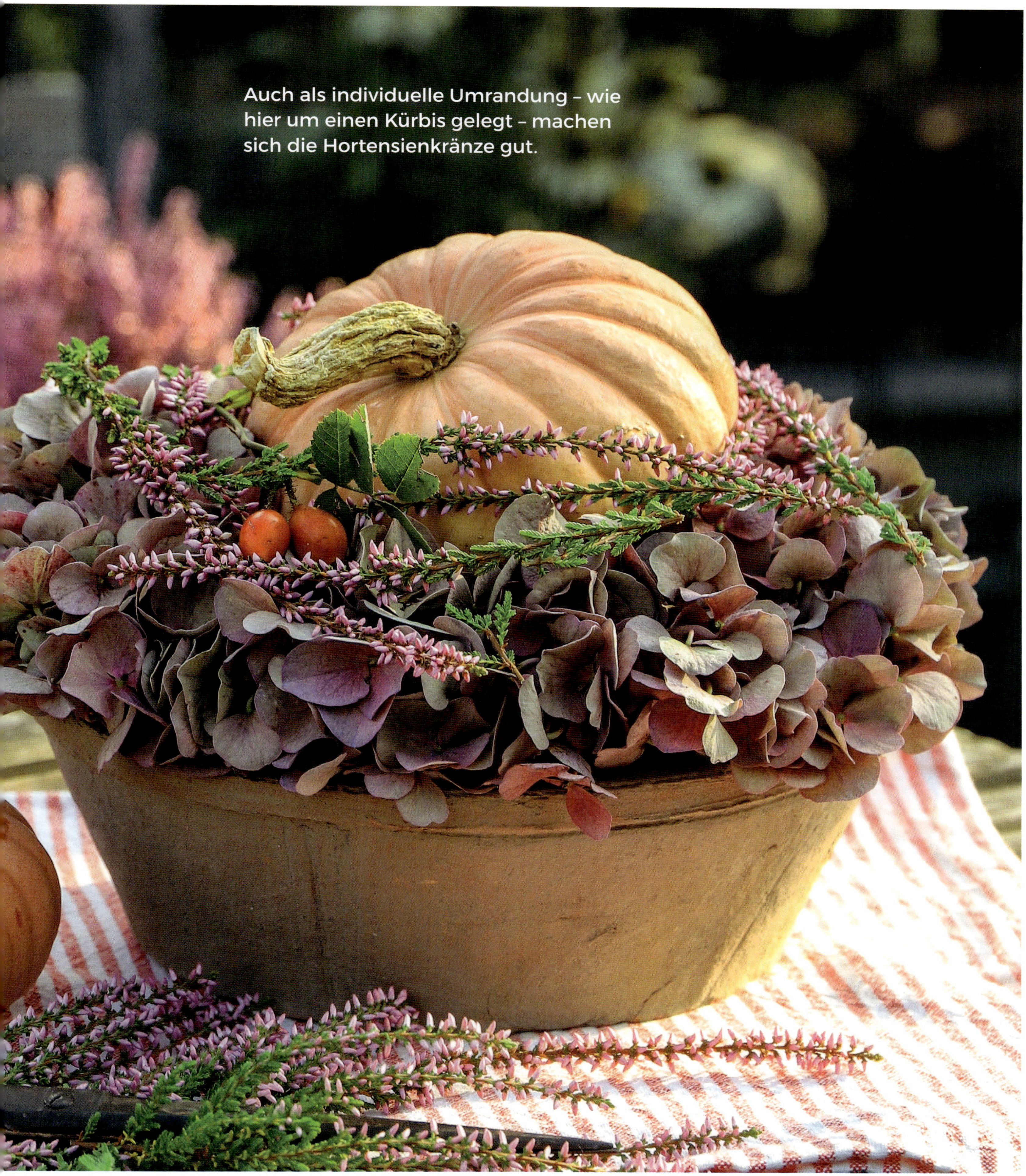

Auch als individuelle Umrandung – wie hier um einen Kürbis gelegt – machen sich die Hortensienkränze gut.

1

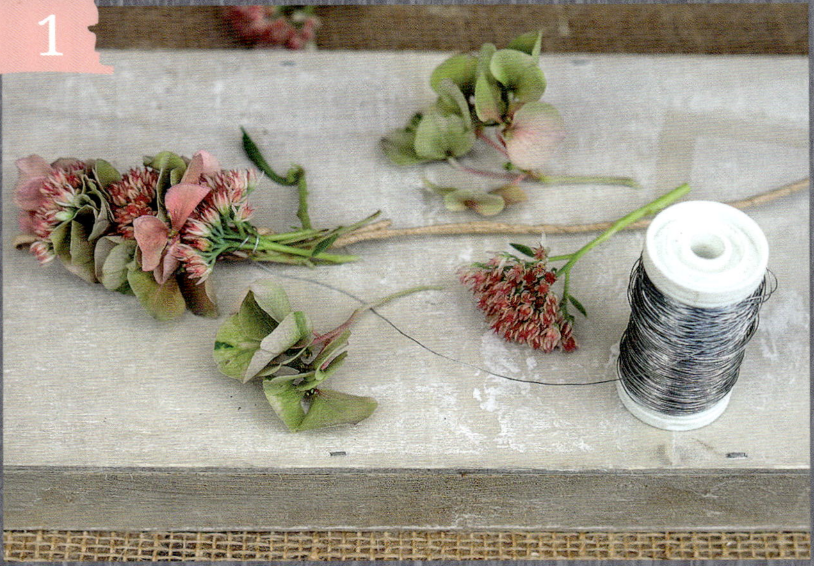

2

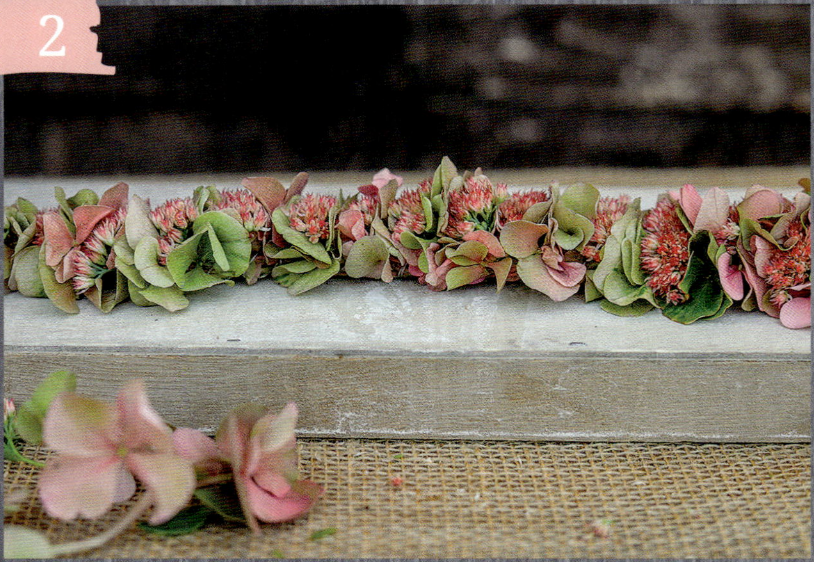

3

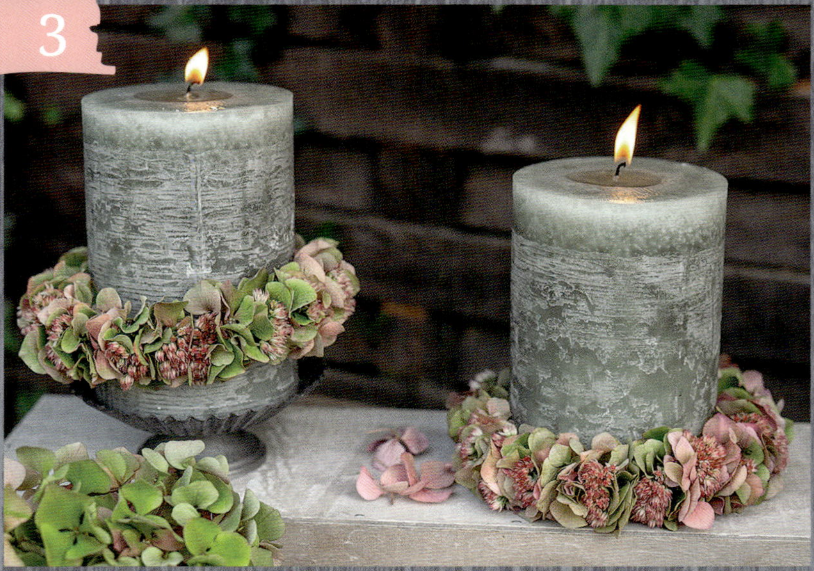

Kerzenschmuck

Material: Kordel, Schmuckdraht, Kerze sowie Fetthennen und Hortensienblüten

Anleitung: Kordel zurechtschneiden und an einem Ende eine Schlaufe legen und dort starten. Die Blüten abwechselnd mithilfe von dünnem Schmuckdraht auf die Kordel binden (1), sodass eine Girlande entsteht (2). Diese um eine Kerze legen, das Ende durch die Schlaufe ziehen und verknoten (3).

Tipp

Alternativ könnt Ihr die Girlande natürlich auch als Tischschmuck verwenden.

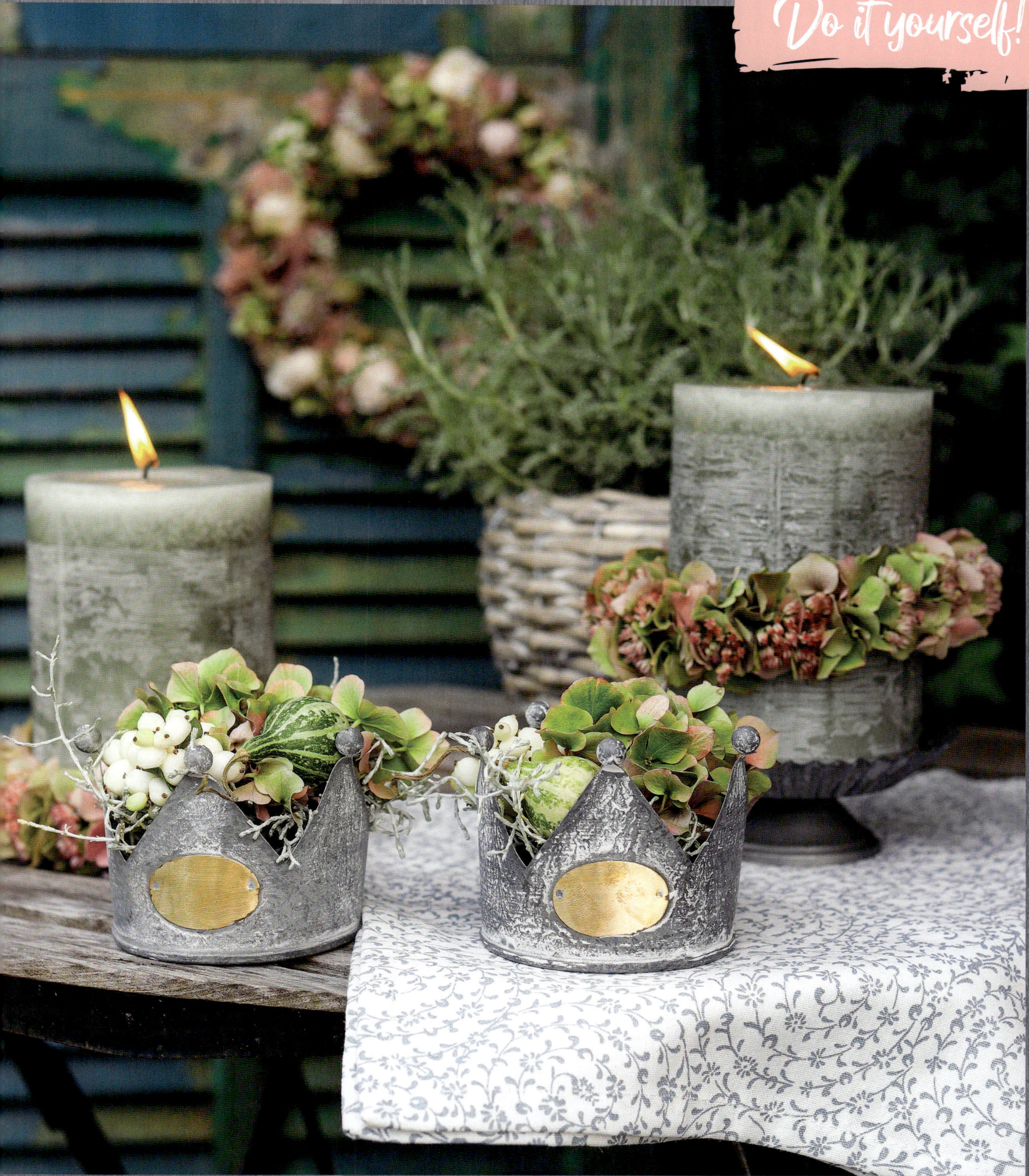

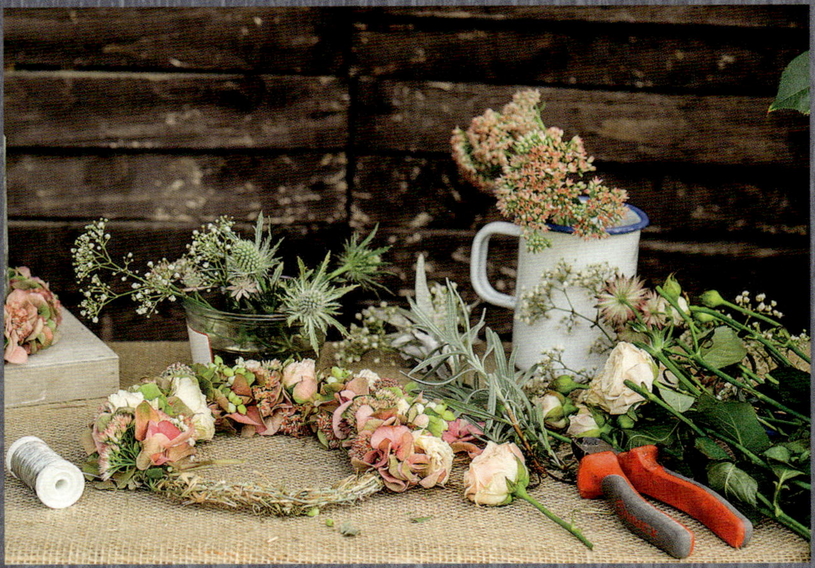

1

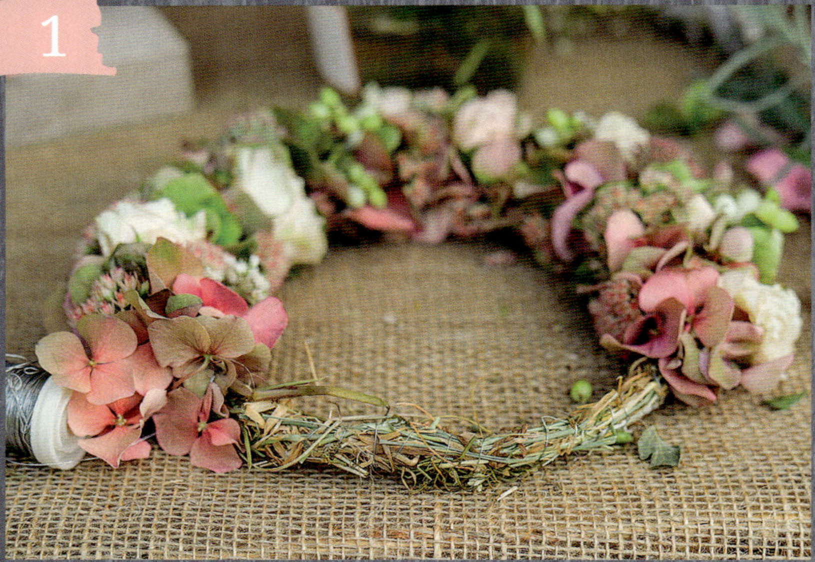

Blütenkranz

Material: Dekoreifen (Durchmesser ca. 20 cm), Wickeldraht sowie Heu, Hortensienblüten, Sterndolden, Fetthennen, Rosen, Schleierkraut und weiße Hartriegelfrüchte

Anleitung: Mithilfe von Wickeldraht den Dekoreifen zunächst mit Heu bewickeln. Dann die Blüten und Früchte entweder einzeln oder zu kleinen Sträußen immer abwechselnd zusammennehmen und ebenfalls mit Draht befestigen (1).

Tipp

Besonders harmonisch wirkt der Kranz, wenn alle Blüten aus einem Farbbereich gewählt werden.

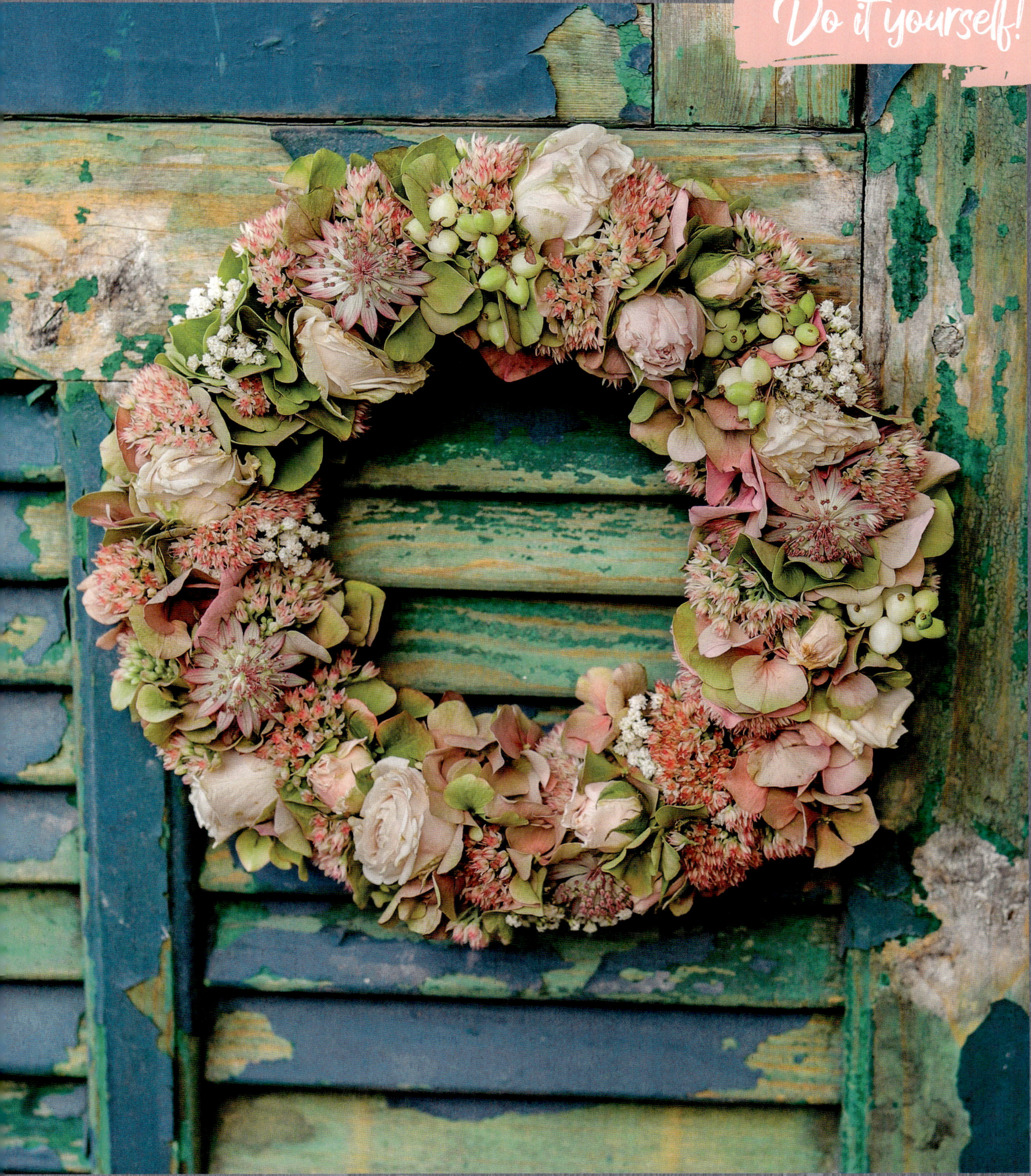

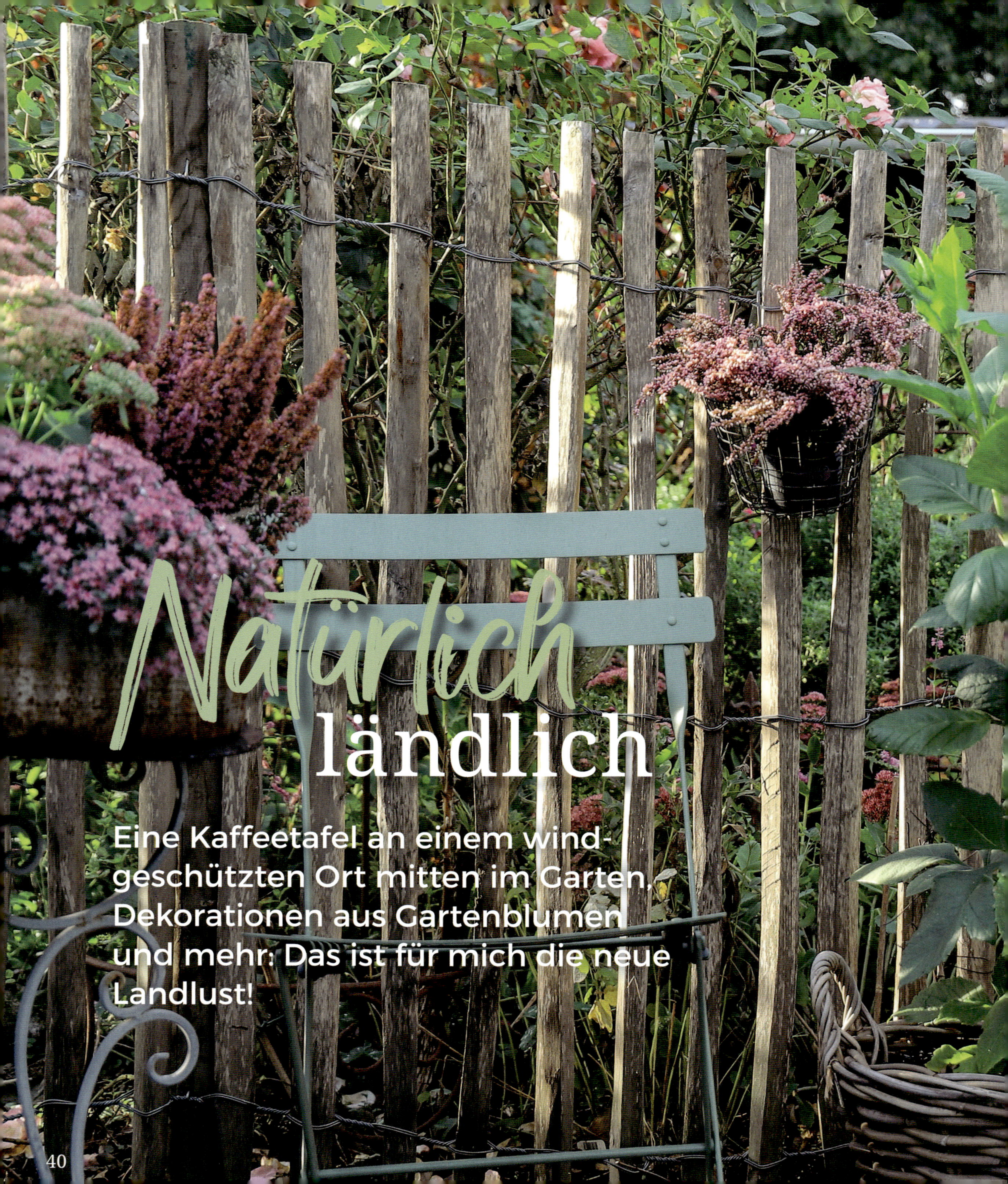

Natürlich ländlich

Eine Kaffeetafel an einem windgeschützten Ort mitten im Garten, Dekorationen aus Gartenblumen und mehr: Das ist für mich die neue Landlust!

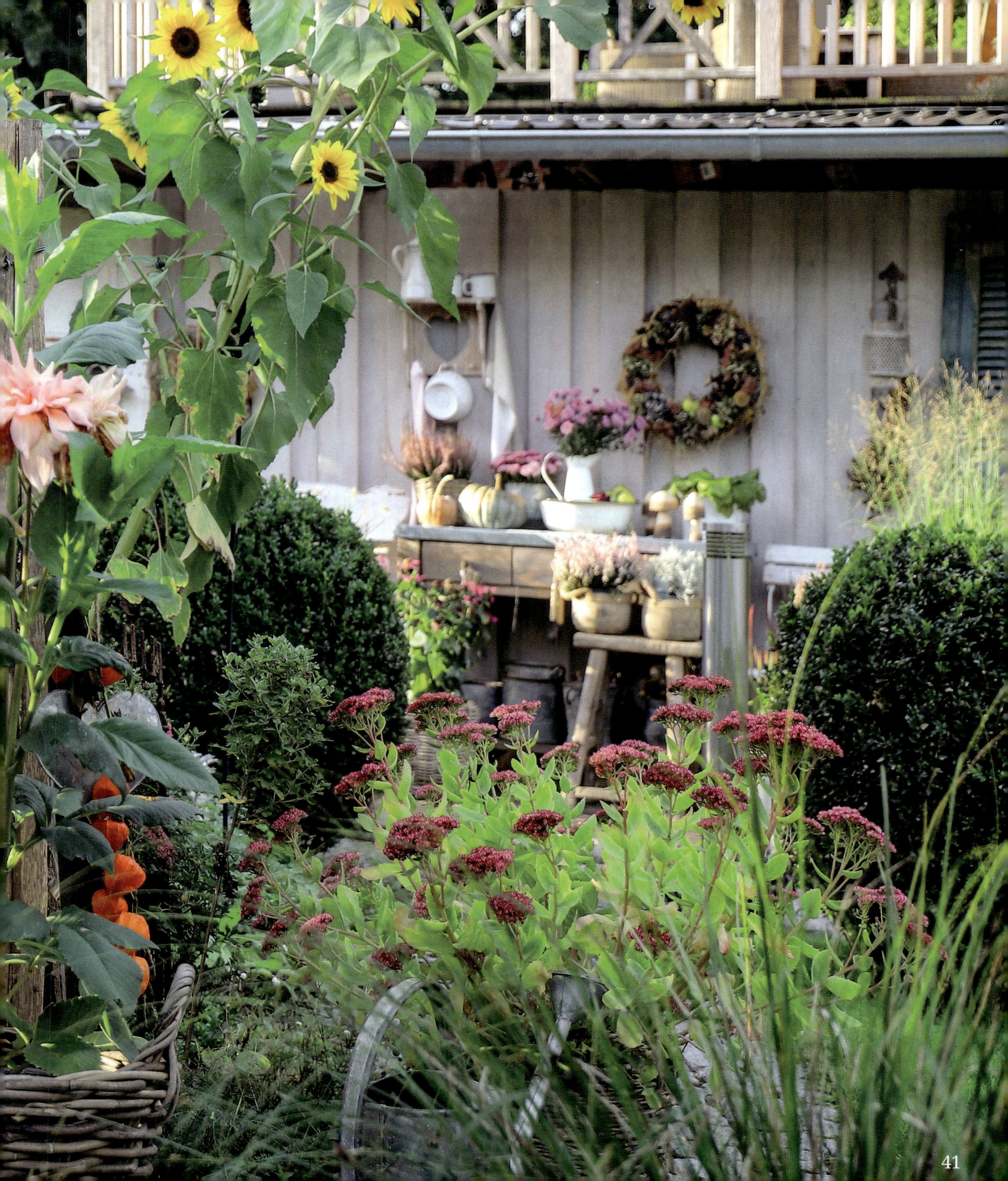

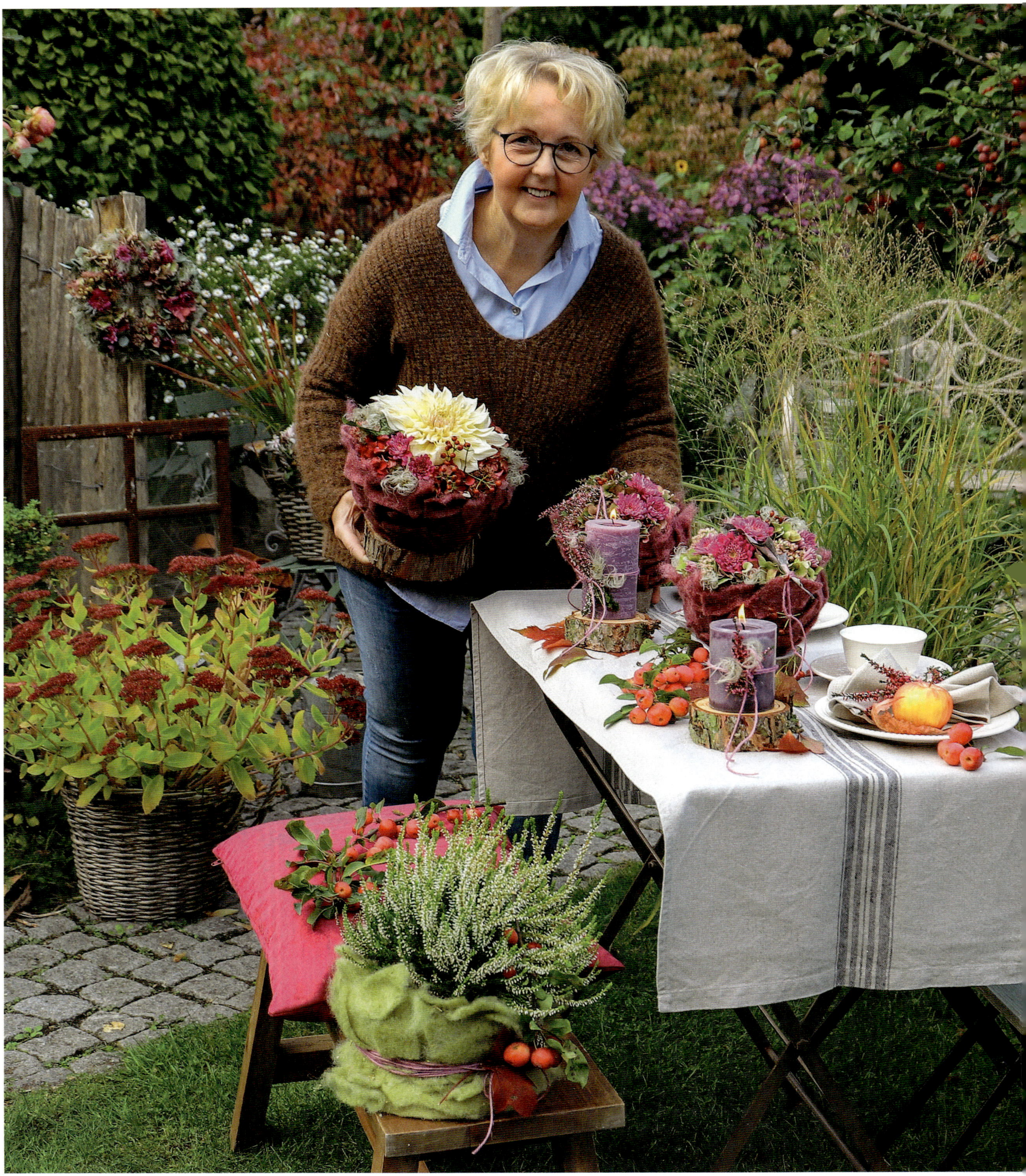

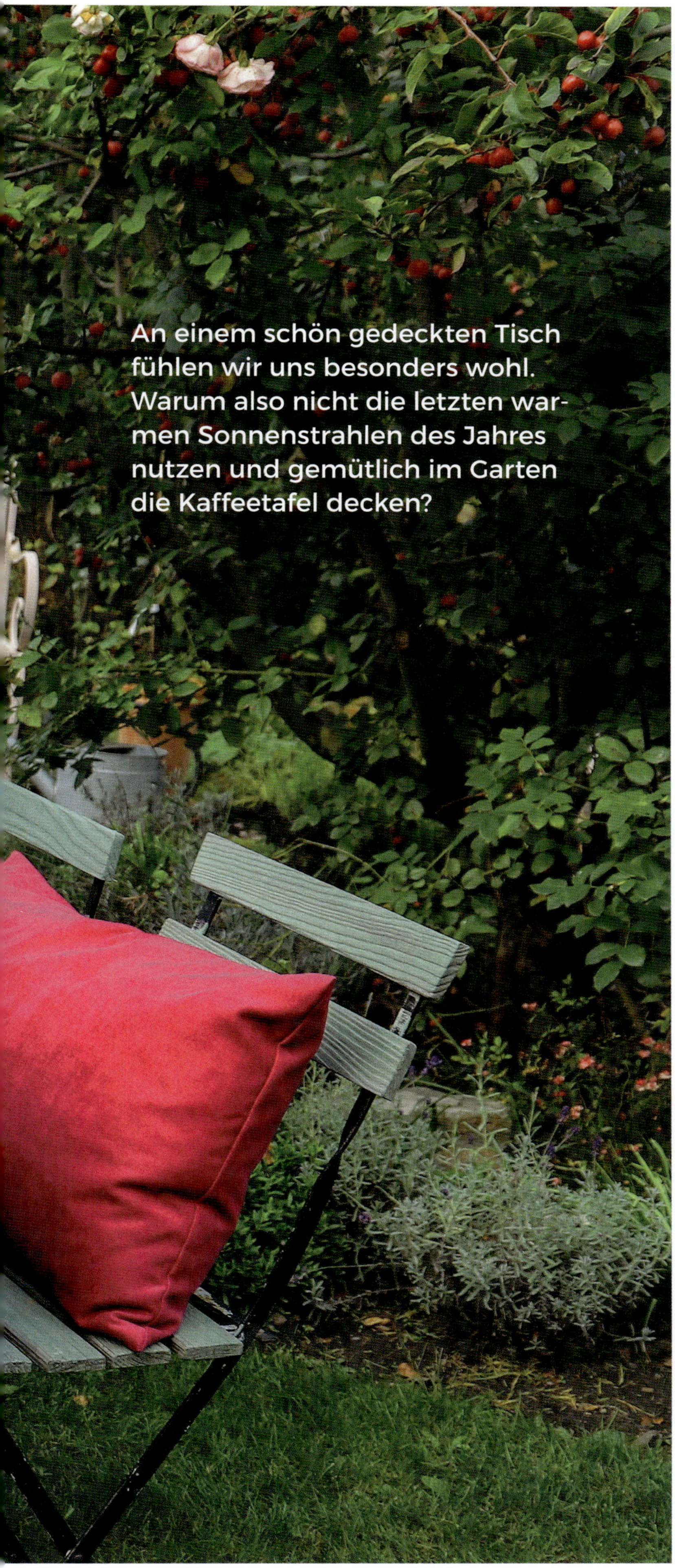

An einem schön gedeckten Tisch fühlen wir uns besonders wohl. Warum also nicht die letzten warmen Sonnenstrahlen des Jahres nutzen und gemütlich im Garten die Kaffeetafel decken?

Kaffeeklatsch in der Natur

Zu einer stimmungsvollen Dekoration gehören auch Kerzen dazu. Hier wird die Stumpenkerze auf einer Astscheibe platziert und mit etwas Heide und Kordel in Szene gesetzt.

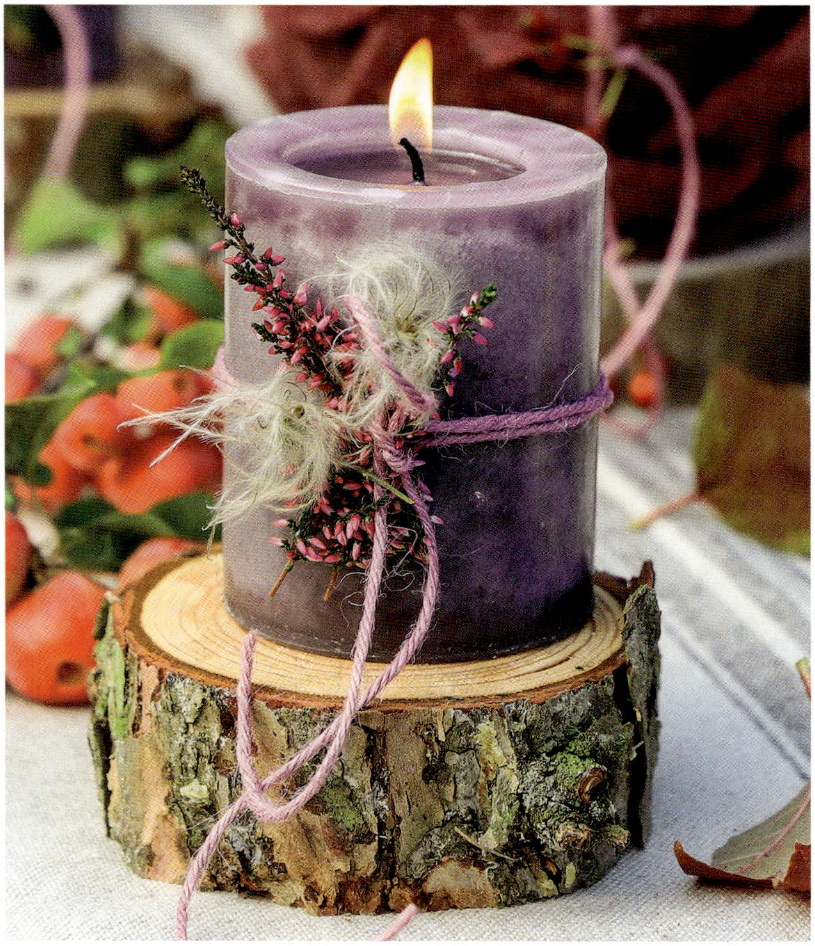

1

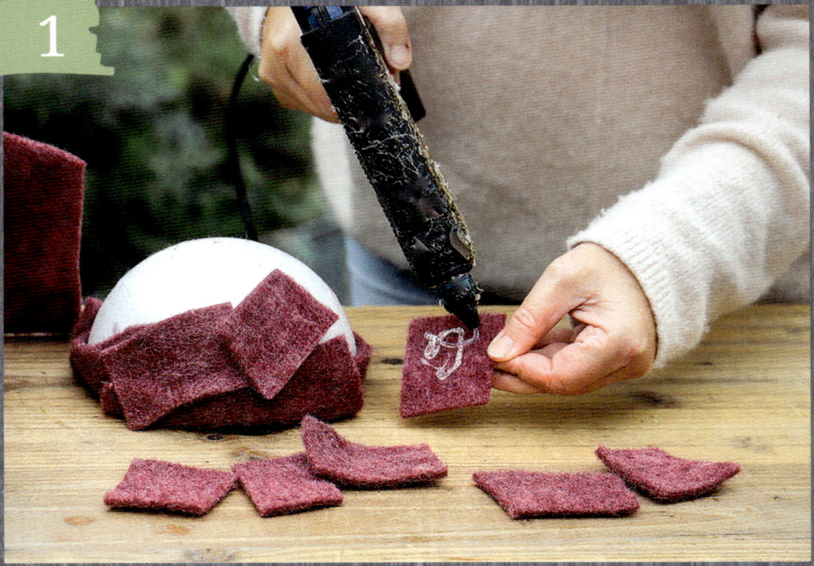

2

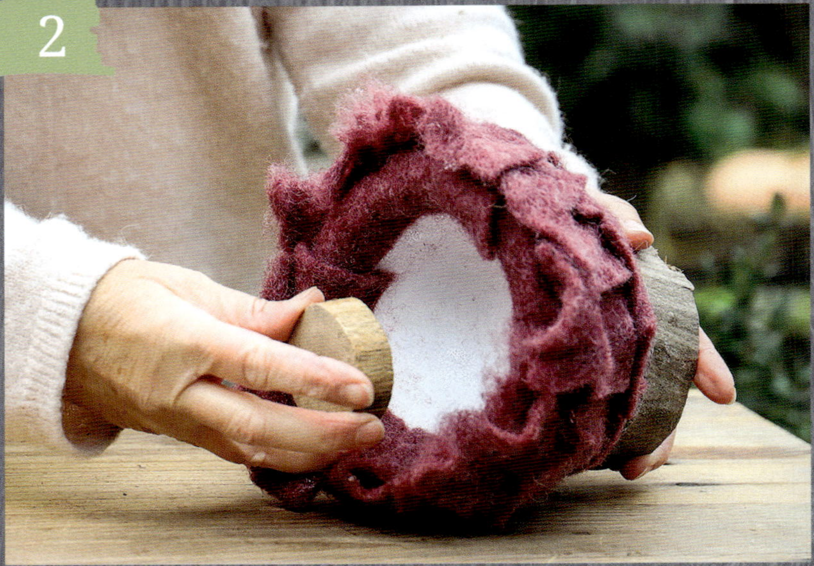

3

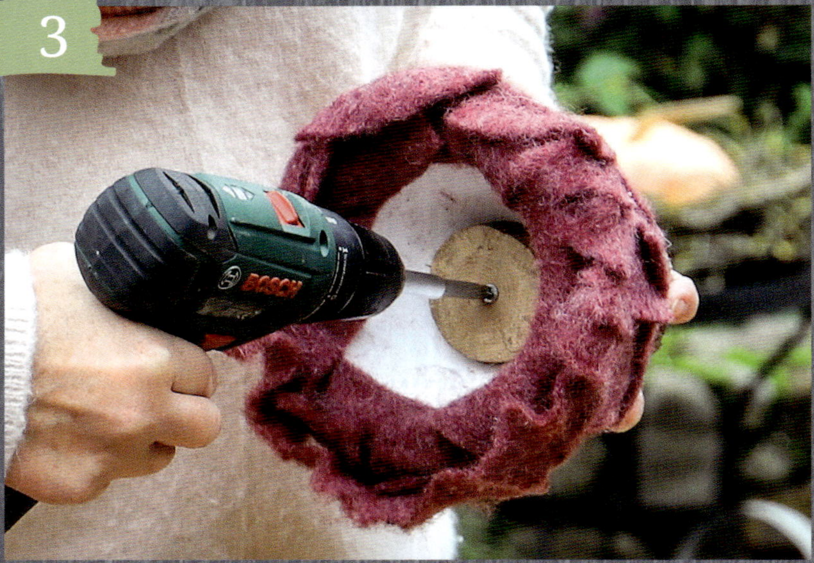

4

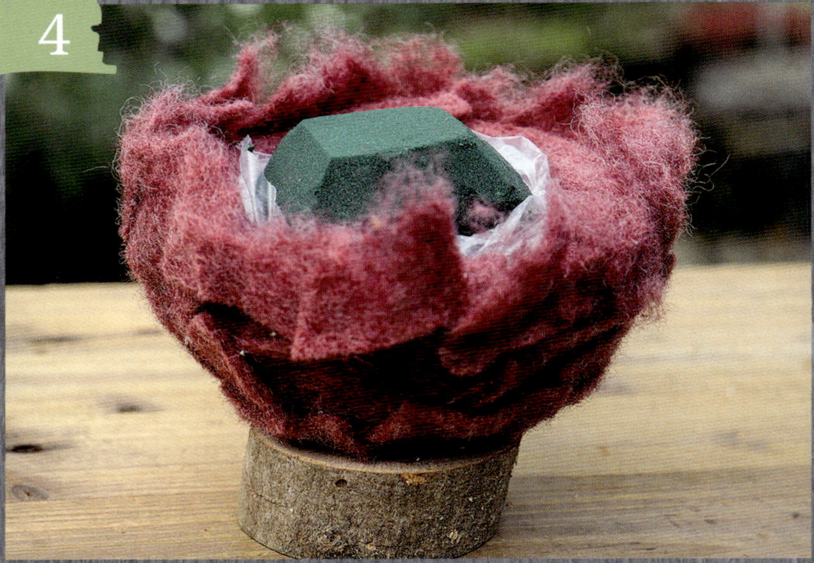

Material: Filz-Topfband, Styroporhalbkugel (Durchmesser ca. 25 cm), Heißkleber, Schraube, Frischblumensteckschaum, Gefrierbeutel oder Folie, Baumscheibe sowie Chrysanthemen, Hortensien, Fetthennen, Hagebutten und Clematis-Fruchtstände

Anleitung: Den Filz in sieben bis zehn Zentimeter breite Streifen schneiden. Diese in unterschiedlich kleine Stücke reißen und überlappend auf die Halbkugel kleben (1). Im Innenbereich nur die erste Reihe mit Filz bekleben. Zwei Astscheiben, eine innen, eine außen, am tiefsten Punkt der Schale anlegen und mittels Schraube miteinander zum Schalenfuß verbinden (2 + 3). Das Schaleninnere mit Folie oder einem Gefrierbeutel auslegen und gewässerten Frischblumensteckschaum einstellen (4). In diesen dicht an dicht die Blumen stecken.

Blumige Halbkugel

Do it yourself!

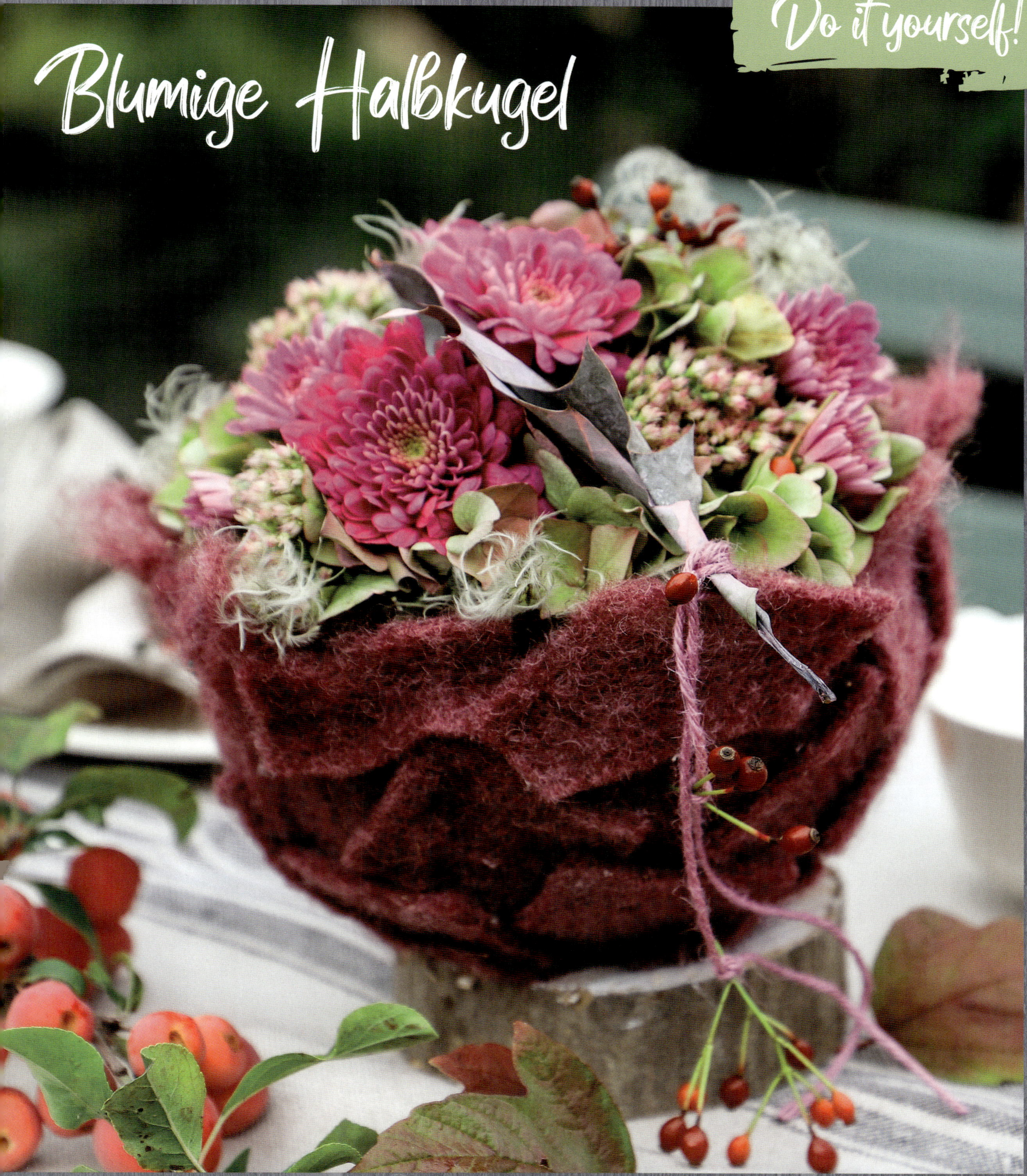

Jetzt ist Heidezeit!

Heide trifft Filz! In gleicher Technik, wie auf den Seiten zuvor beschrieben, wird das Pflanzgefäß der Heide gestaltet. Für Farbkleckse sorgen die Zieräpfel.

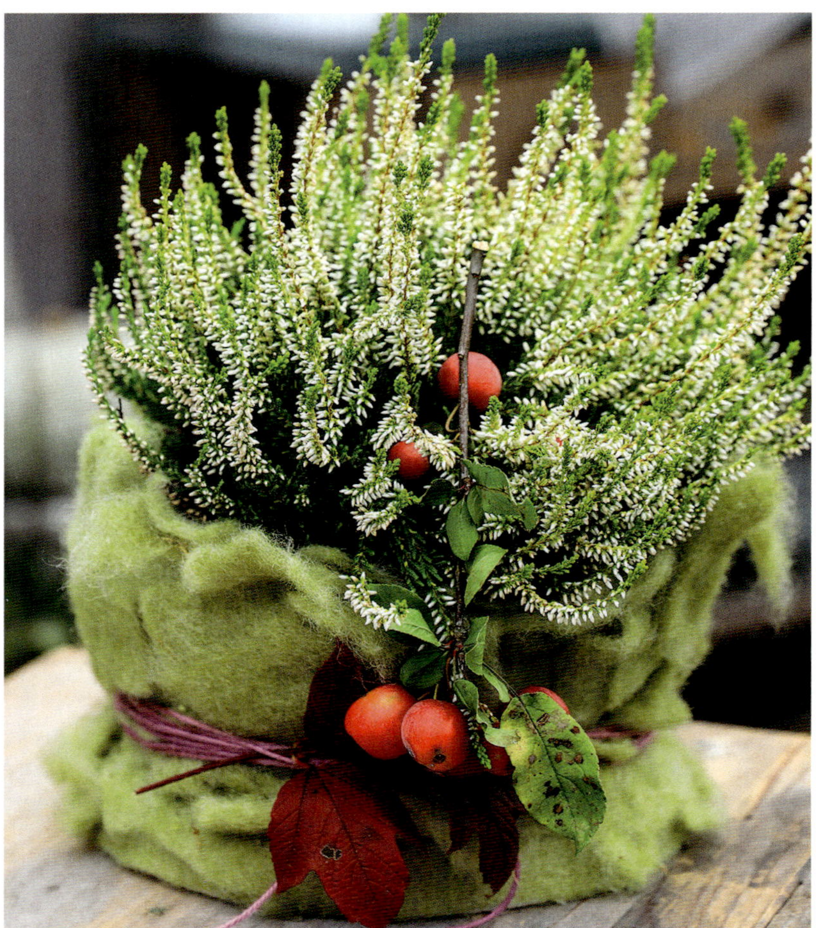

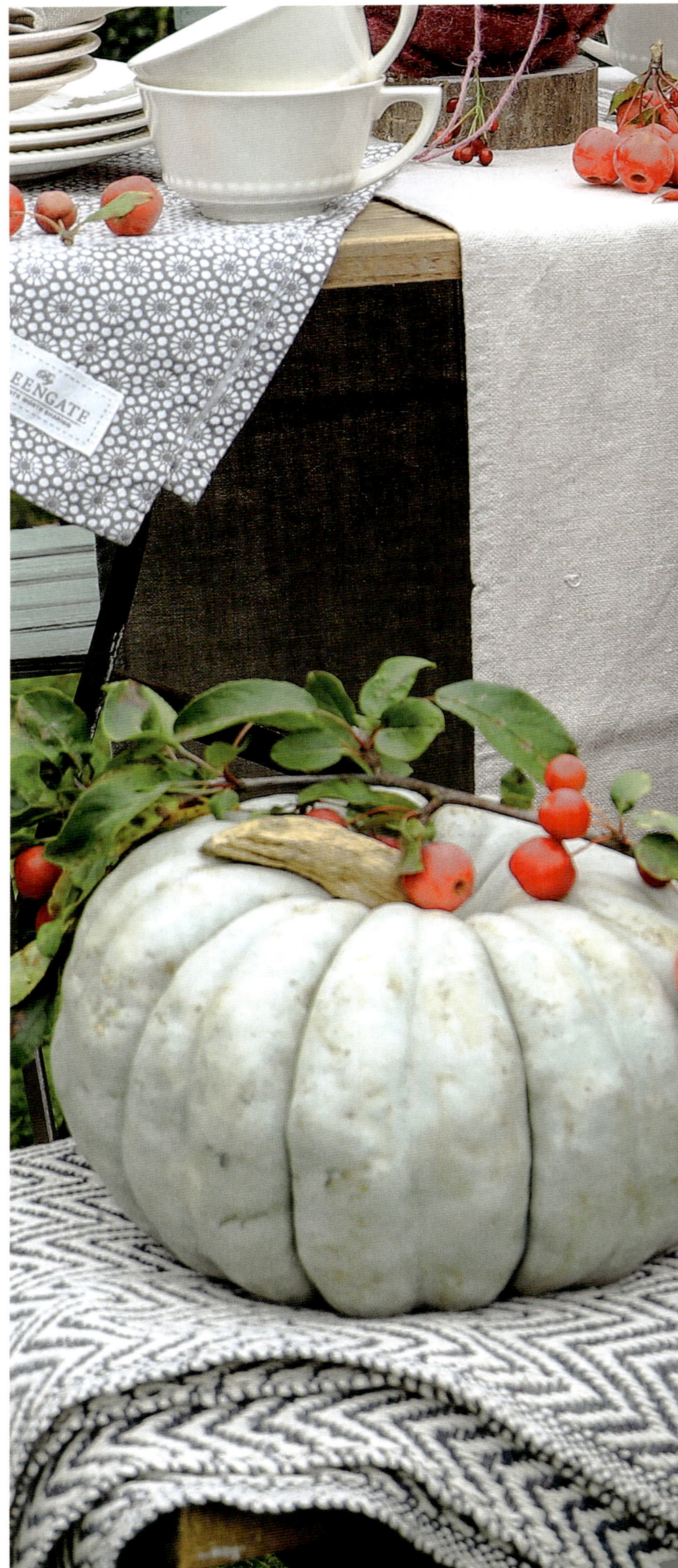

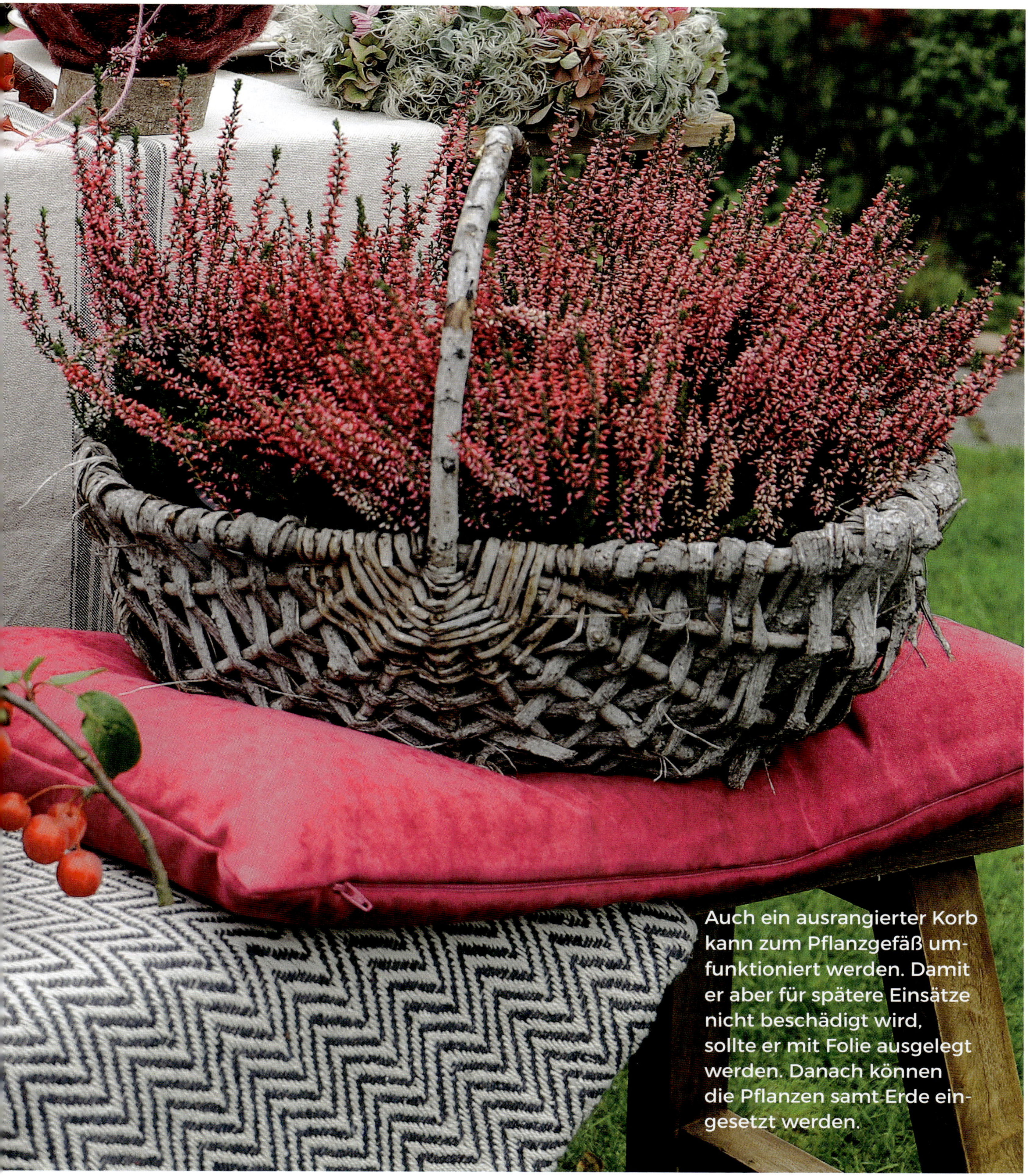

Auch ein ausrangierter Korb kann zum Pflanzgefäß umfunktioniert werden. Damit er aber für spätere Einsätze nicht beschädigt wird, sollte er mit Folie ausgelegt werden. Danach können die Pflanzen samt Erde eingesetzt werden.

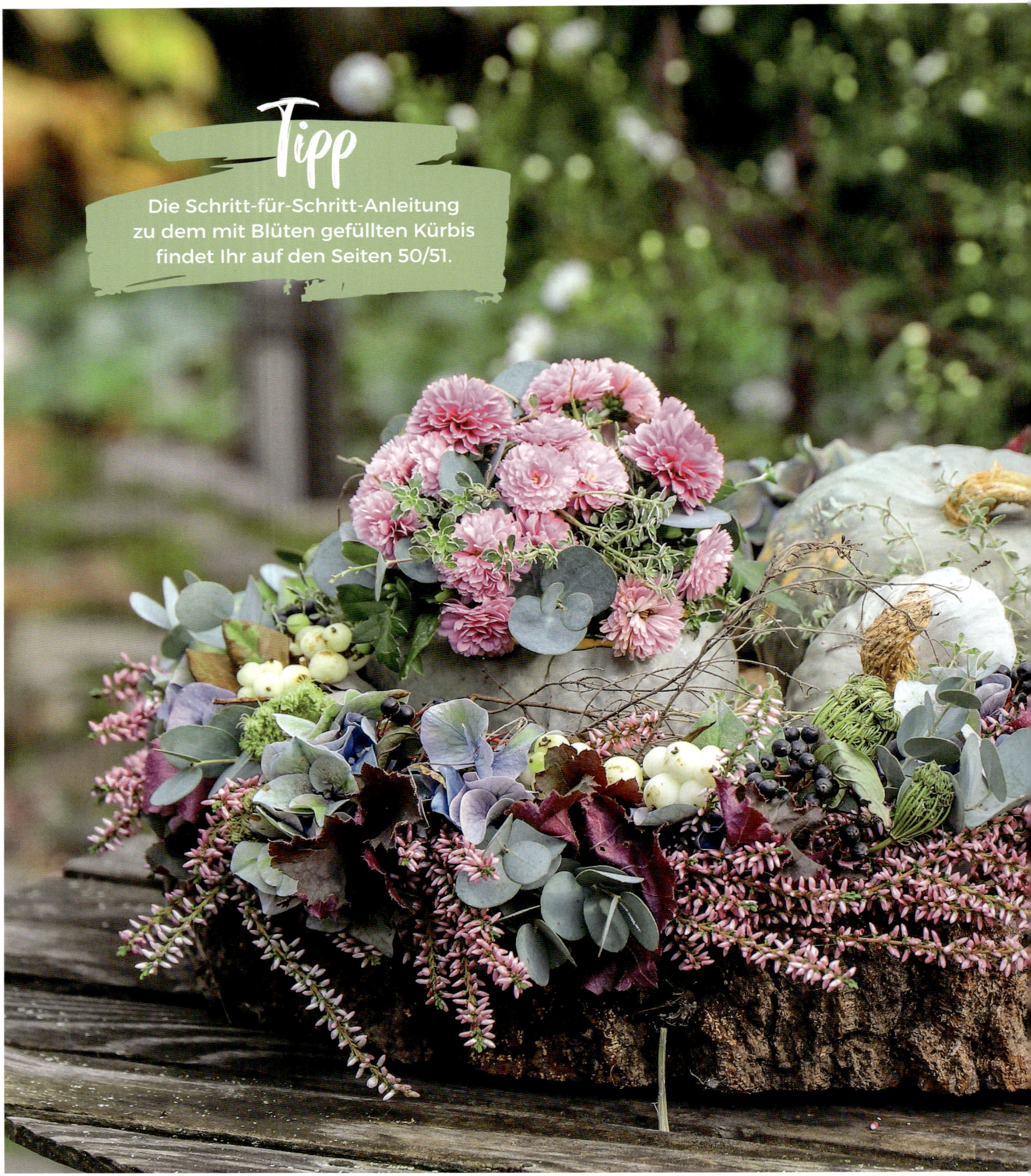

Tipp

Die Schritt-für-Schritt-Anleitung zu dem mit Blüten gefüllten Kürbis findet Ihr auf den Seiten 50/51.

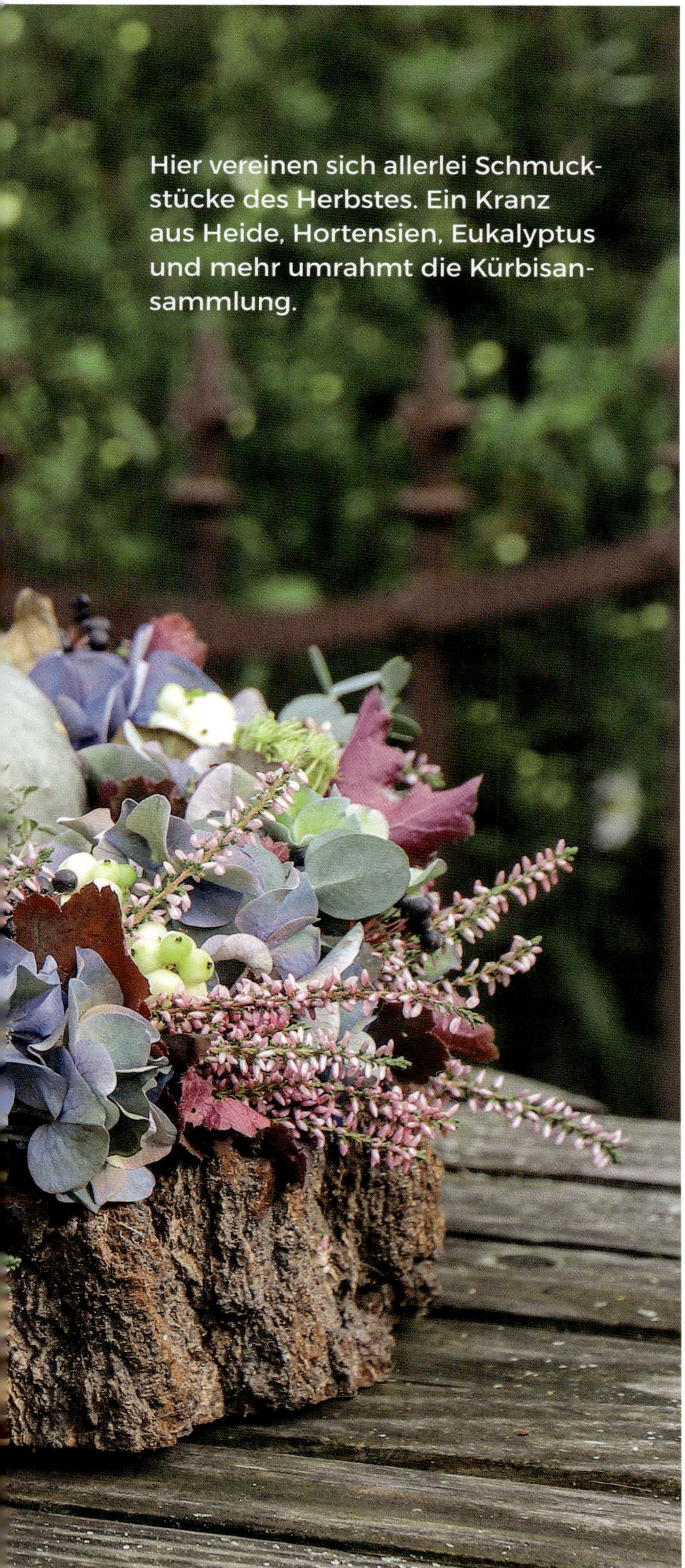

Hier vereinen sich allerlei Schmuckstücke des Herbstes. Ein Kranz aus Heide, Hortensien, Eukalyptus und mehr umrahmt die Kürbisansammlung.

Dekorativ aufgetischt!

Inmitten eines Zinktellers thront eine Kerze und sorgt für stimmungsvolles Ambiente. Sie ist umgeben von einem mit Heu bewickelten Dekoreifen, der mit Astern, Heide, Beerenzweigen und Hortensien ausstaffiert ist.

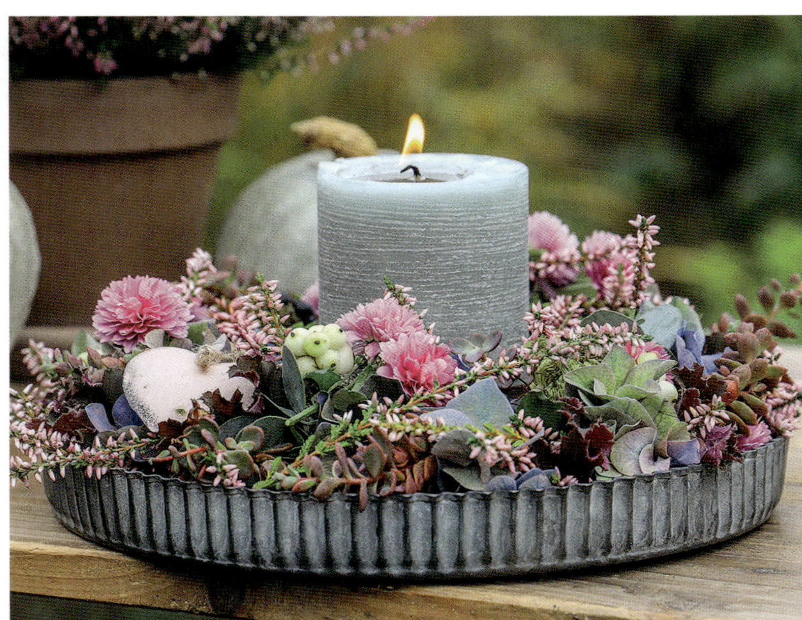

1

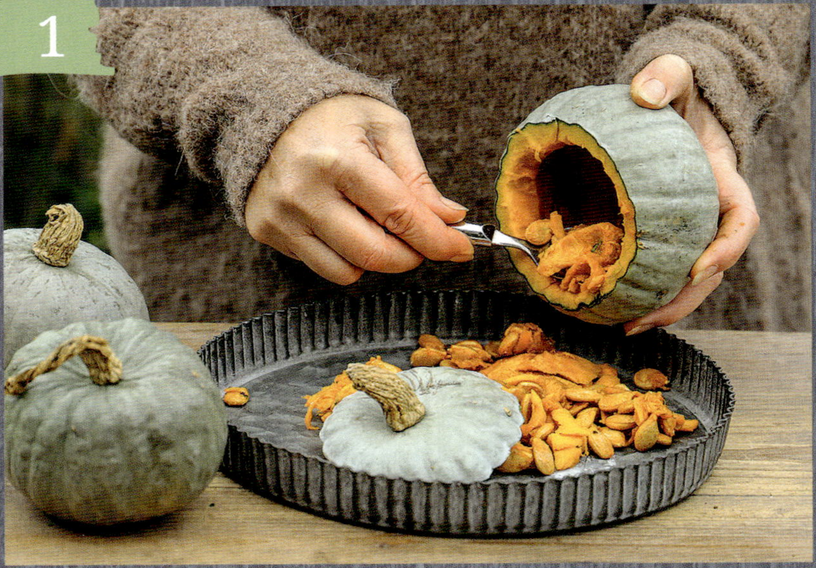

2

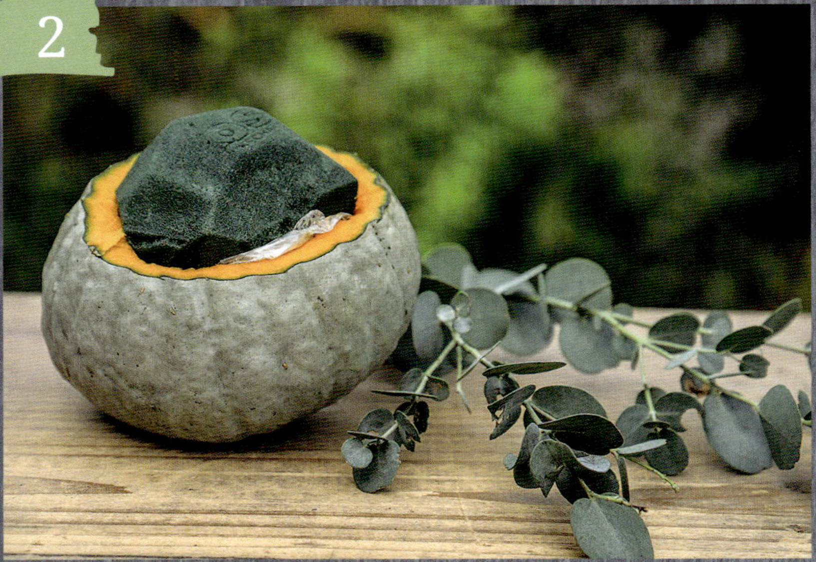

3

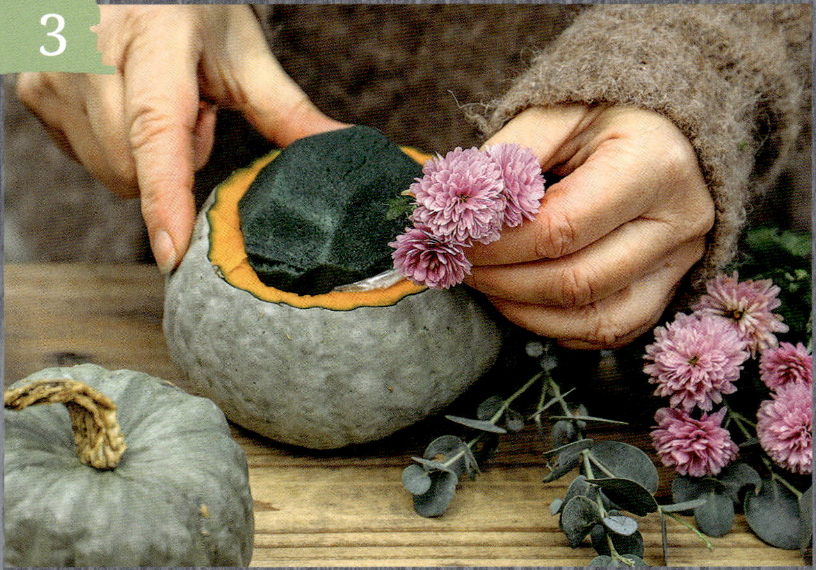

Blütenkürbis

Material: Kürbis, Frischblumensteckschaum, Folie sowie Eukalyptus, Thymian und Astern

Anleitung: Vom Kürbis den Deckel abschneiden und mithilfe eines Löffels aushöhlen (1). Das so entstandene Gefäß mit Folie auslegen, passend zugeschnittenen und gewässerten Frischblumensteckschaum einfügen (2). Eukalyptus, Thymian und Astern dicht an dicht einstecken (3).

Tipp

Wer den Kürbis aushöhlt, sollte die Kürbiskerne aufheben und auswaschen. Werden sie danach getrocknet und dunkel gelagert, können sie im kommenden Jahr im eigenen Garten ausgesät werden.

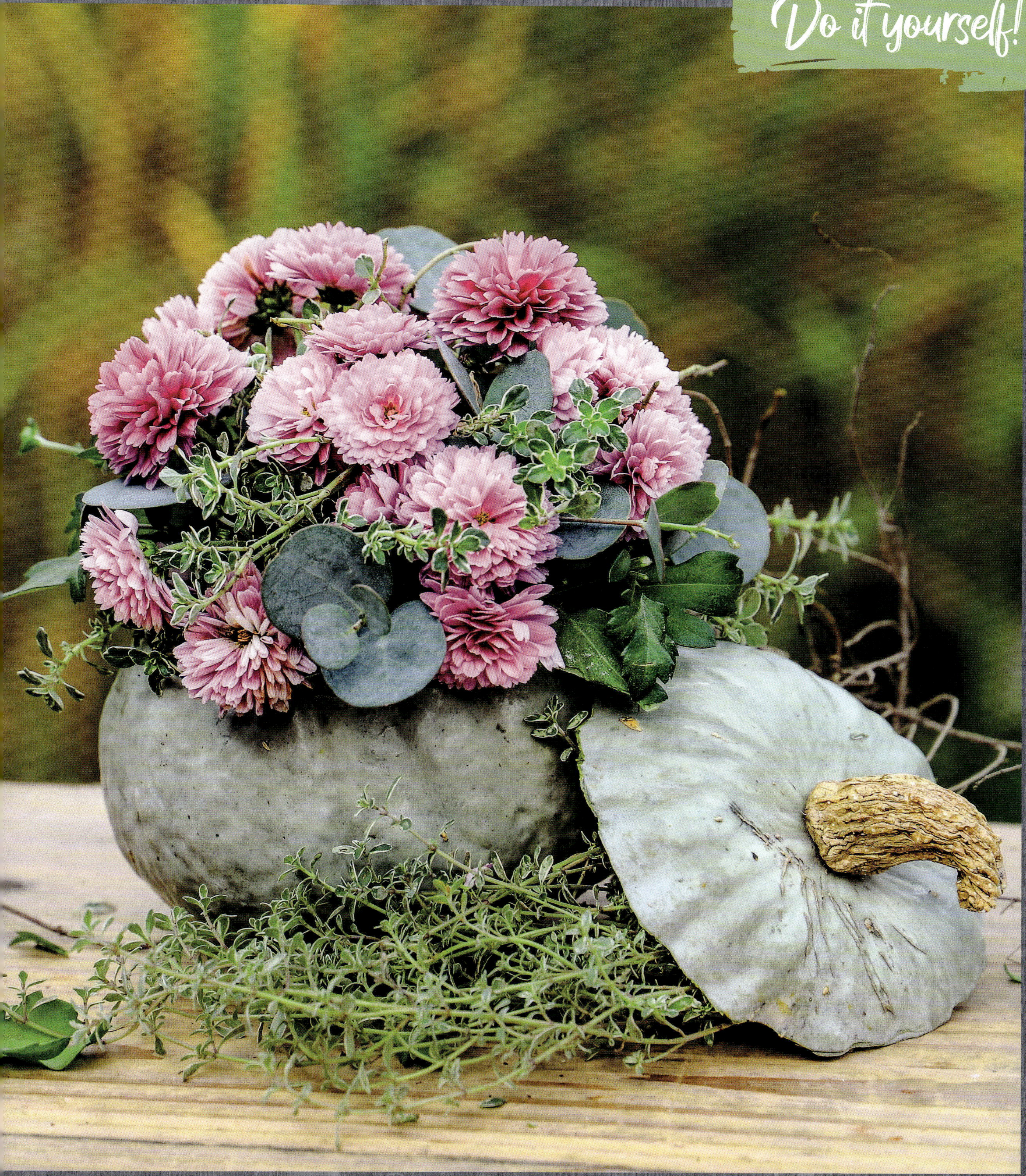

Blühende Gartenschätze

Auch ein Strauß Blumen lässt sich im Garten fix selbst zusammenstellen. Dafür einfach ein paar Astern schneiden und im wassergefüllten Krug arrangieren.

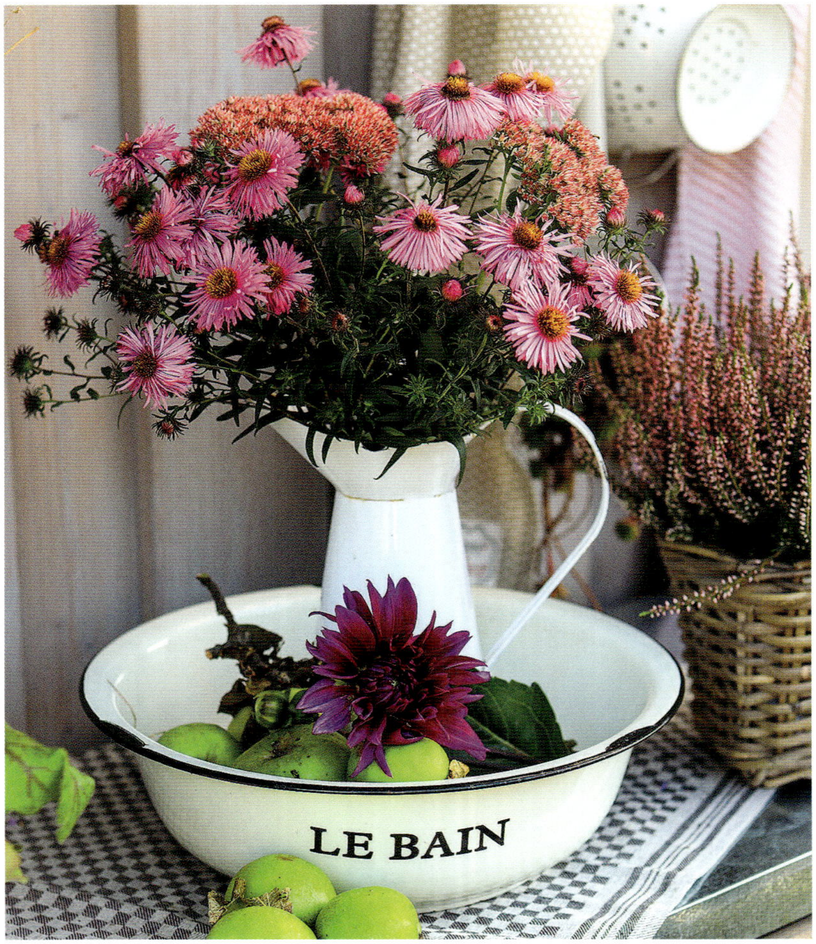

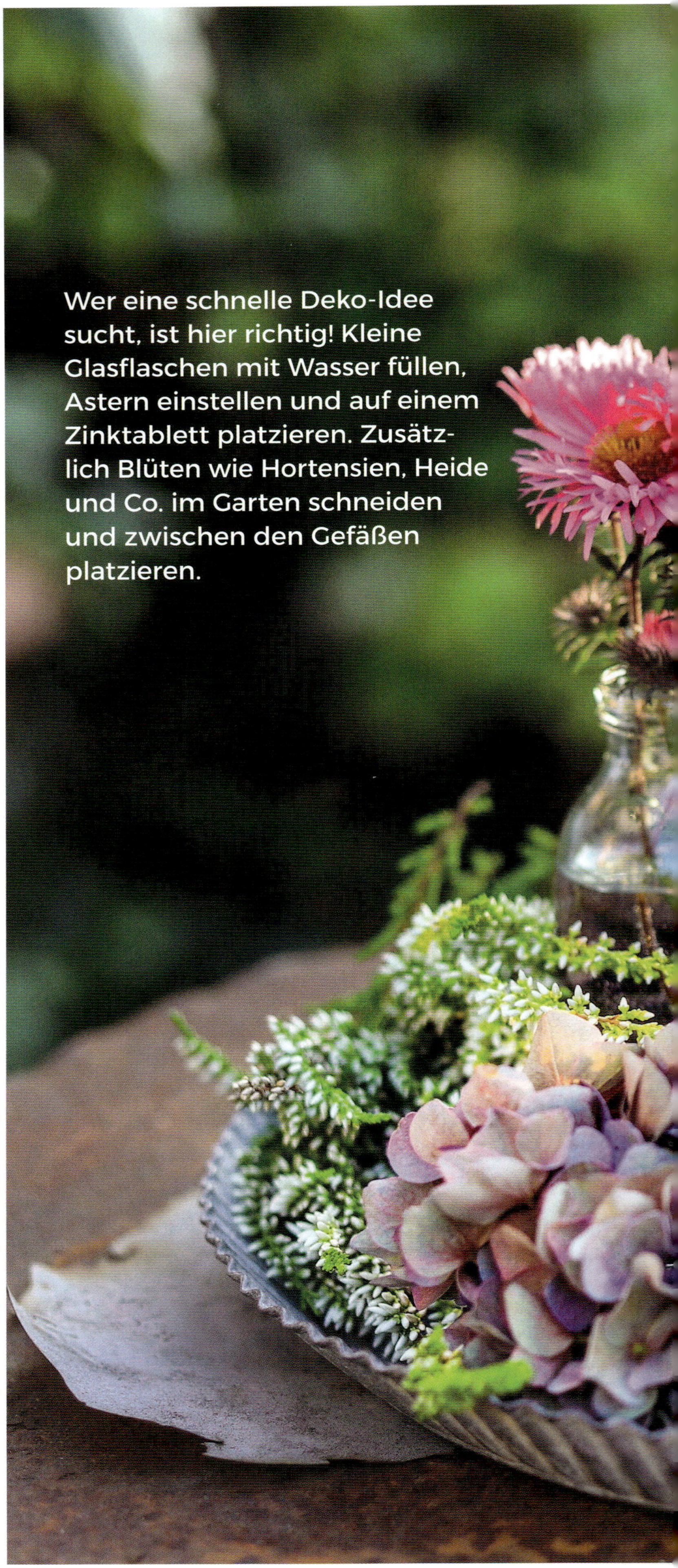

Wer eine schnelle Deko-Idee sucht, ist hier richtig! Kleine Glasflaschen mit Wasser füllen, Astern einstellen und auf einem Zinktablett platzieren. Zusätzlich Blüten wie Hortensien, Heide und Co. im Garten schneiden und zwischen den Gefäßen platzieren.

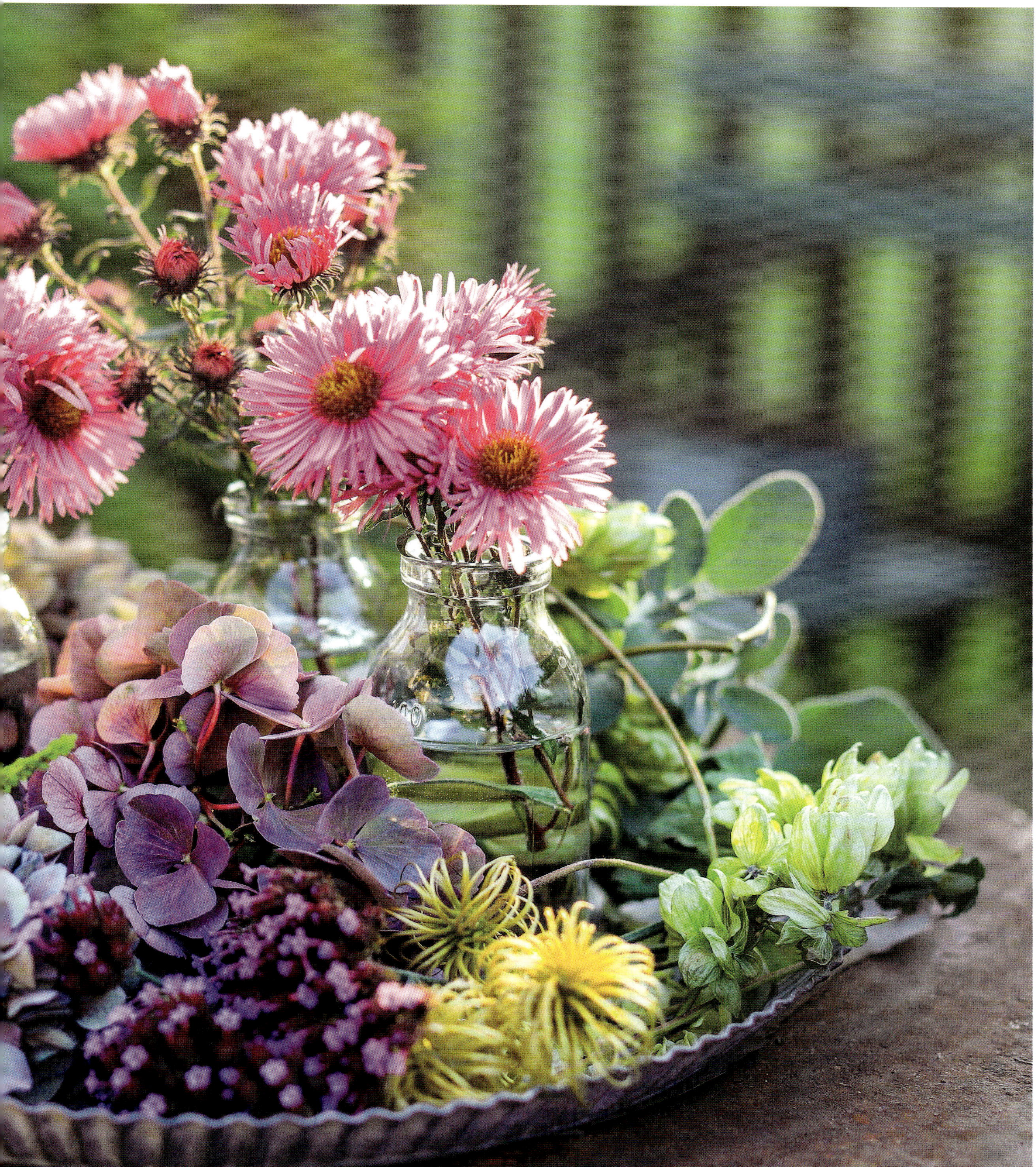

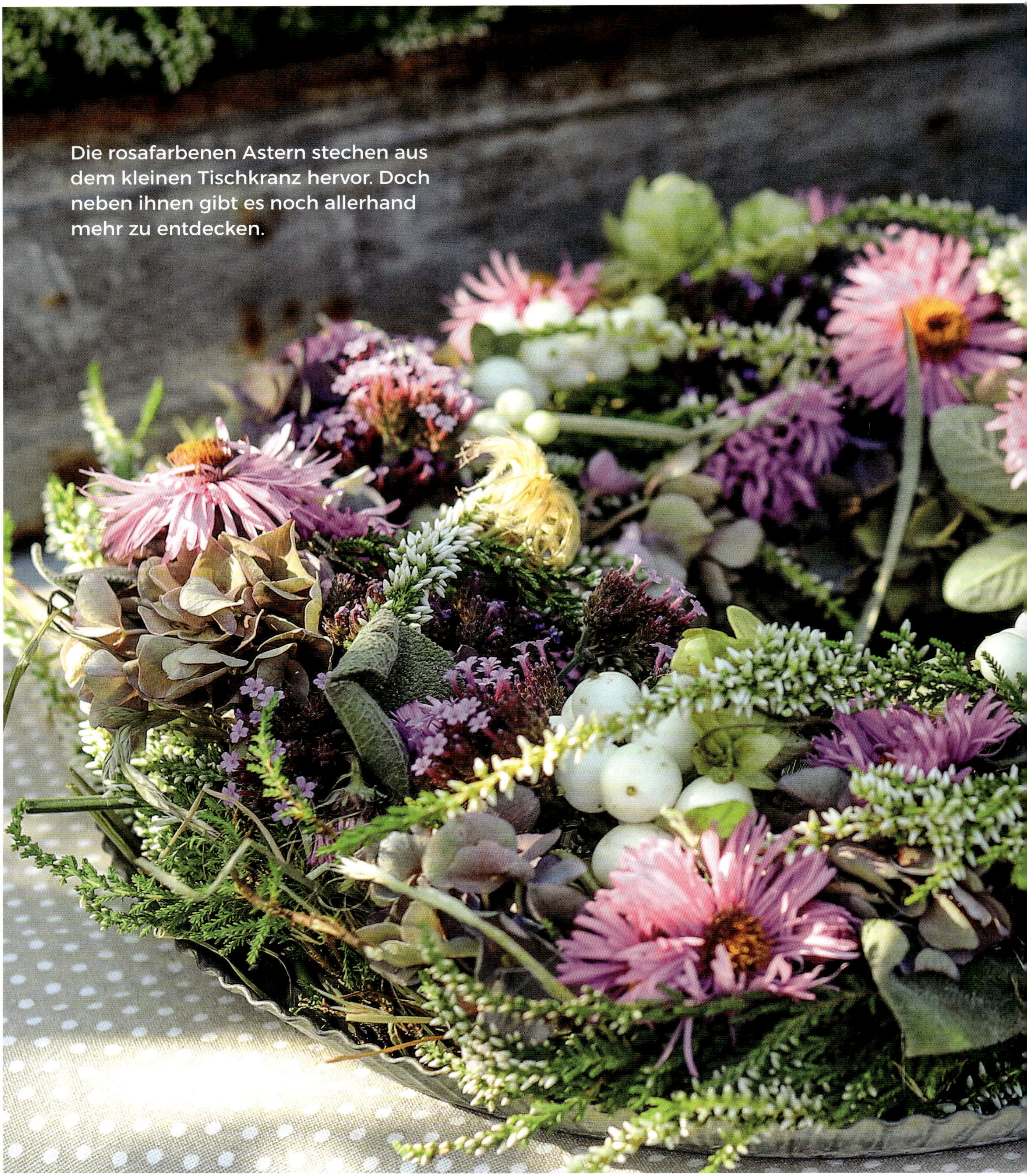

Die rosafarbenen Astern stechen aus dem kleinen Tischkranz hervor. Doch neben ihnen gibt es noch allerhand mehr zu entdecken.

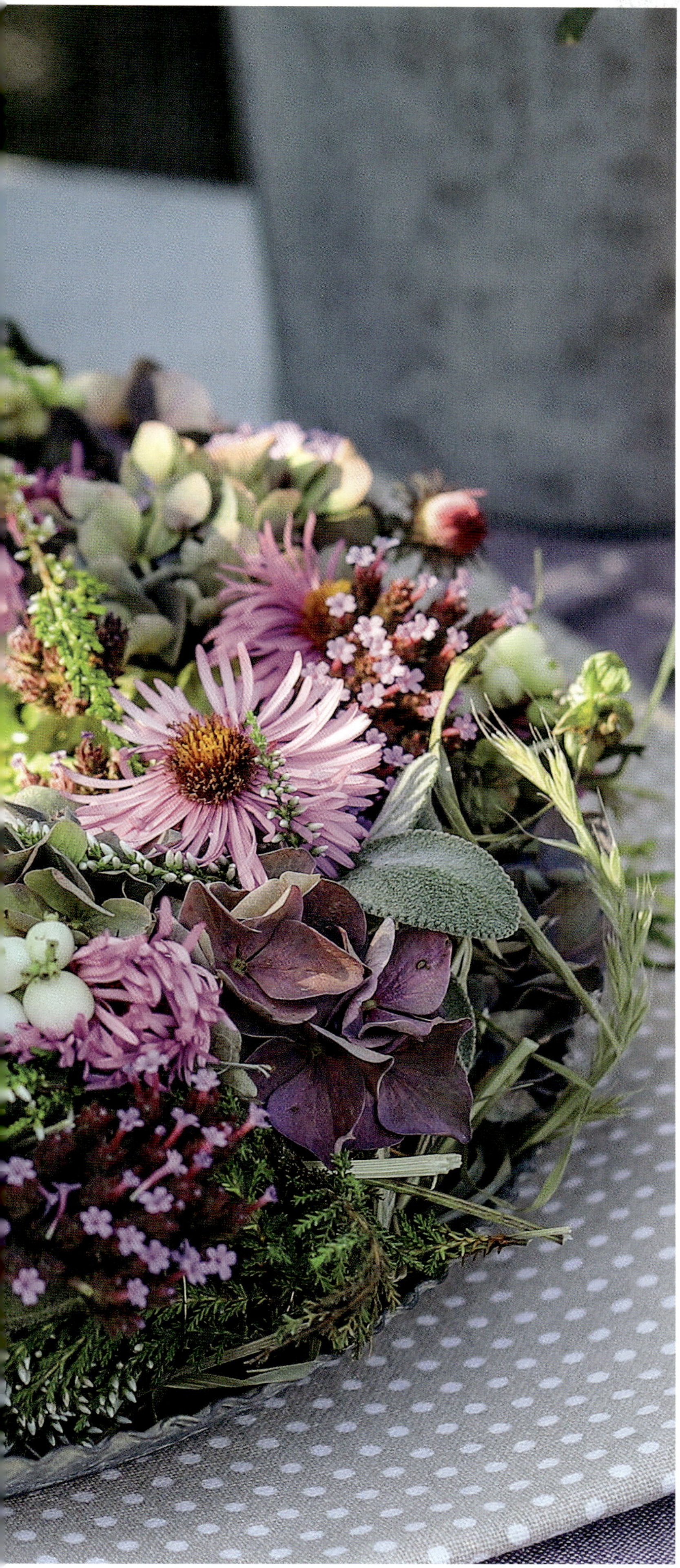

Gezähmte Schönheit

In diesem hängenden Kranz vereint sich der romantische Country-Look mit einer Prise Wildheit.

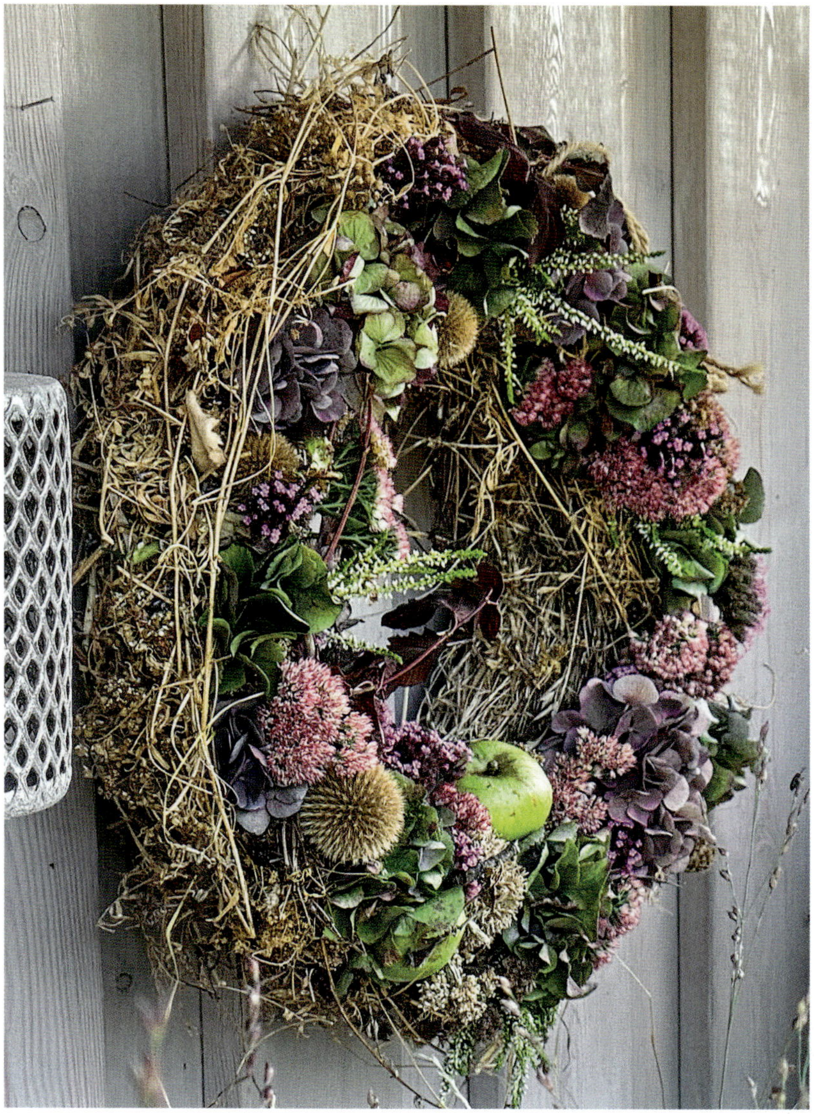

Appetitlich mit Früchten

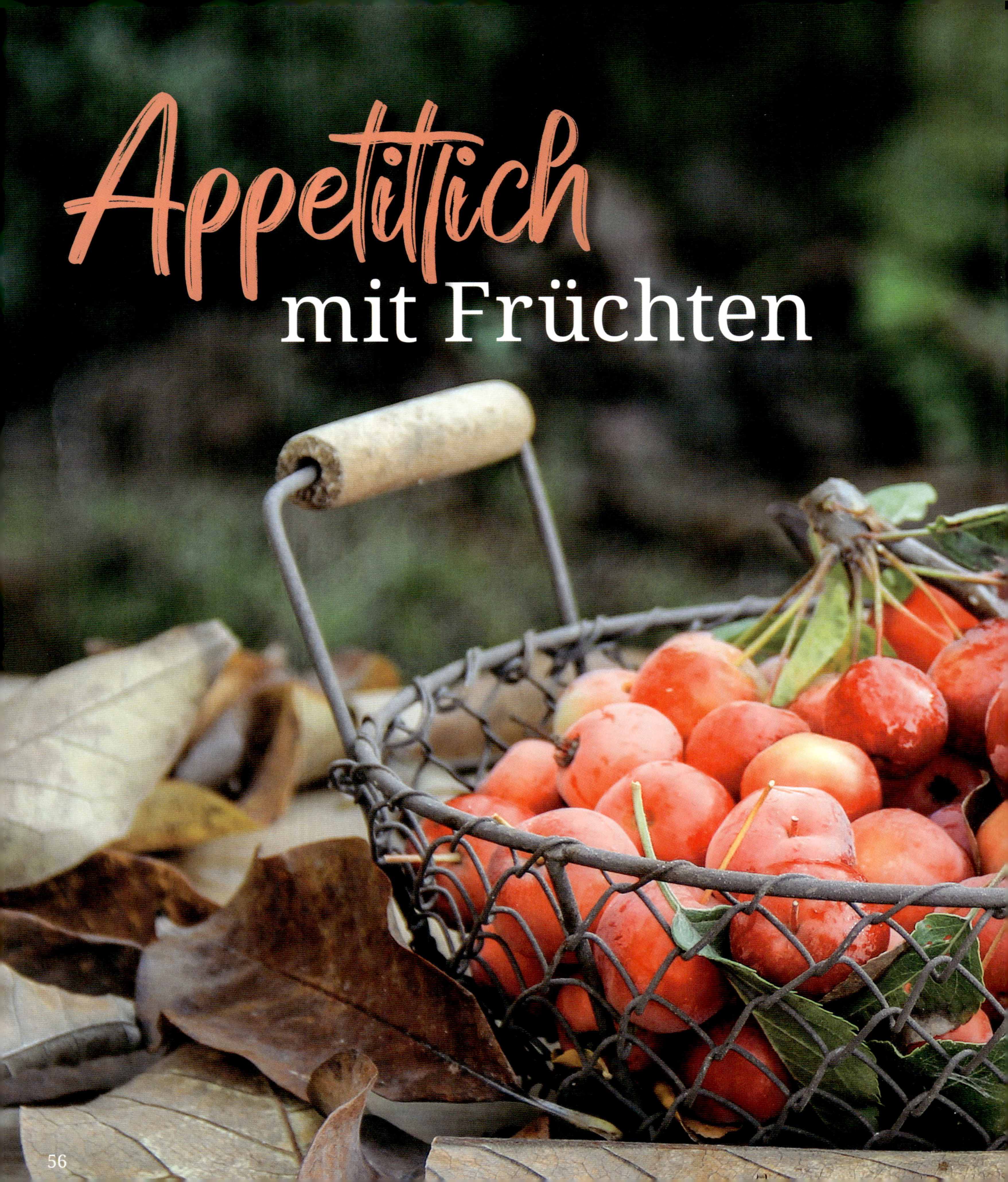

Äpfel, Kürbis und Co. haben jetzt Hochsaison. Sie leuchten nicht nur an Sträuchern, auf Feldern und im Garten um die Wette, sondern sind auch meine Lieblingsakteure in verschiedenen Dekorationen.

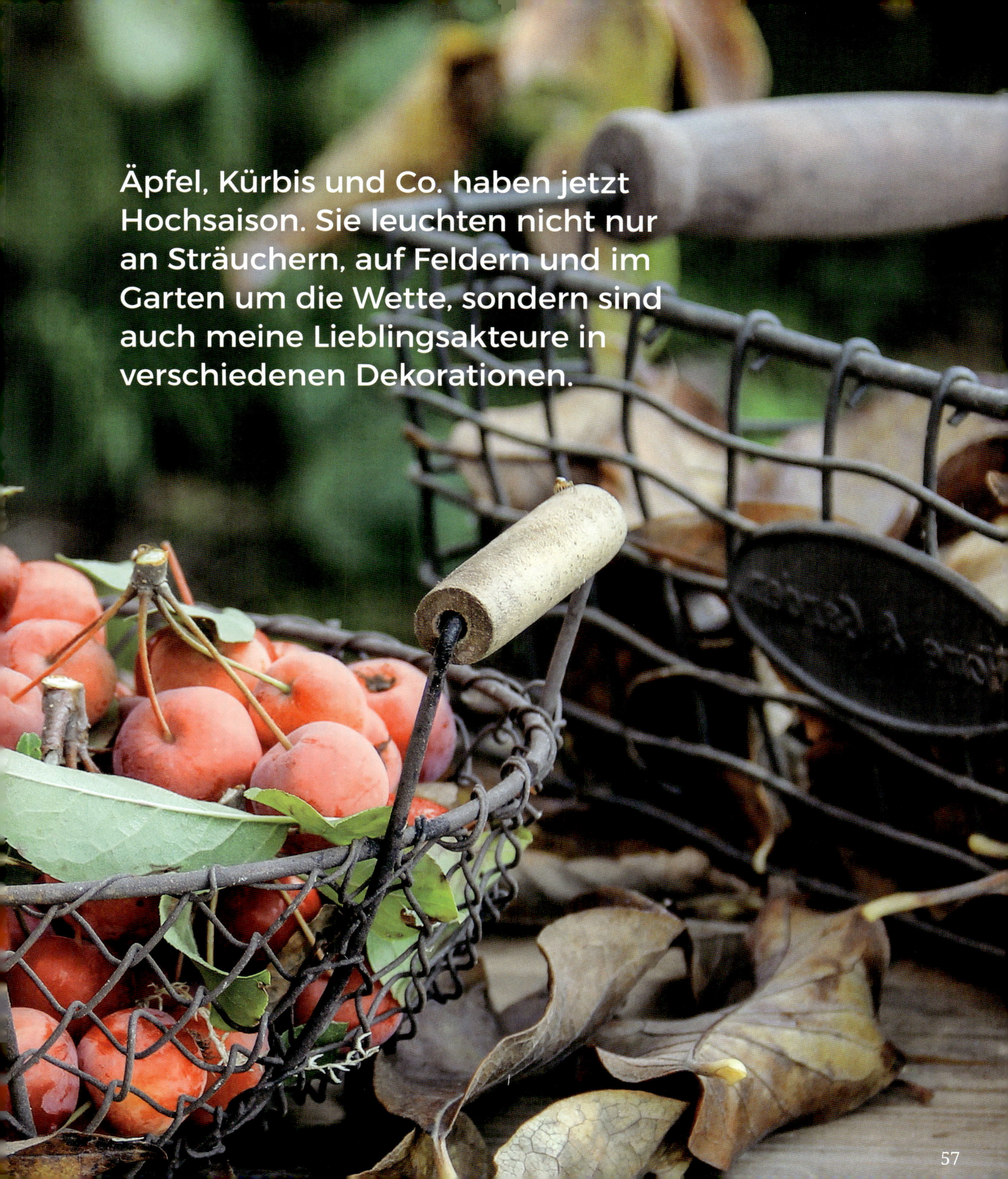

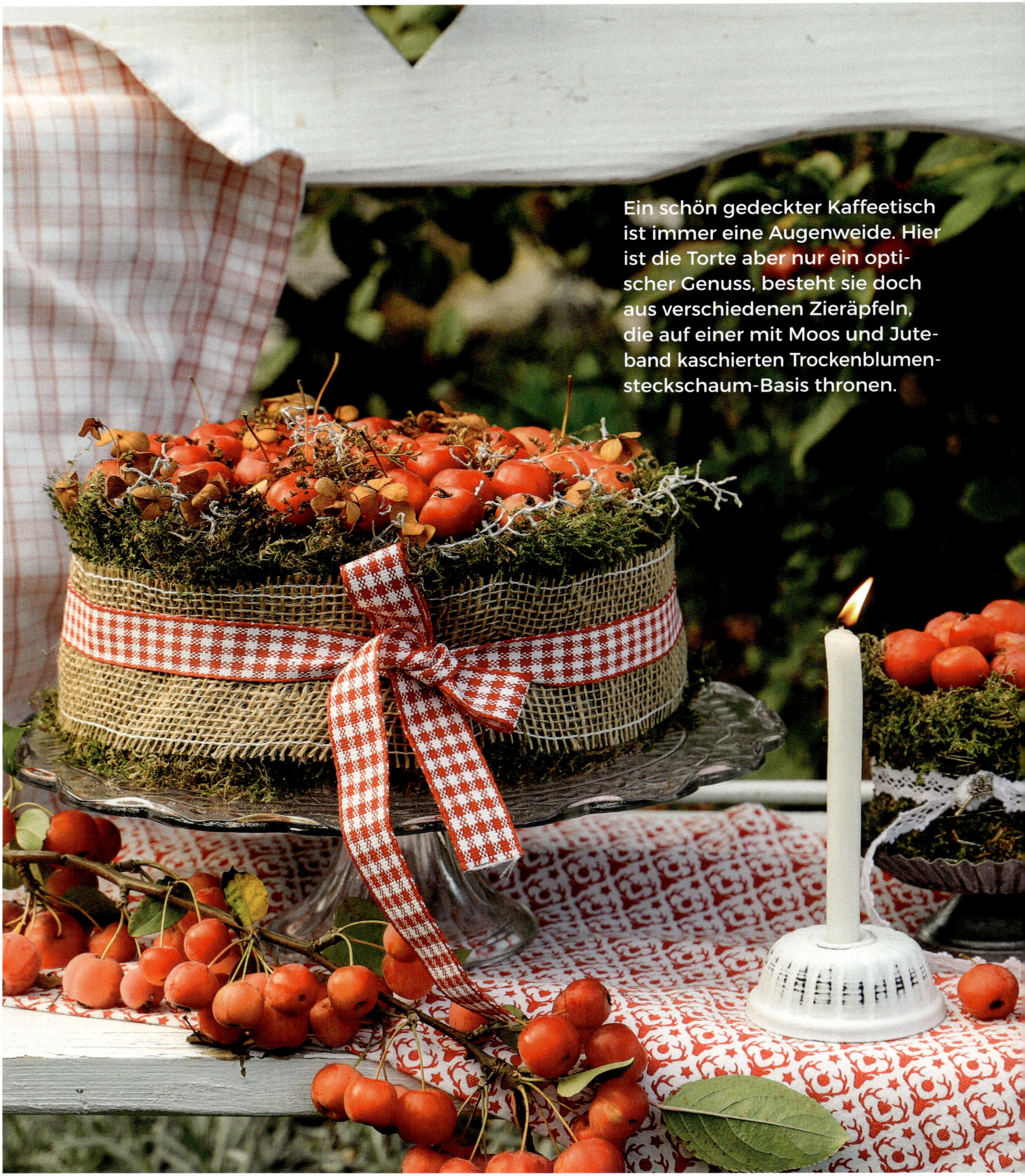

Ein schön gedeckter Kaffeetisch ist immer eine Augenweide. Hier ist die Torte aber nur ein optischer Genuss, besteht sie doch aus verschiedenen Zieräpfeln, die auf einer mit Moos und Juteband kaschierten Trockenblumensteckschaum-Basis thronen.

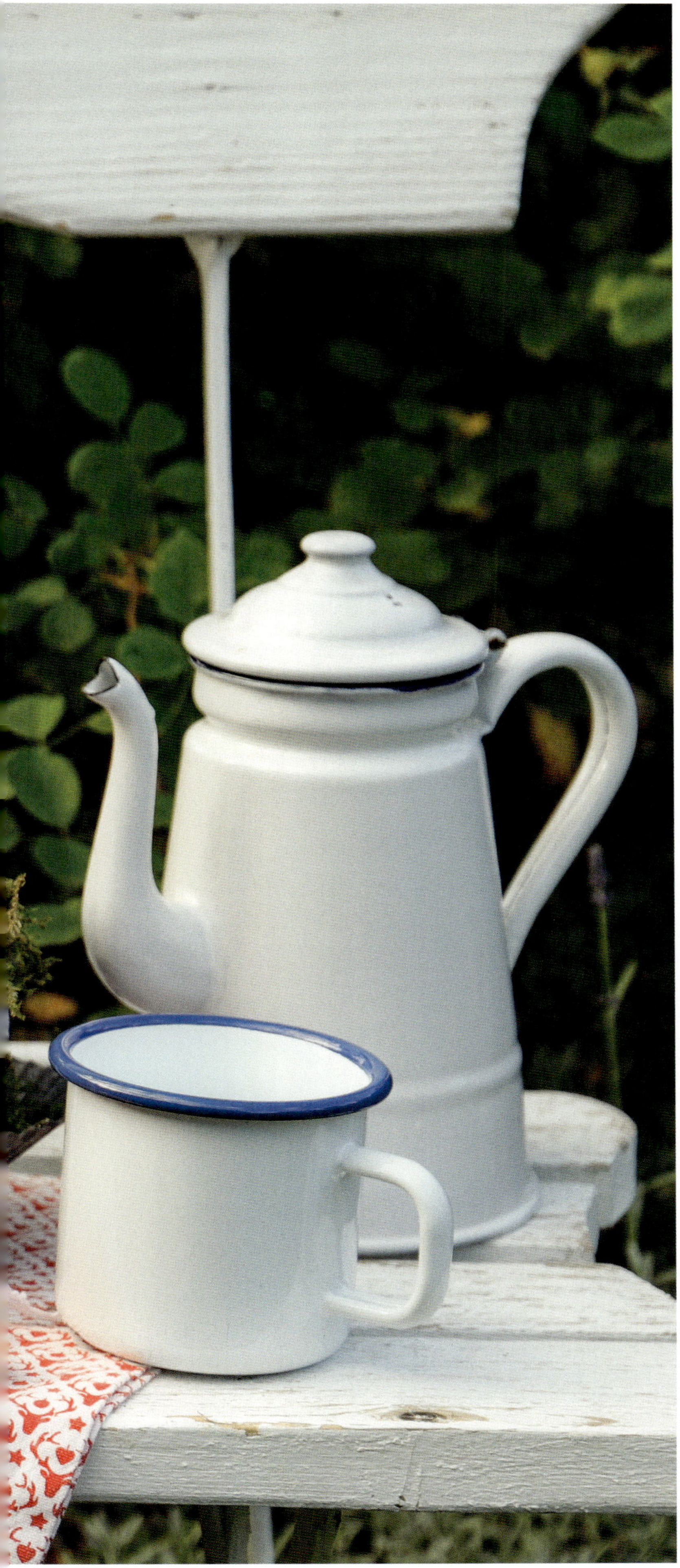

Topping mit Zieräpfeln

Als kleines Mitbringsel für liebe Menschen bietet sich dieses Mini-Törtchen geradezu an. Auch hier werden die Zieräpfel in Trockenblumensteckschaum eingearbeitet, der mit Moos verdeckt wird.

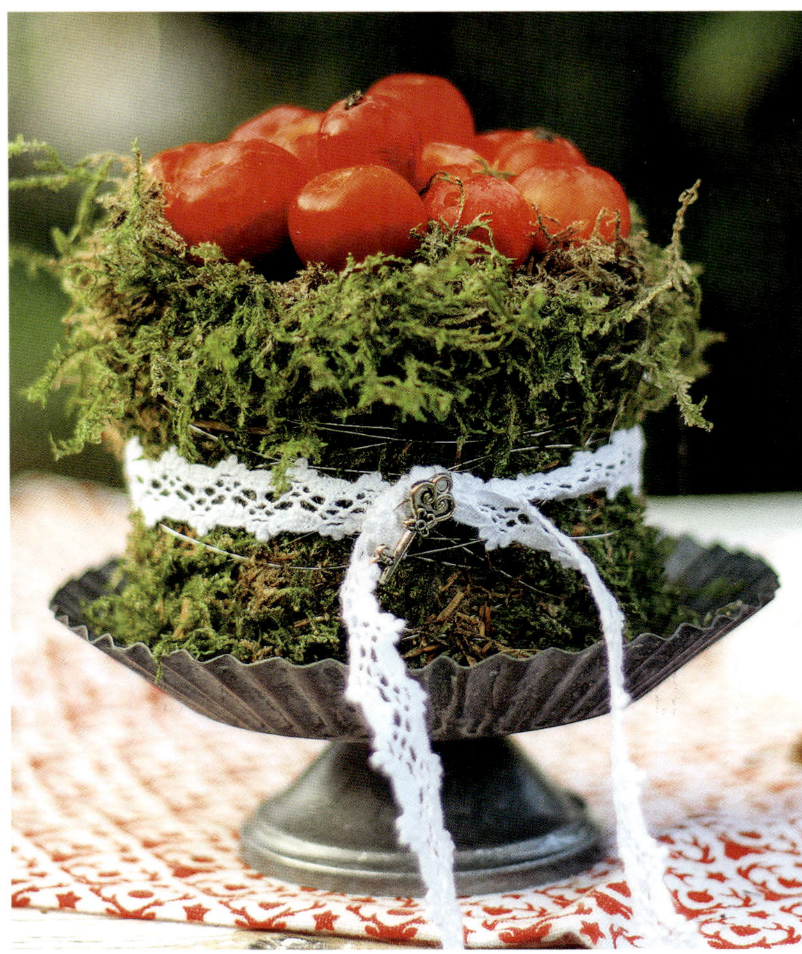

1

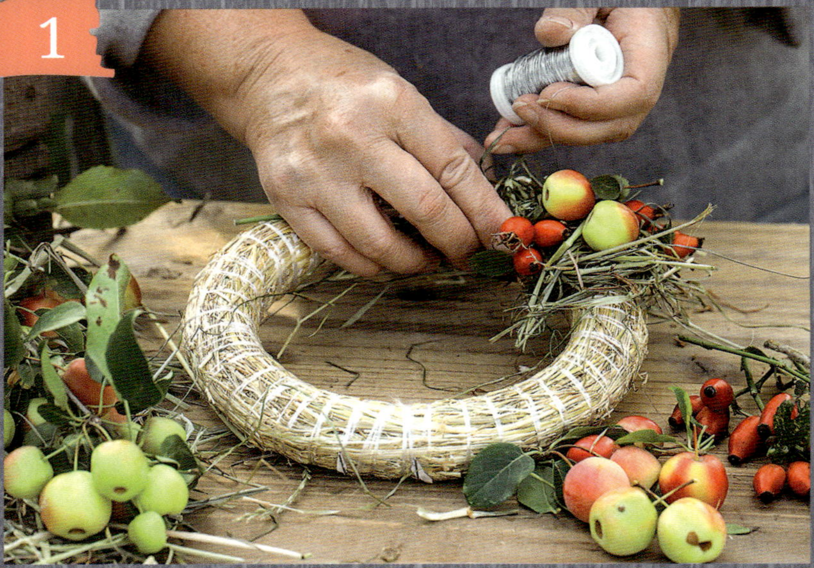

2

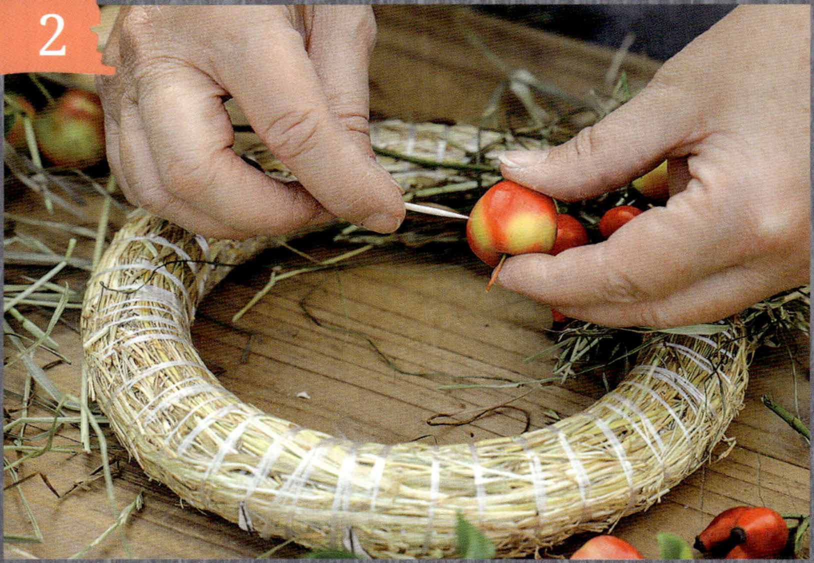

3

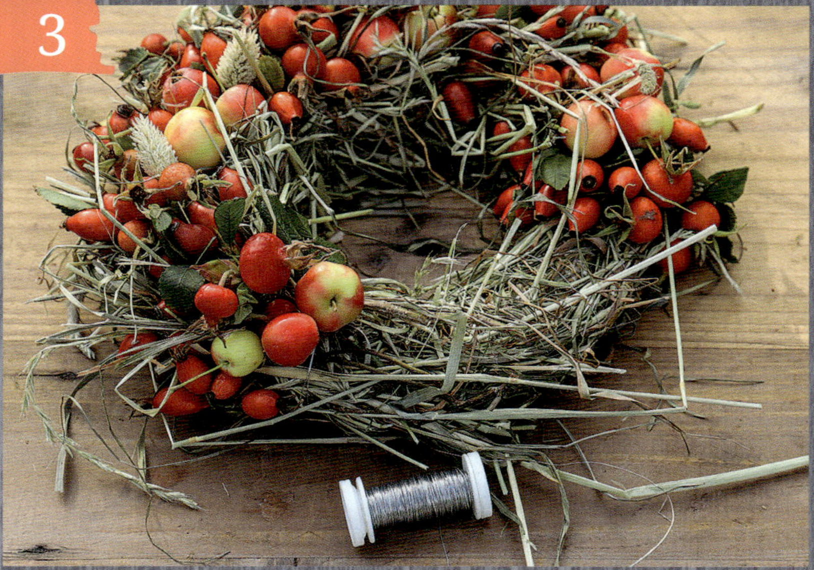

Kürbis im Kranz

Material: Strohrömer (Durchmesser ca. 25 cm), Holzspieße, Wickeldraht, Metall-Gefäß sowie Heu, Hagebuttenzweige, Zieräpfel, Kürbis und trockene Gräser

Anleitung: Immer im Wechsel den Strohrömer mit Heubündeln und Hagebuttenzweigen bewickeln (1). Die Zieräpfel jeweils mit einem Holzspieß versehen (2) und einstecken (3). Einzelne trockene Gräser dazwischen arrangieren. Den Kranz als Umrandung auf ein Gefäß setzen und einen Kürbis in der Mitte platzieren.

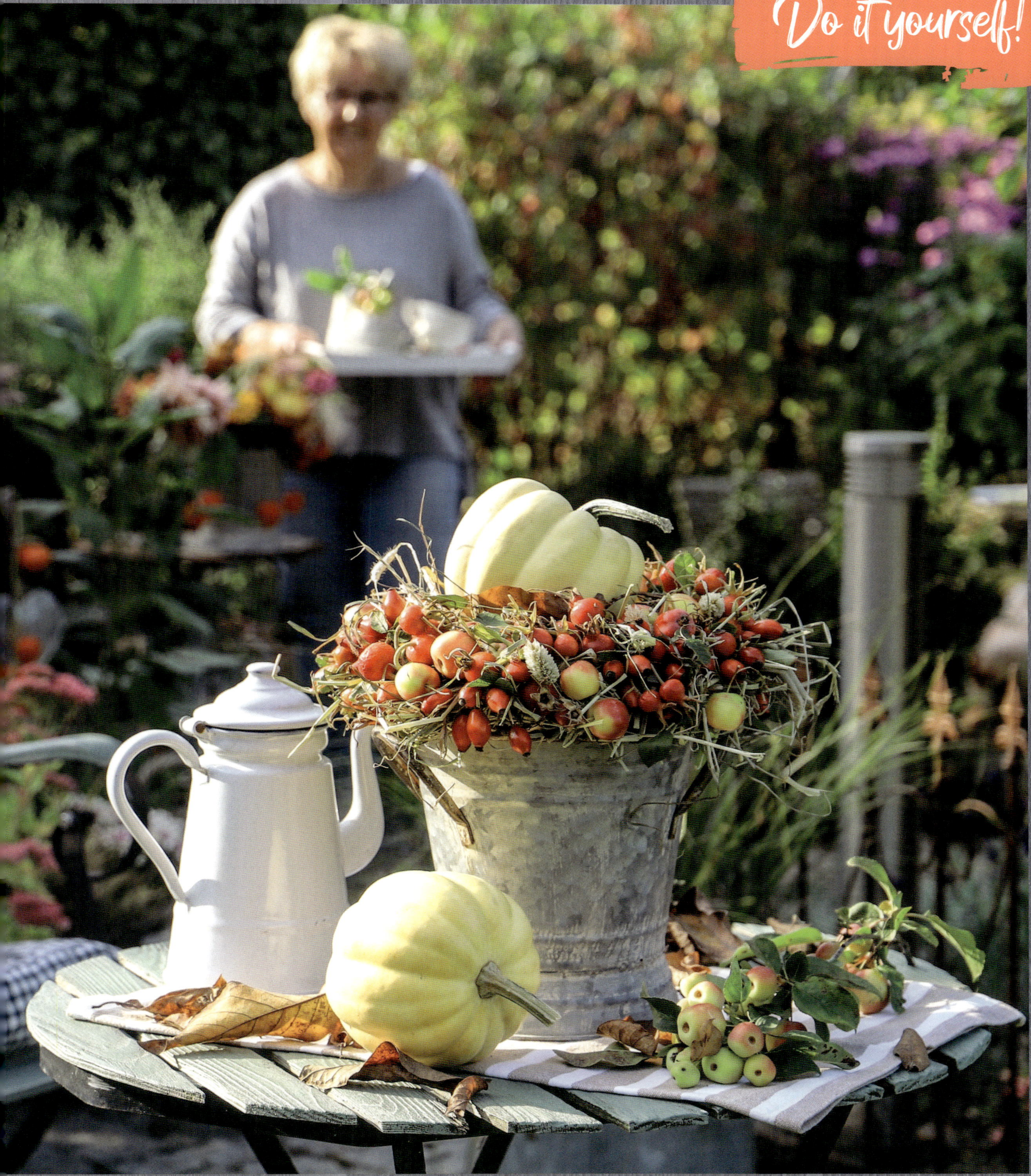

Bunte Komposition

Wer weniger Platz auf dem Tisch hat, kann den Kranz auch deutlich kleiner gestalten, sodass er nur einen auf einer Baumscheibe liegenden Kürbis umfasst.

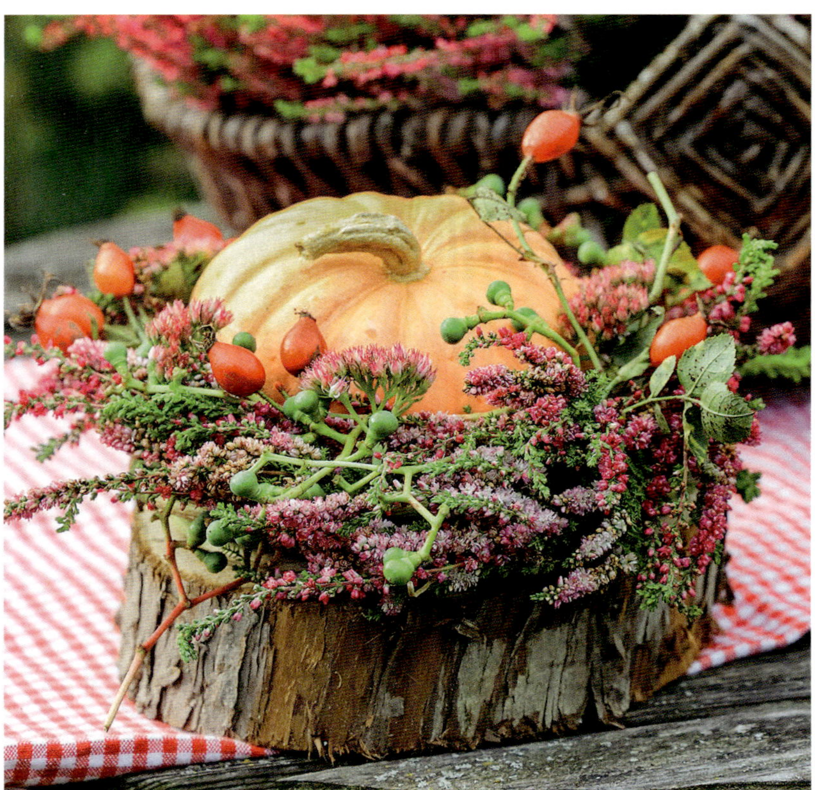

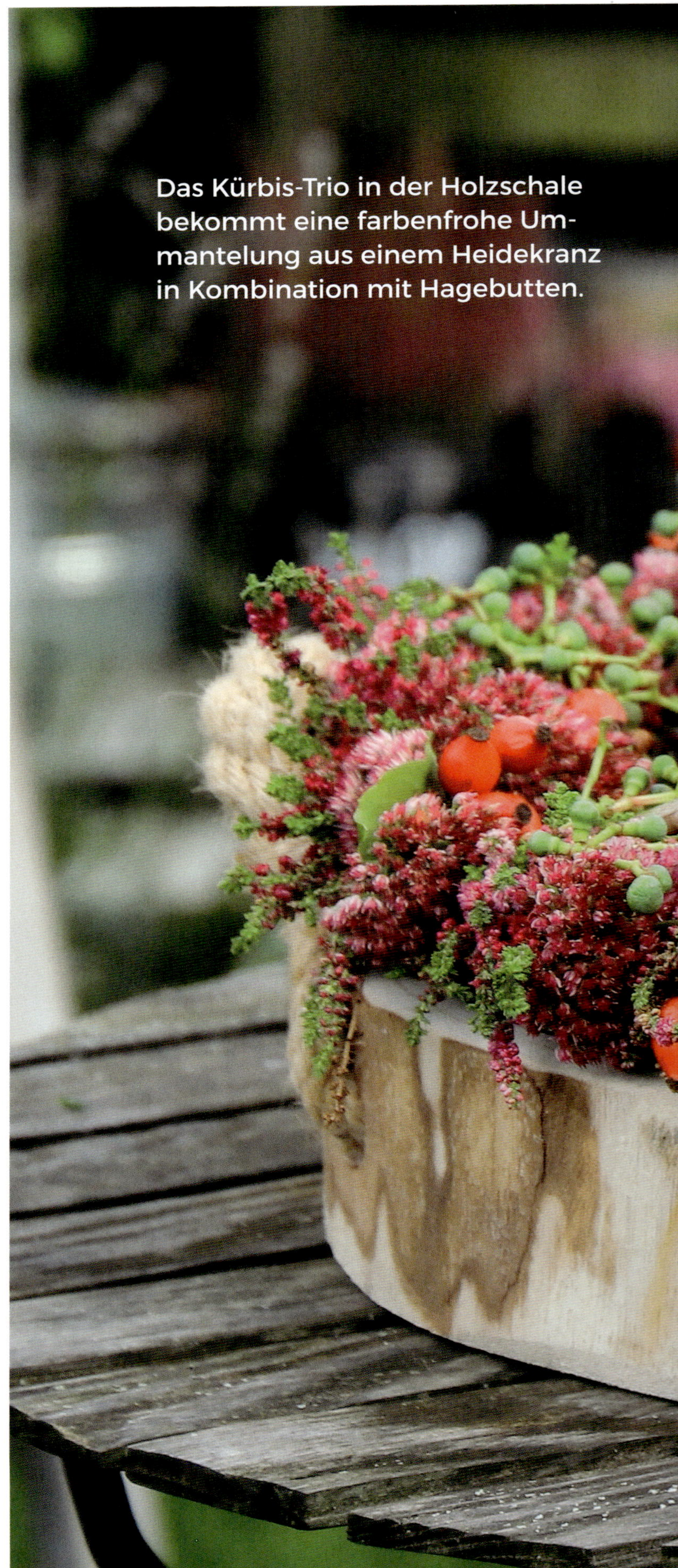

Das Kürbis-Trio in der Holzschale bekommt eine farbenfrohe Ummantelung aus einem Heidekranz in Kombination mit Hagebutten.

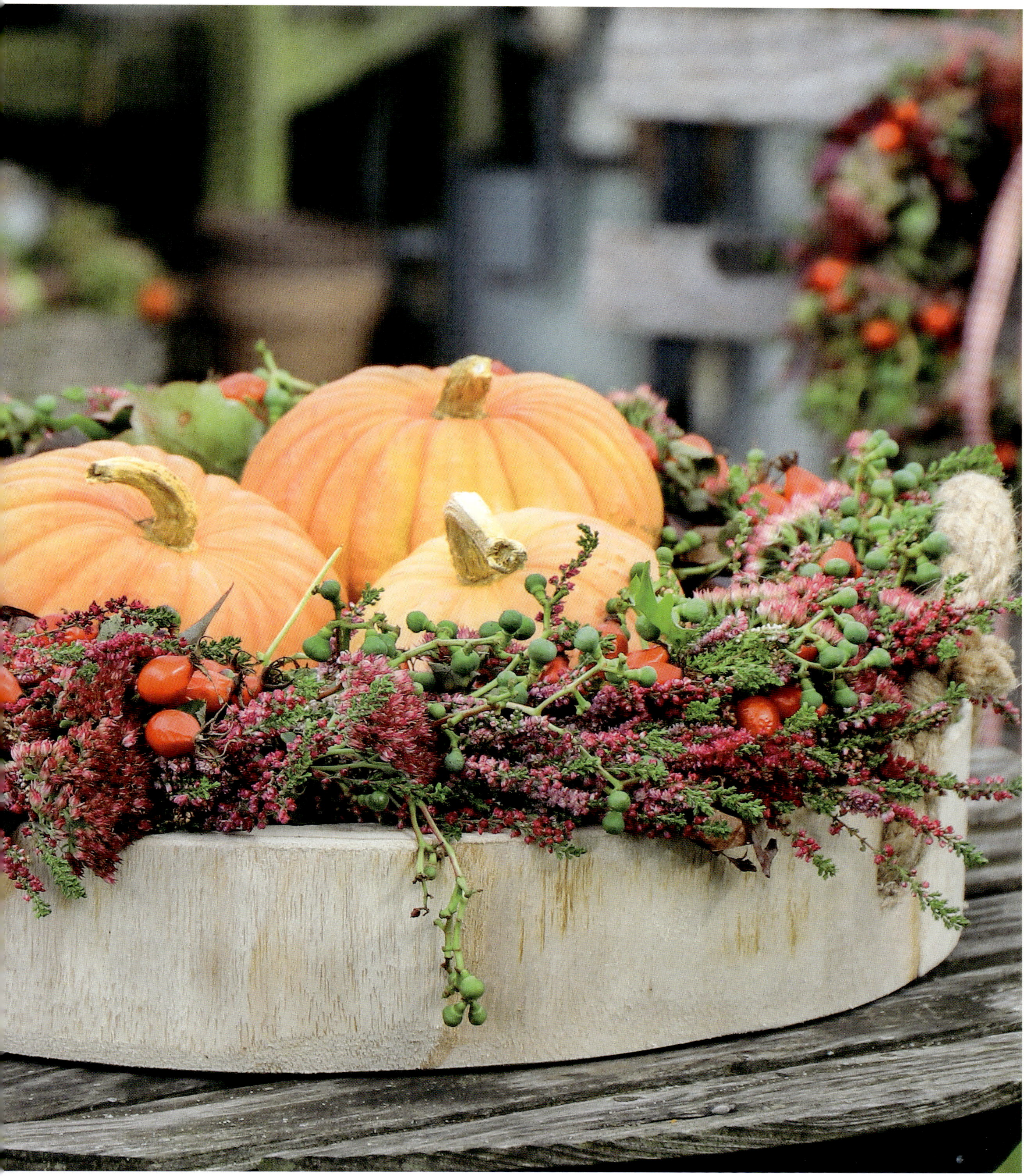

1

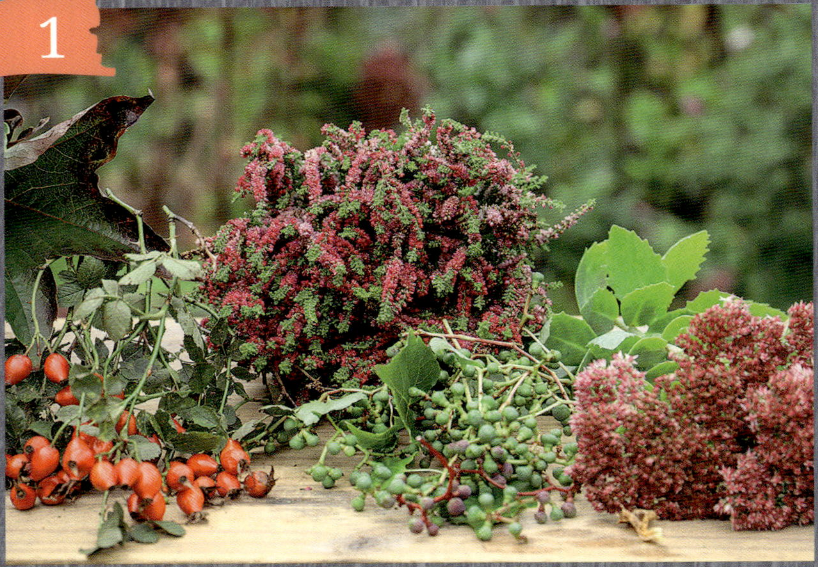

2

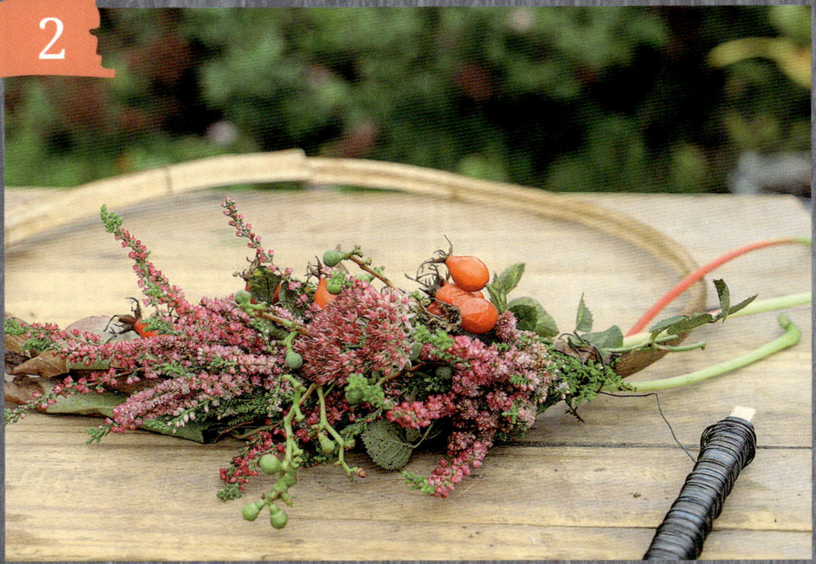

Heidekranz mit Hagebutten

Material: Holzring (Durchmesser ca. 40 cm), Wickeldraht, Band sowie Heide, Fetthennen, Hagebuttenzweige und Früchte vom Wilden Wein

Anleitung: Zunächst die Materialien zurechtlegen (1). Immer abwechselnd Heide, Fetthennen, Früchte vom Wein und Hagebutten aufwickeln (2). Ein Band als Aufhängung befestigen.

Tipp

Wer mag, kann den Kranz auch etwas üppiger gestalten. Dann eignet er sich besonders gut als Schmuck an der Tür oder Wand.

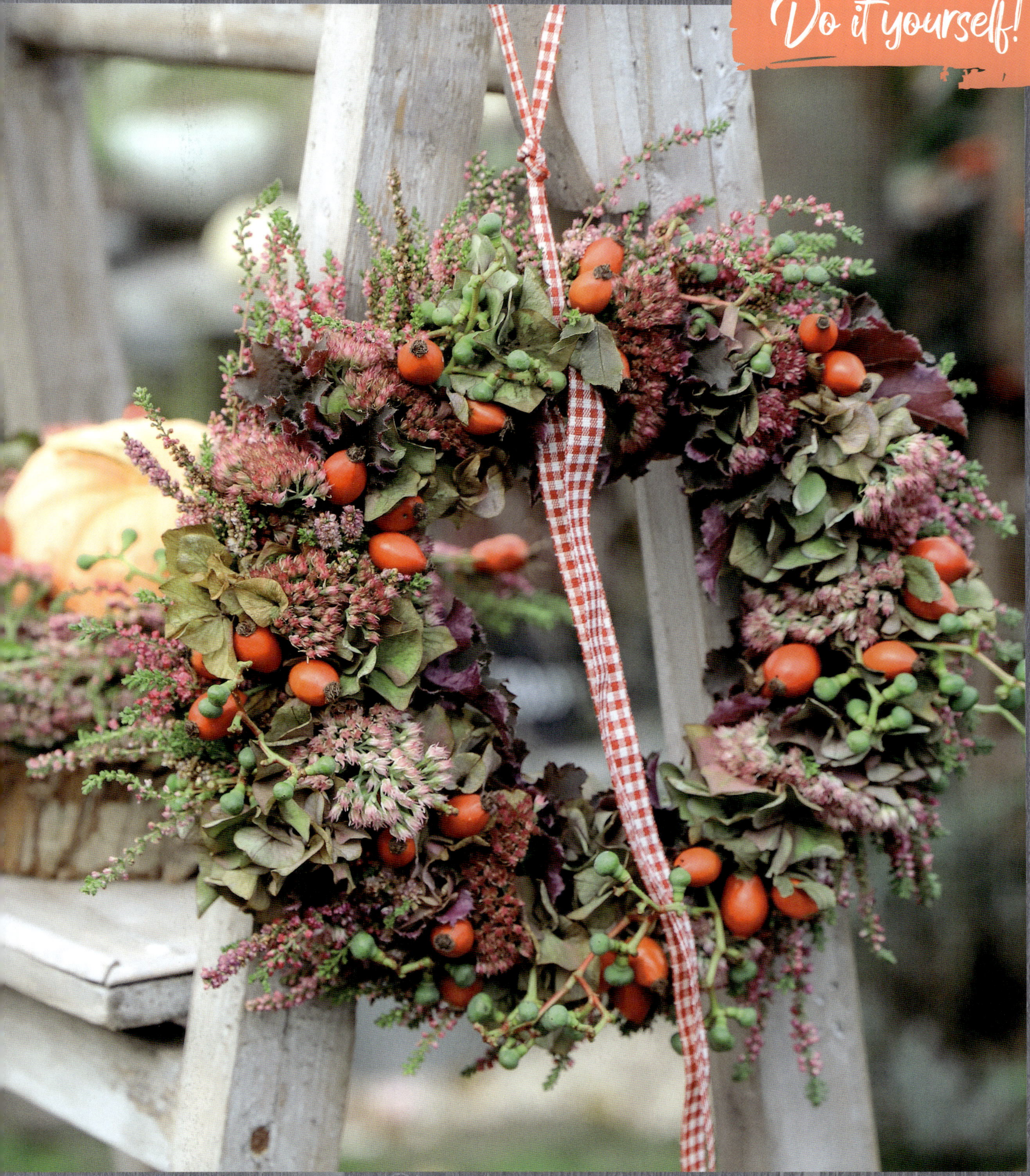

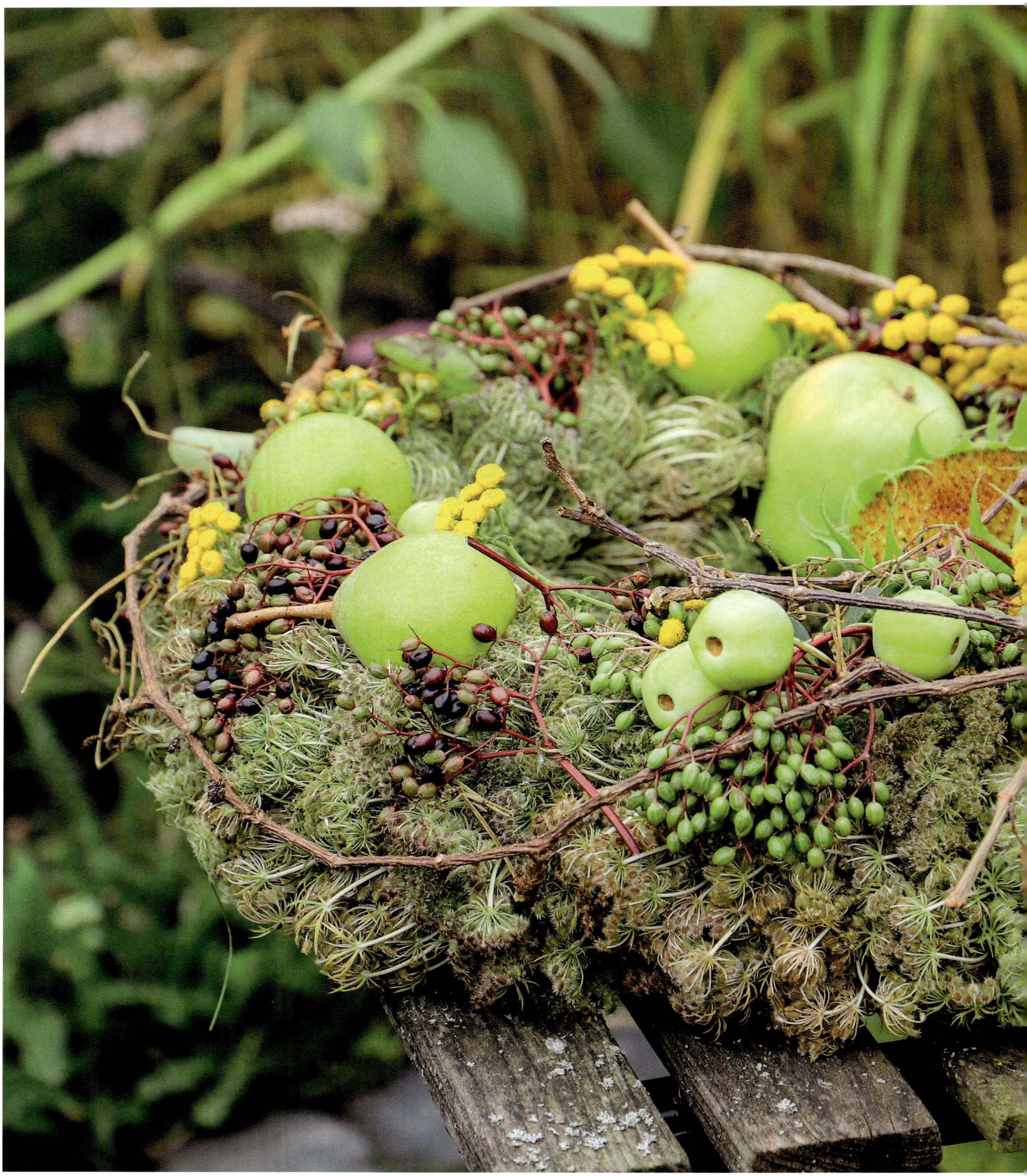

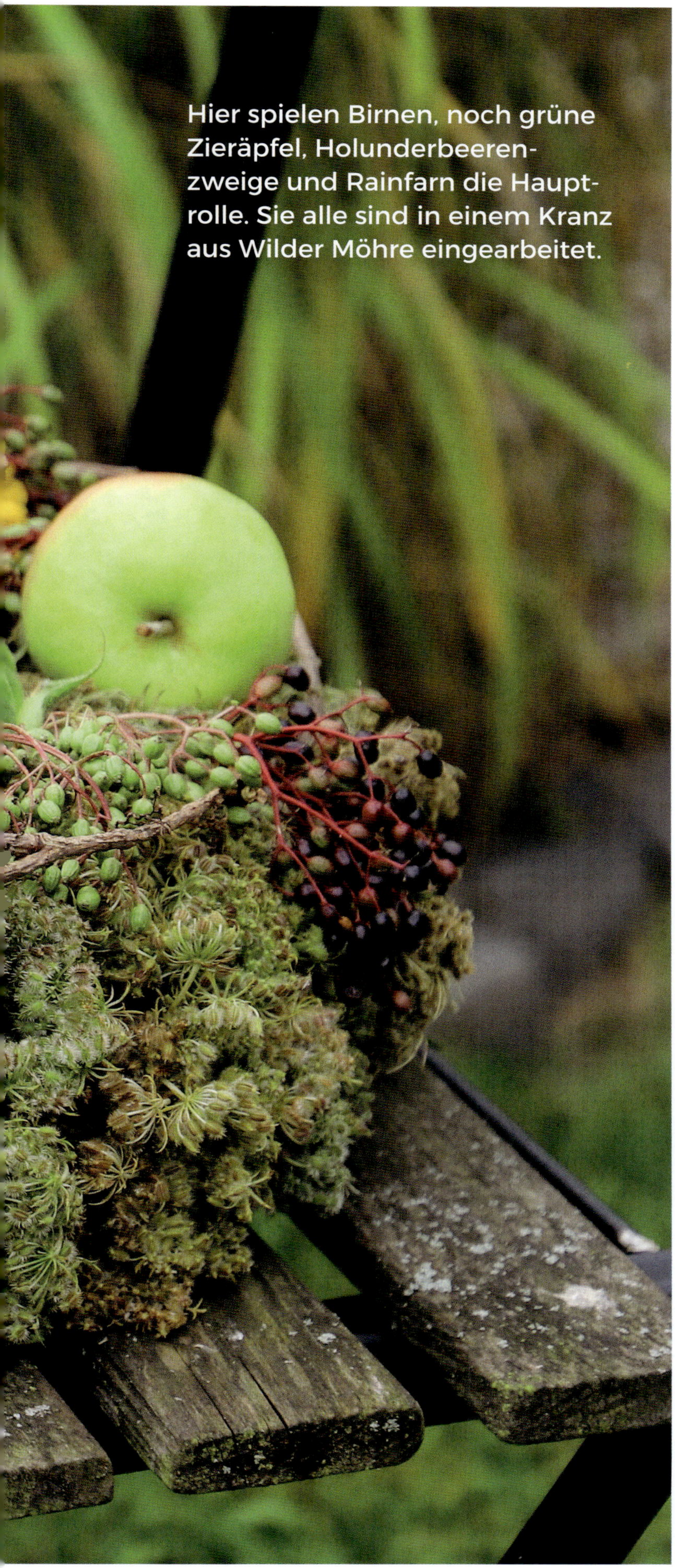

Hier spielen Birnen, noch grüne Zieräpfel, Holunderbeerenzweige und Rainfarn die Hauptrolle. Sie alle sind in einem Kranz aus Wilder Möhre eingearbeitet.

Dekorativ mit Wilder Möhre

Auch vor der Verarbeitung wird die Wilde Möhre zur Zierde, wenn man sie einfach dekorativ in einem Korb arrangiert.

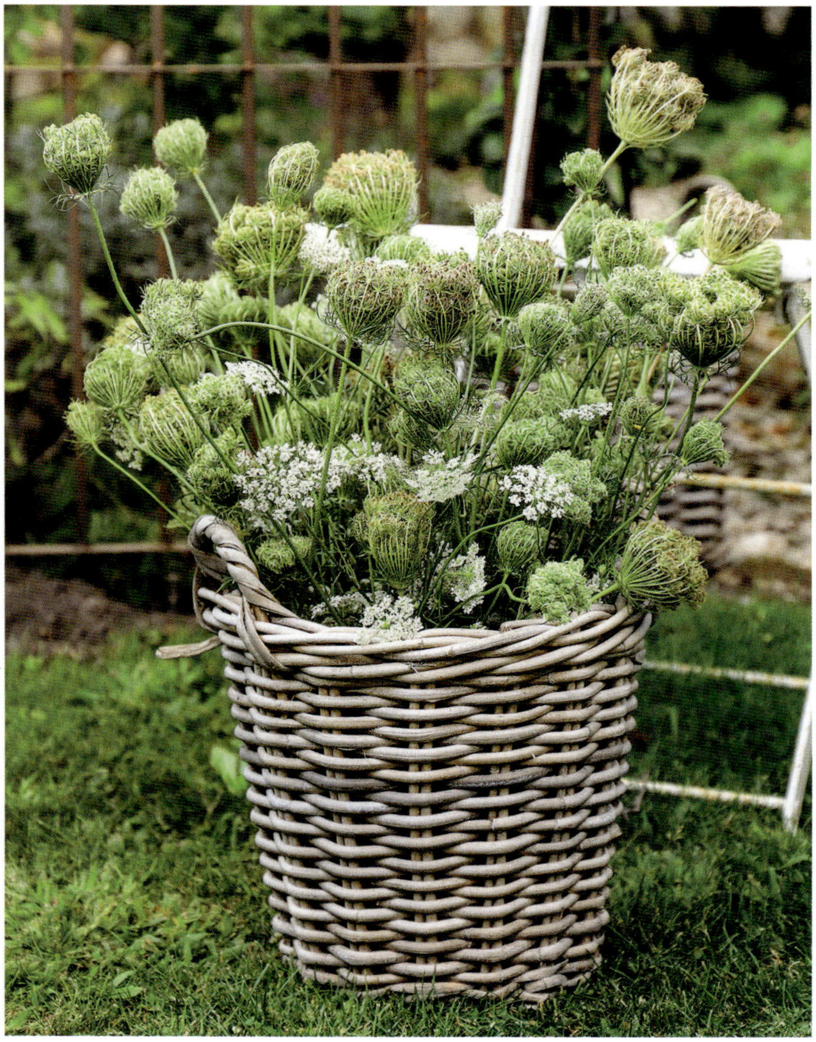

1

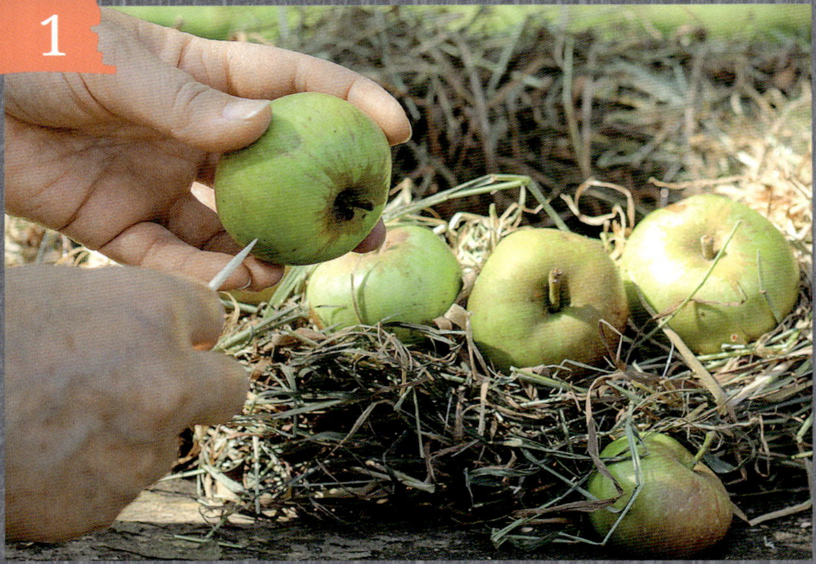

2

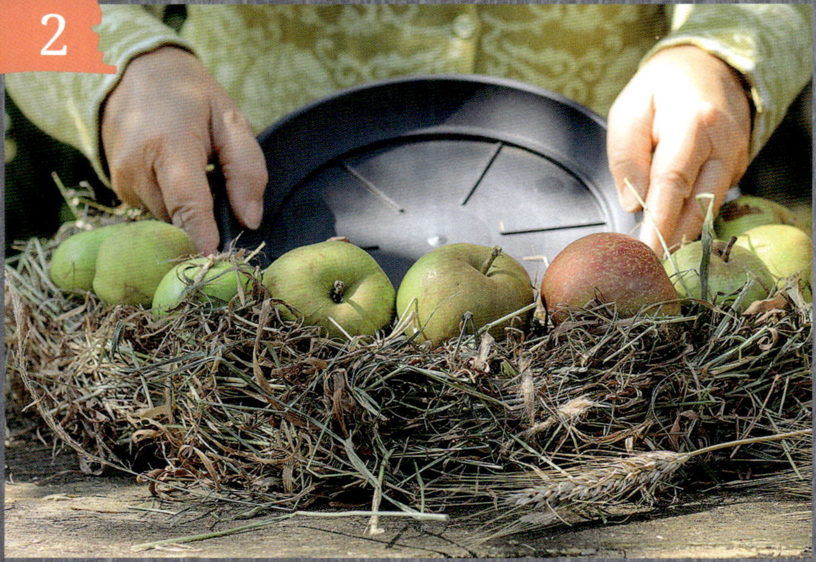

3

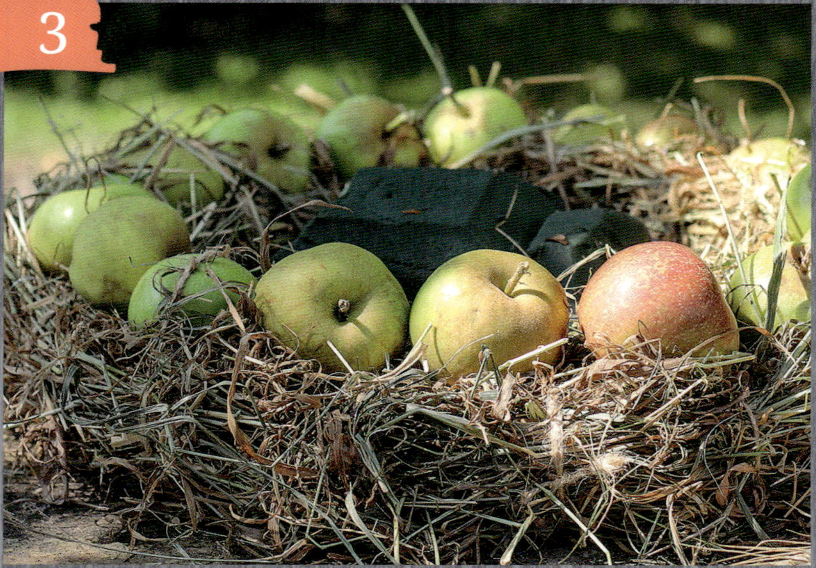

Material: Strohrömer (Durchmesser ca. 30 cm), Holzspieße, Wickeldraht, Blumentopf-Untersetzer oder Teller, Frischblumensteckschaum sowie Heu, Getreideähren, Hortensien, Äpfel und Zierapfelzweige

Anleitung: Den Strohrömer locker mit Heu umwickeln. Die Äpfel mithilfe von Holzspießen in den Kranz stecken (1). Einen Blumentopf-Untersetzer oder Teller in die Mitte einsetzen (2). Den Frischblumensteckschaum darauf platzieren (3). Mit Hortensien bestecken und mit Getreideähren dekorieren.

Tipp

Achtet darauf, dass Ihr bei der Befestigung der Äpfel Holzspieße verwendet. Draht eignet sich an dieser Stelle nicht, weil dadurch die Früchte zu schnell faulen.

Blumennest im Apfelkranz

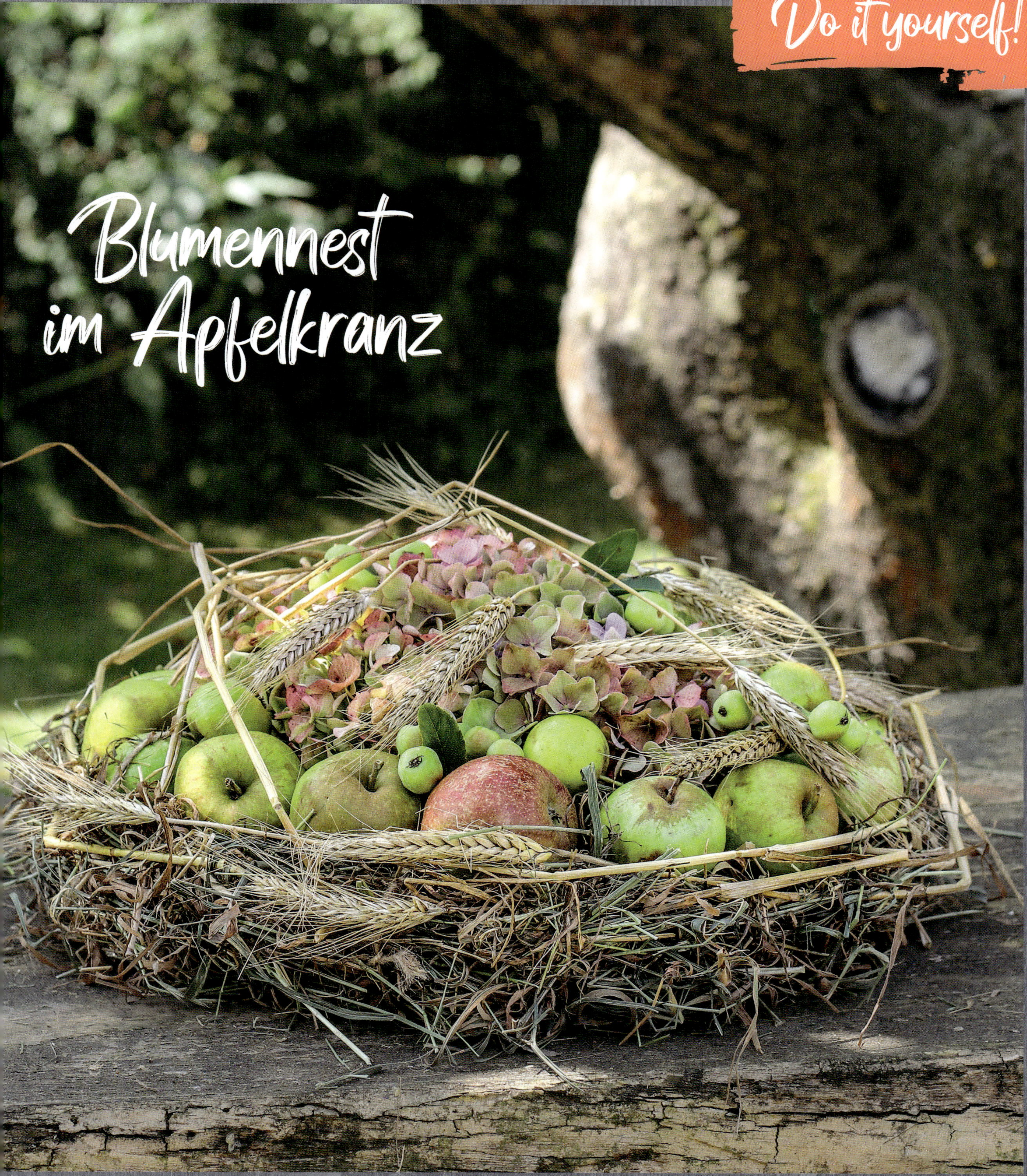

1

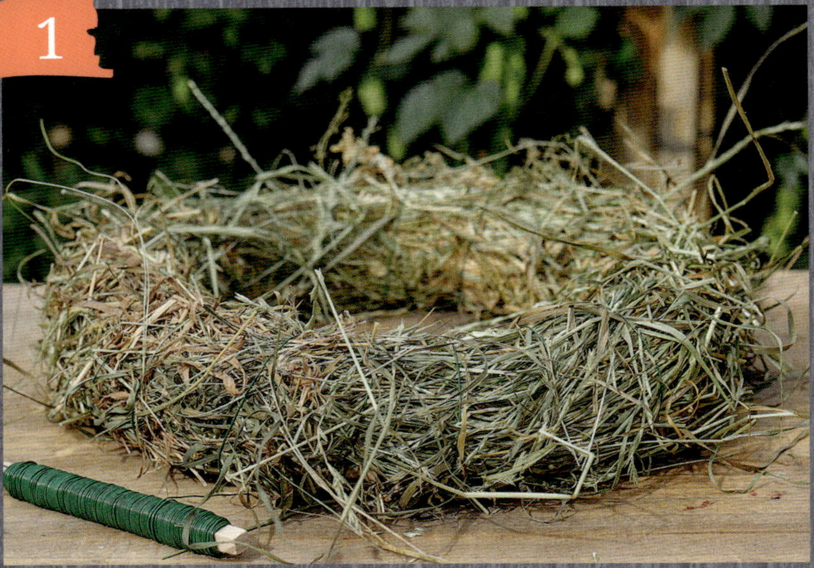

2

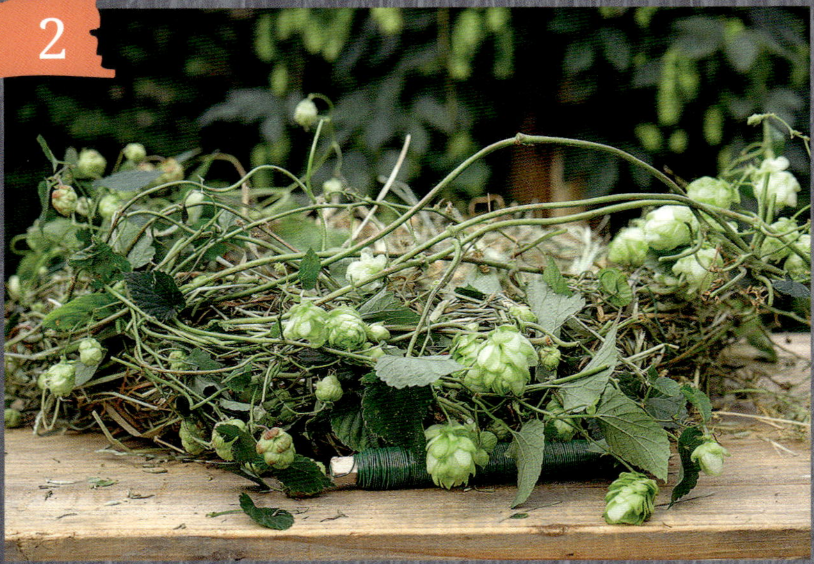

3

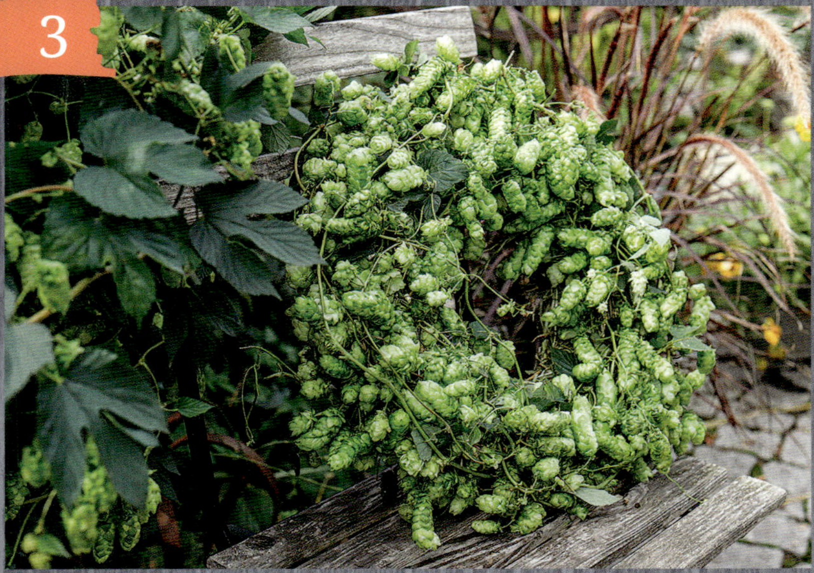

Hopfenkranz

Material: Strohrömer (Durchmesser ca. 25 cm), Bindedraht, Drahtring (Durchmesser ca. 20 cm), Patenthaften sowie Hopfenranken, Heu und Hagebuttentriebe der Wildrosen

Anleitung: Eine lockere Lage Heu mithilfe von Wickeldraht auf den Strohrömer binden (1). Hopfenranken kreisförmig auf den Kranz legen und punktuell mit Patenthaften befestigen (2). Diesen Vorgang wiederholen, bis der Kranz völlig mit Hopfenranken bedeckt ist (3).

Tipp

Wer einen farbigen Eyecatcher in der Kranzmitte will, bewickelt einen etwas kleineren Drahtring mit Hagebuttenzweigen. Diesen Ring auf dem Hopfenkranz platzieren und mit Draht aneinander fixieren.

Do it yourself!

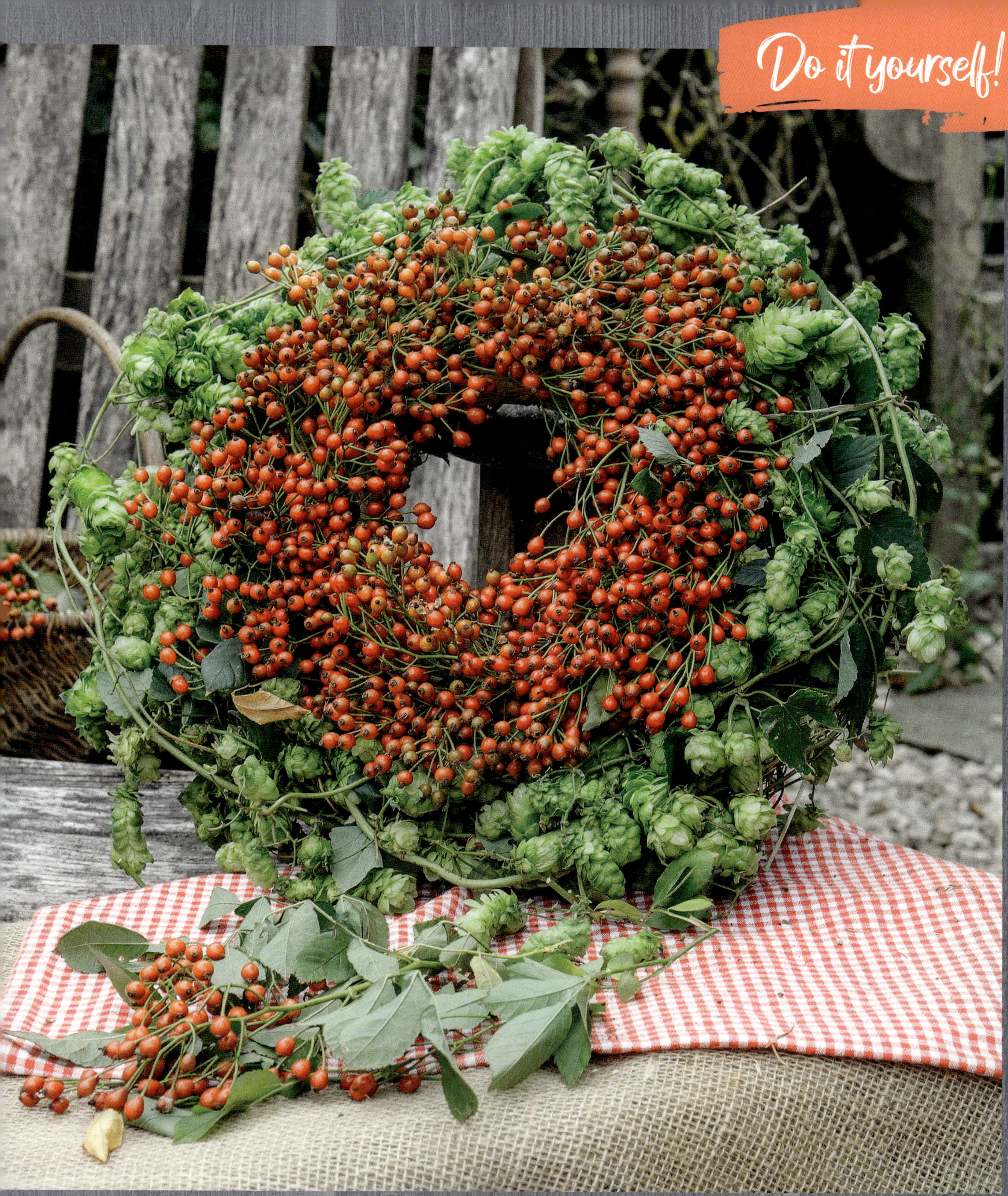

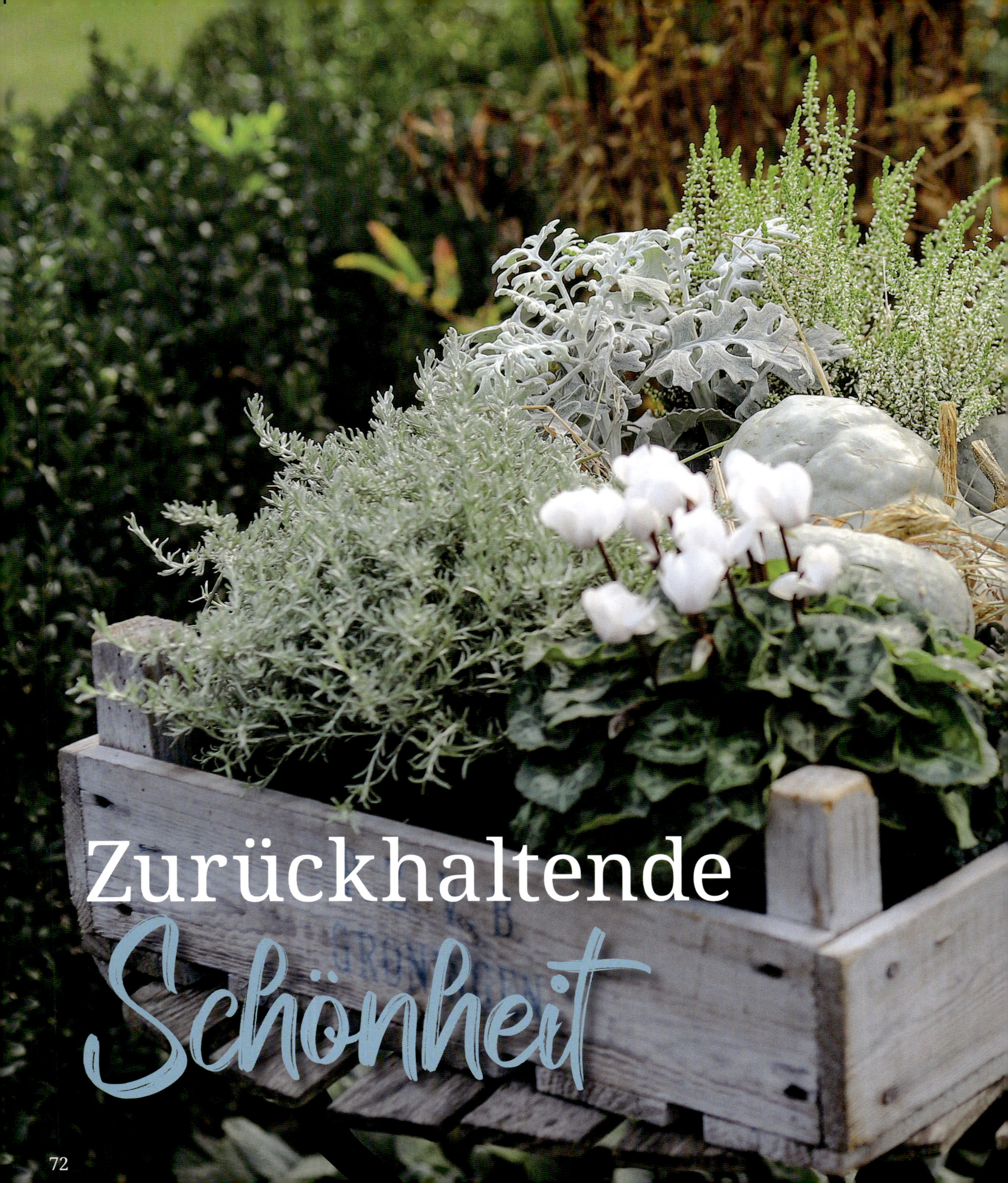

Zurückhaltende Schönheit

Der Herbst muss nicht immer knallbunt sein. Auch Silber-, Grün- und Blautöne gehören für mich zum Farbenspiel der Natur. Sie vereinen sich in Früchten und Blättern, die Terrassen, Balkone, Tische und mehr zieren.

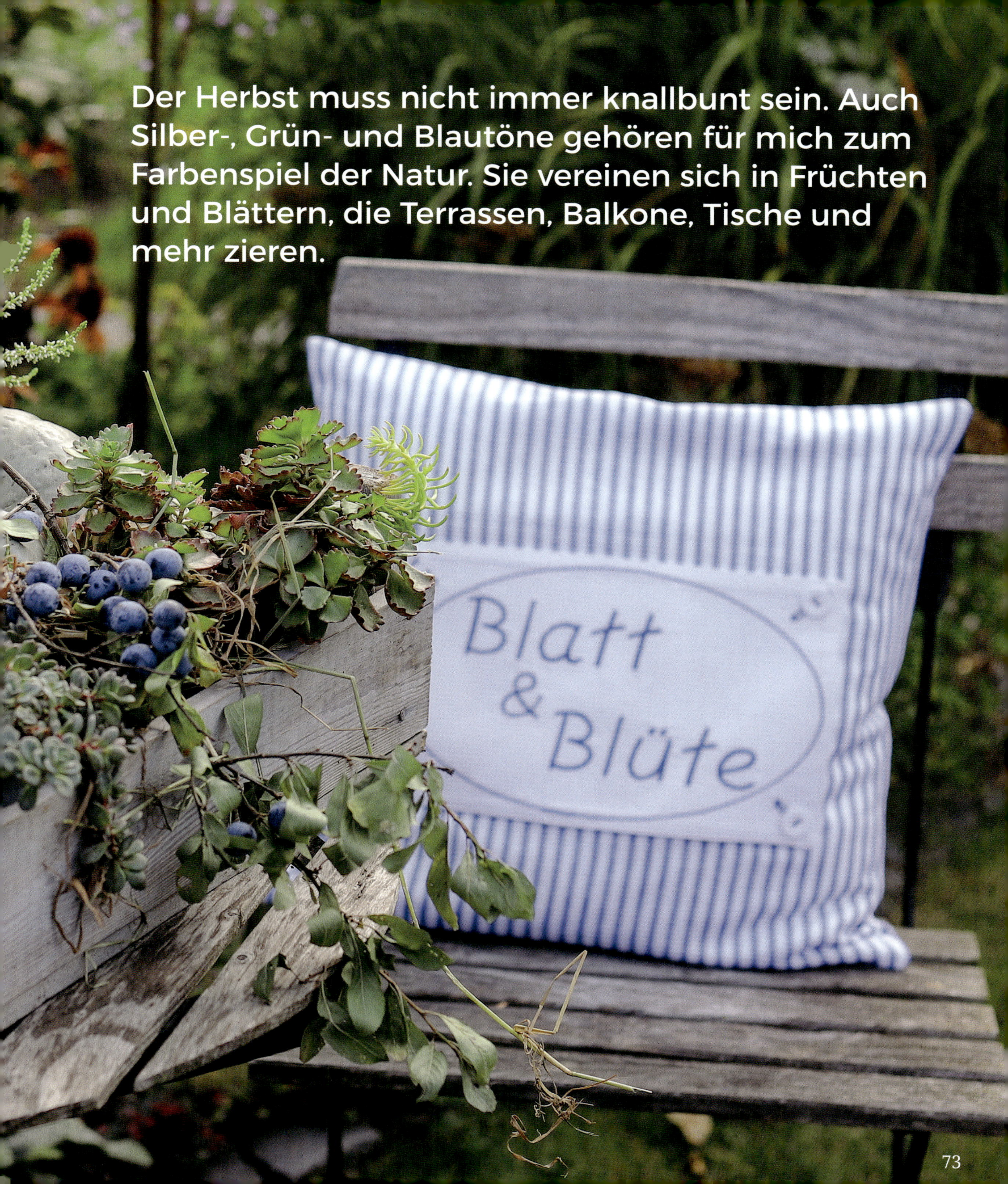

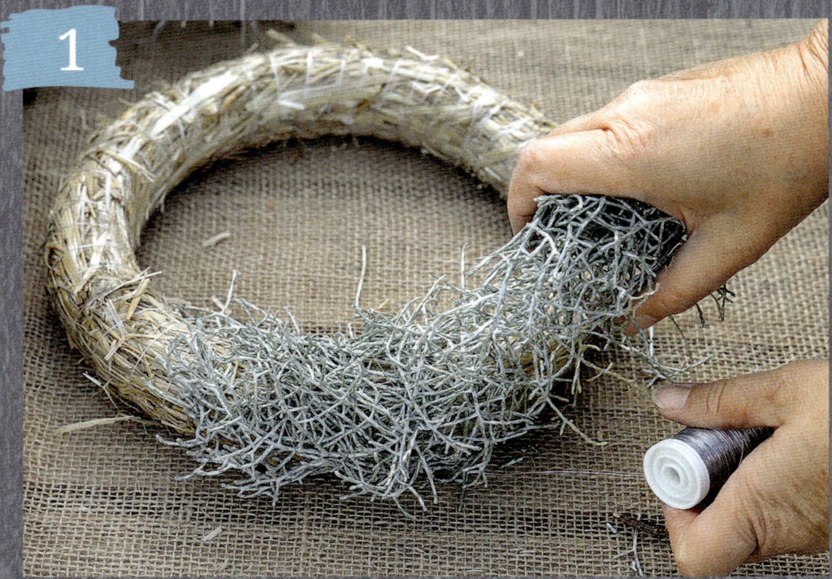

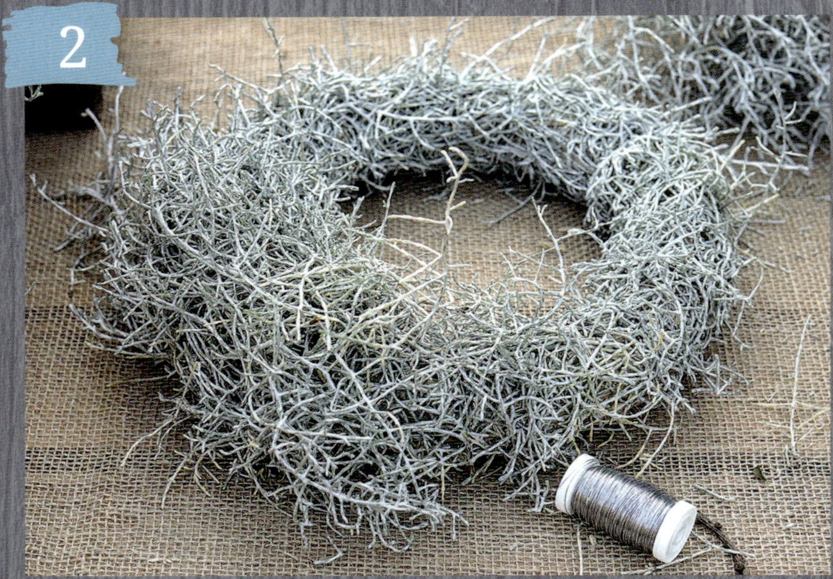

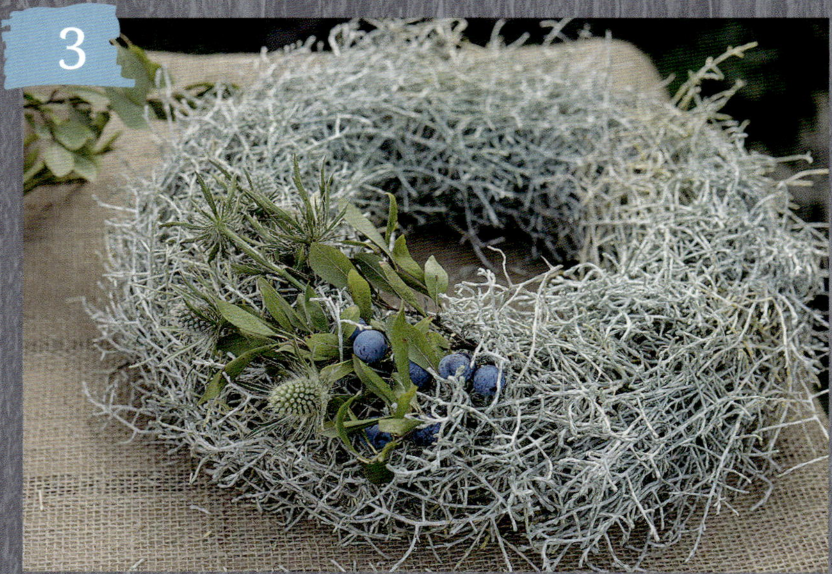

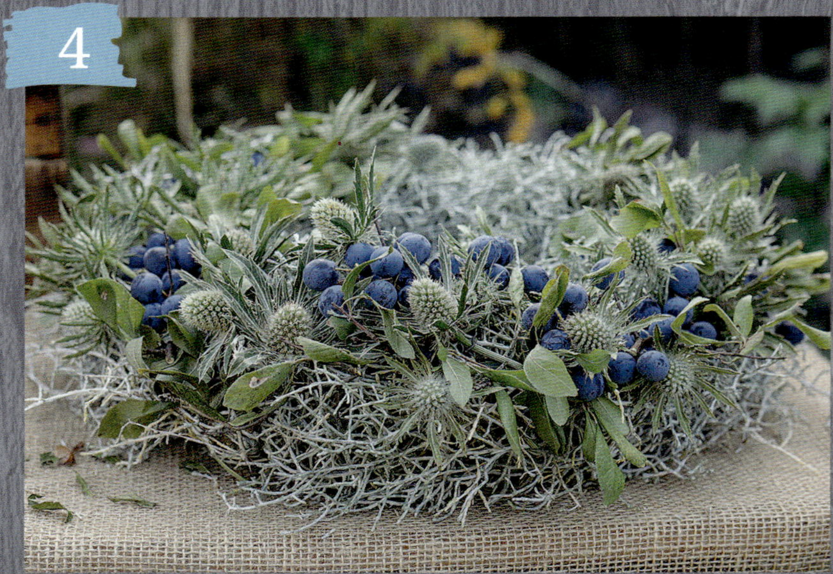

Material: Strohrömer (Durchmesser ca. 25 cm), Wickeldraht sowie Stacheldrahtpflanze, Schlehenzweige und Disteln

Anleitung: Büschel von der Stacheldrahtpflanze abschneiden und diese nach und nach mithilfe von Wickeldraht auf den Strohrömer wickeln (1). Damit der Kranz buschiger wird, eine zweite Schicht Stacheldrahtpflanzenbüschel locker mit Wickeldraht anbringen (2). Schlehenzweige und Disteln rundherum einschieben (3 + 4).

Tipp

Wer es farblich etwas auffälliger möchte, kann statt der Schlehenzweige auch Hagebutten einarbeiten.

Schlehenkranz

Do it yourself!

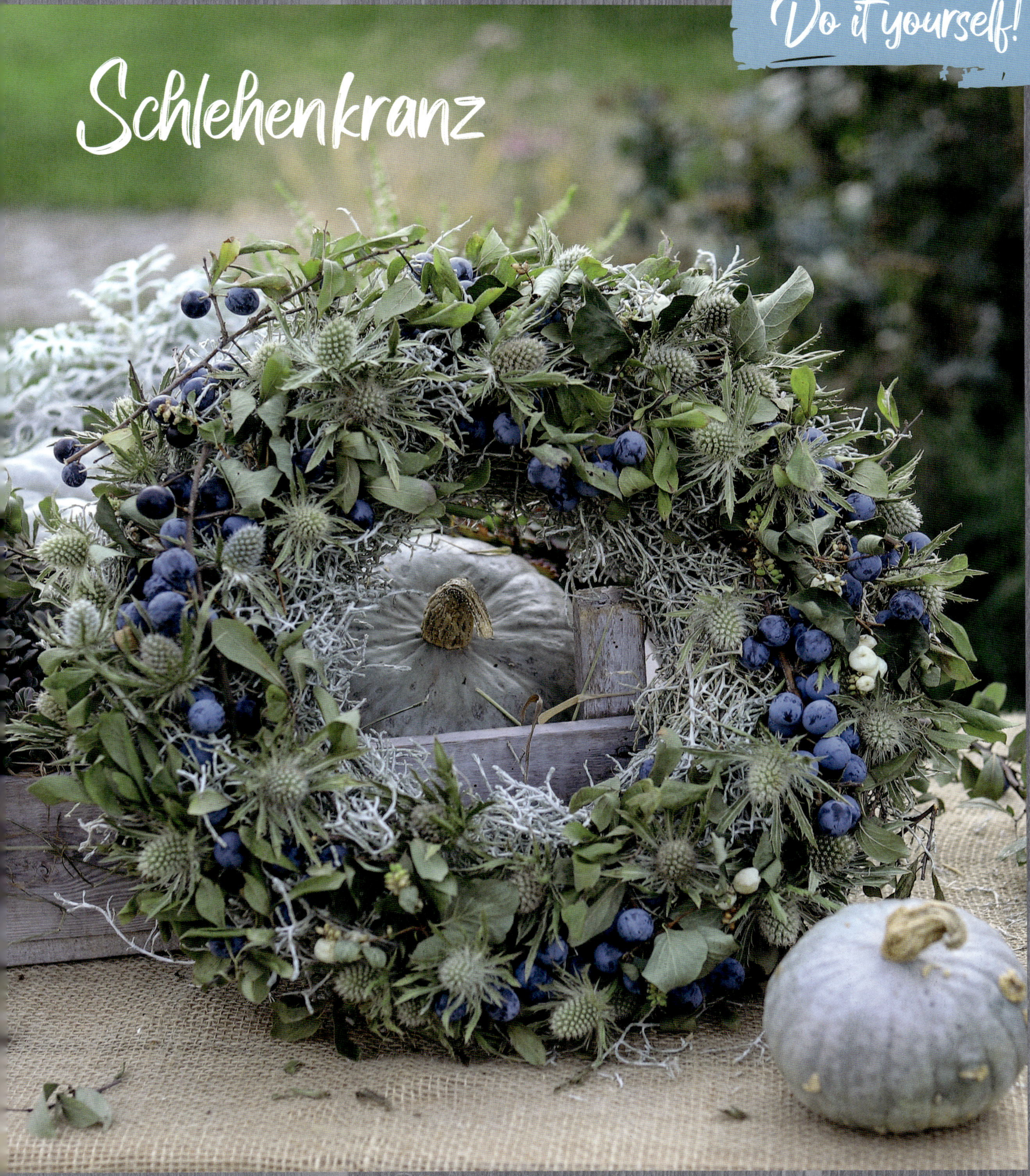

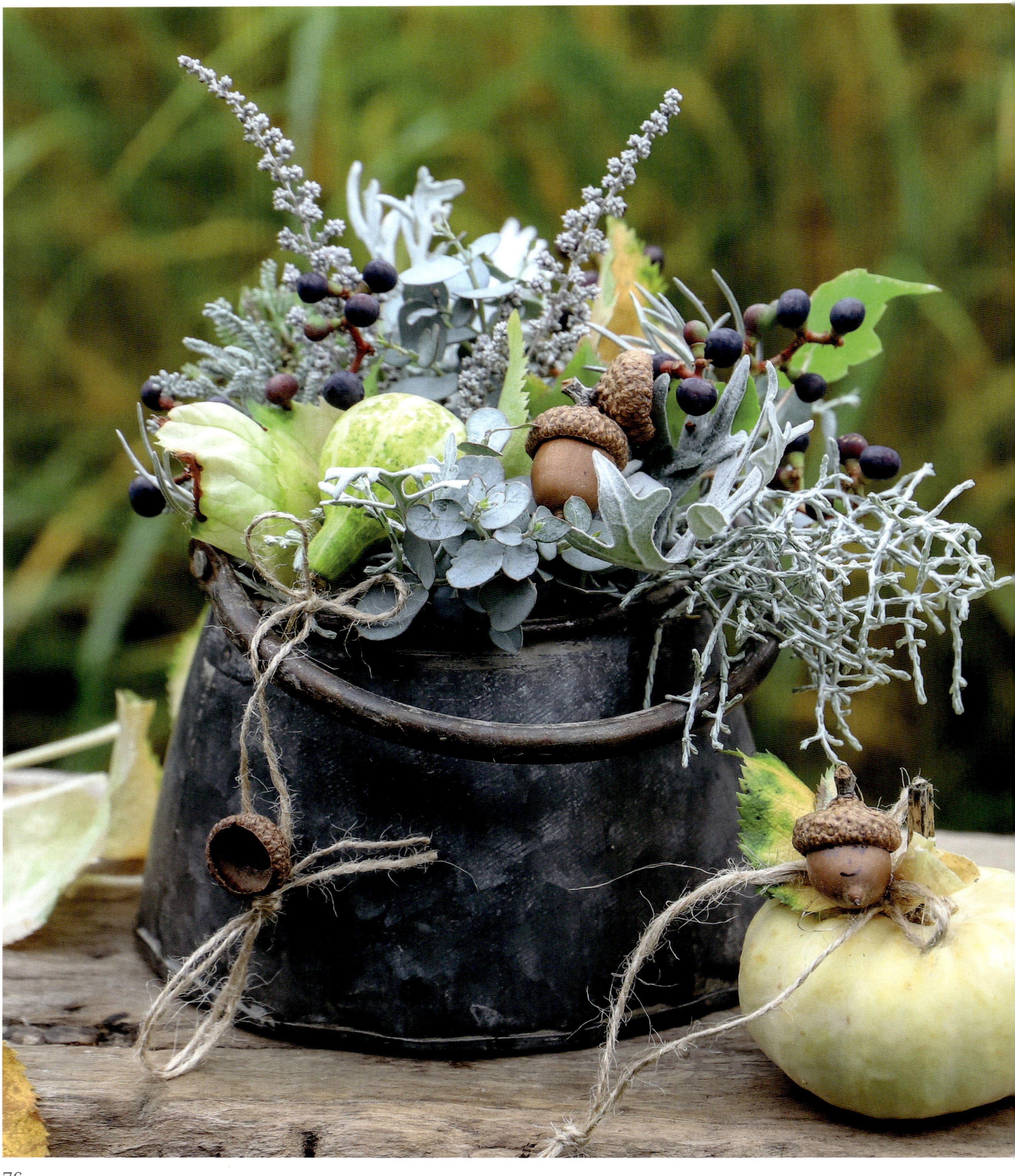

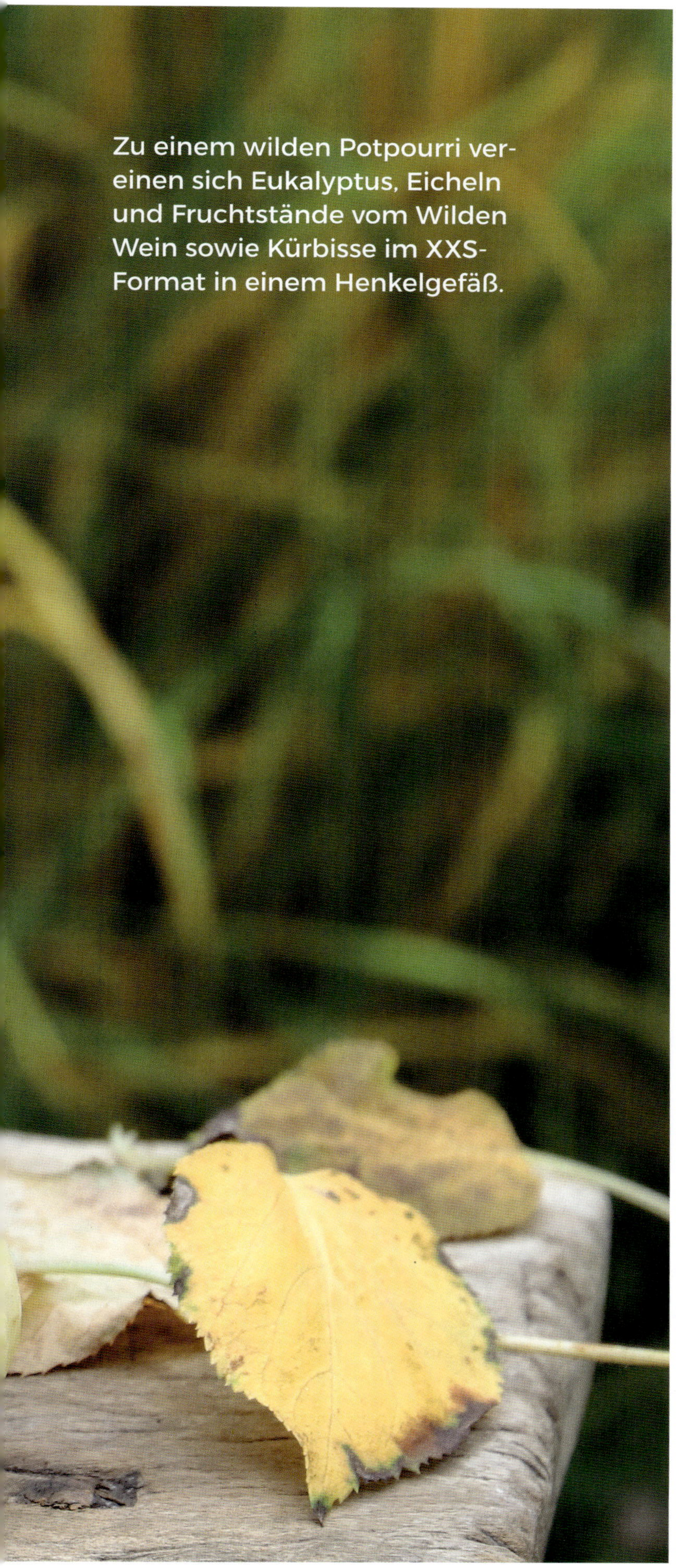

Zu einem wilden Potpourri vereinen sich Eukalyptus, Eicheln und Fruchtstände vom Wilden Wein sowie Kürbisse im XXS-Format in einem Henkelgefäß.

Fundstücke aus der Natur

Manchmal sind es die Kleinigkeiten, auf die es ankommt. Hier ist es eine kleine Eichel, der mit Filzstift ein Gesicht verliehen wurde.

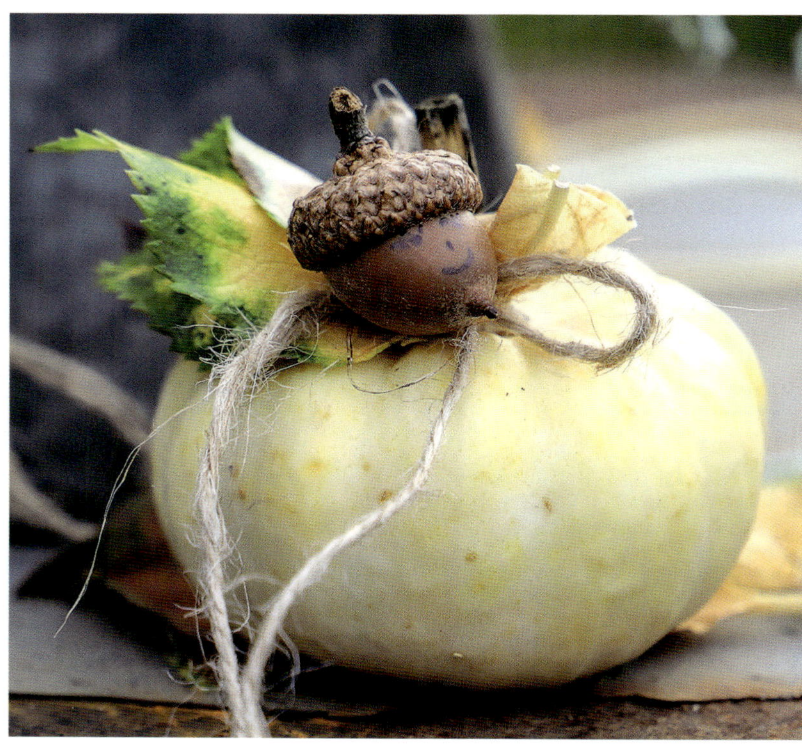

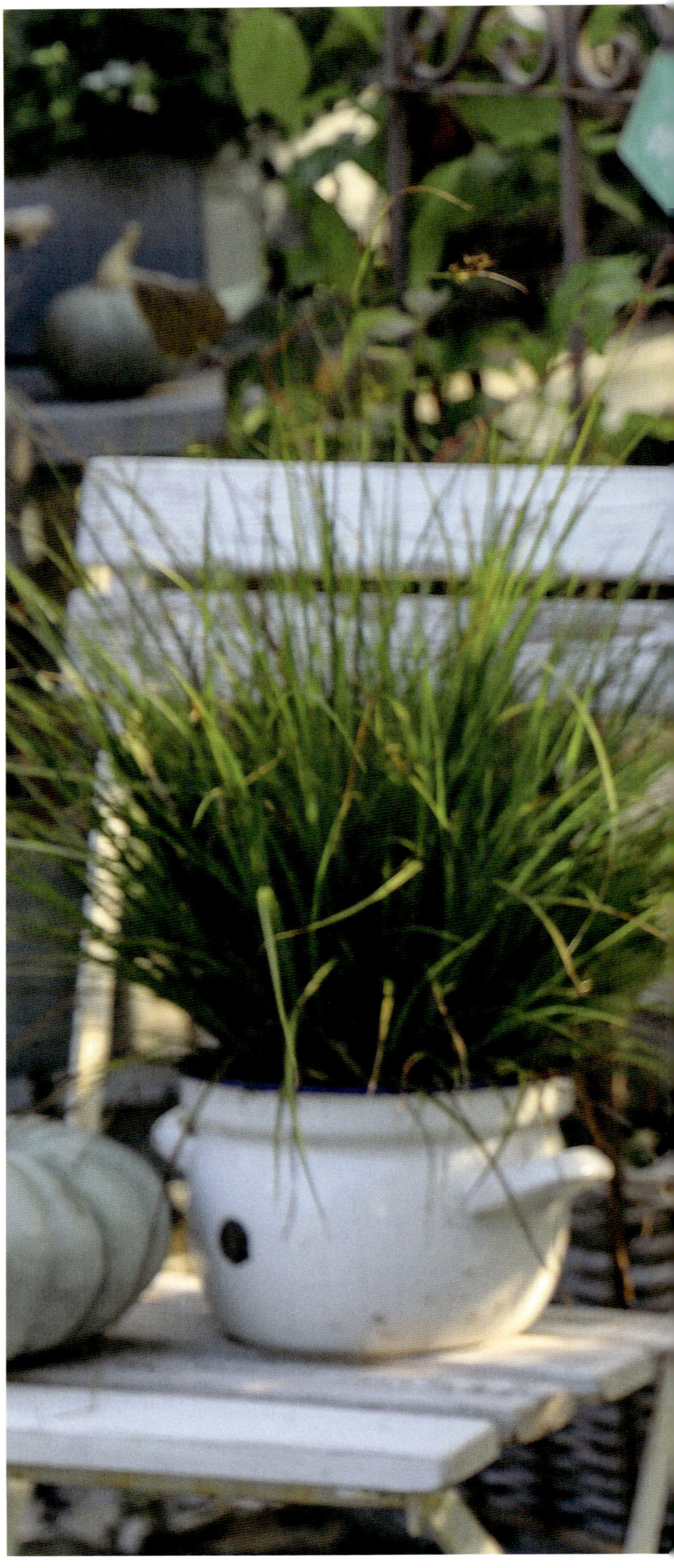

Herrlicher Hopfen

Nicht nur als fertiger Kranz ist Hopfen dekorativ! Wer ihn im Garten hat, kann die Ranken schneiden und auch in einem Drahtkorb präsentieren.

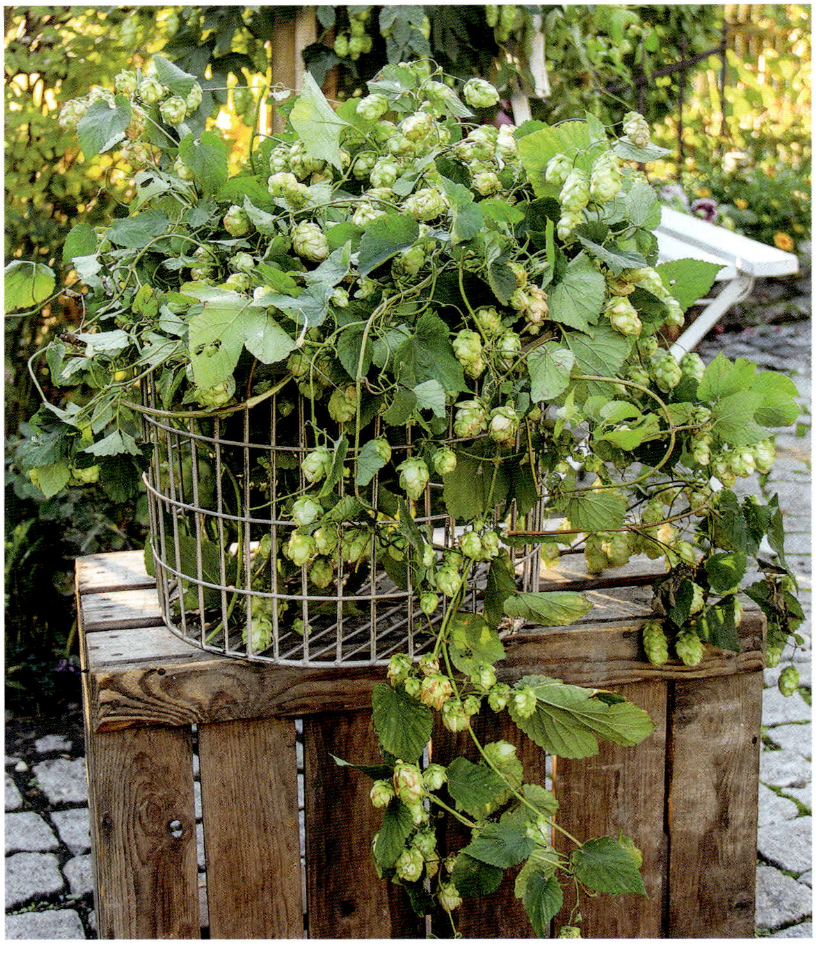

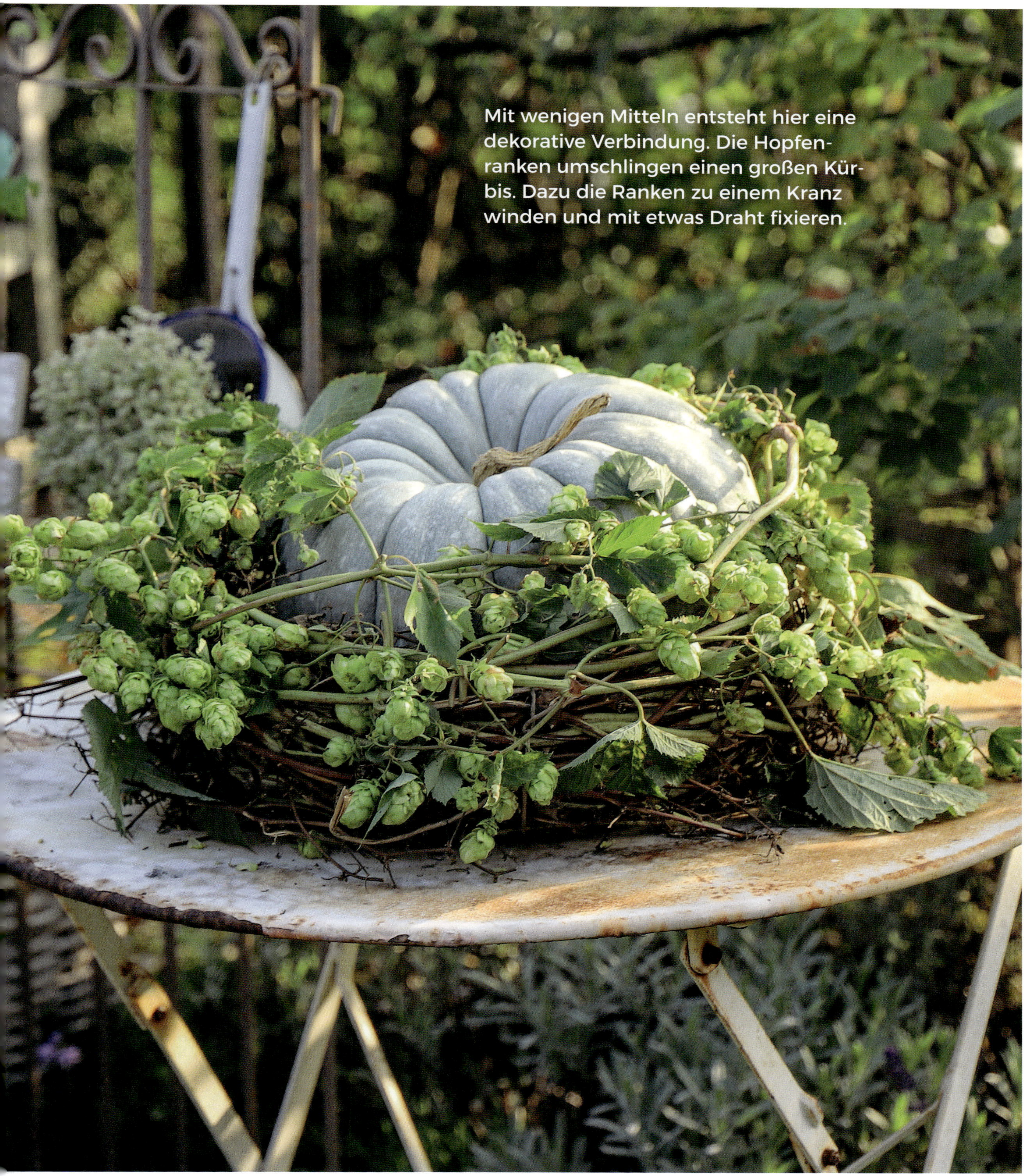

Mit wenigen Mitteln entsteht hier eine dekorative Verbindung. Die Hopfenranken umschlingen einen großen Kürbis. Dazu die Ranken zu einem Kranz winden und mit etwas Draht fixieren.

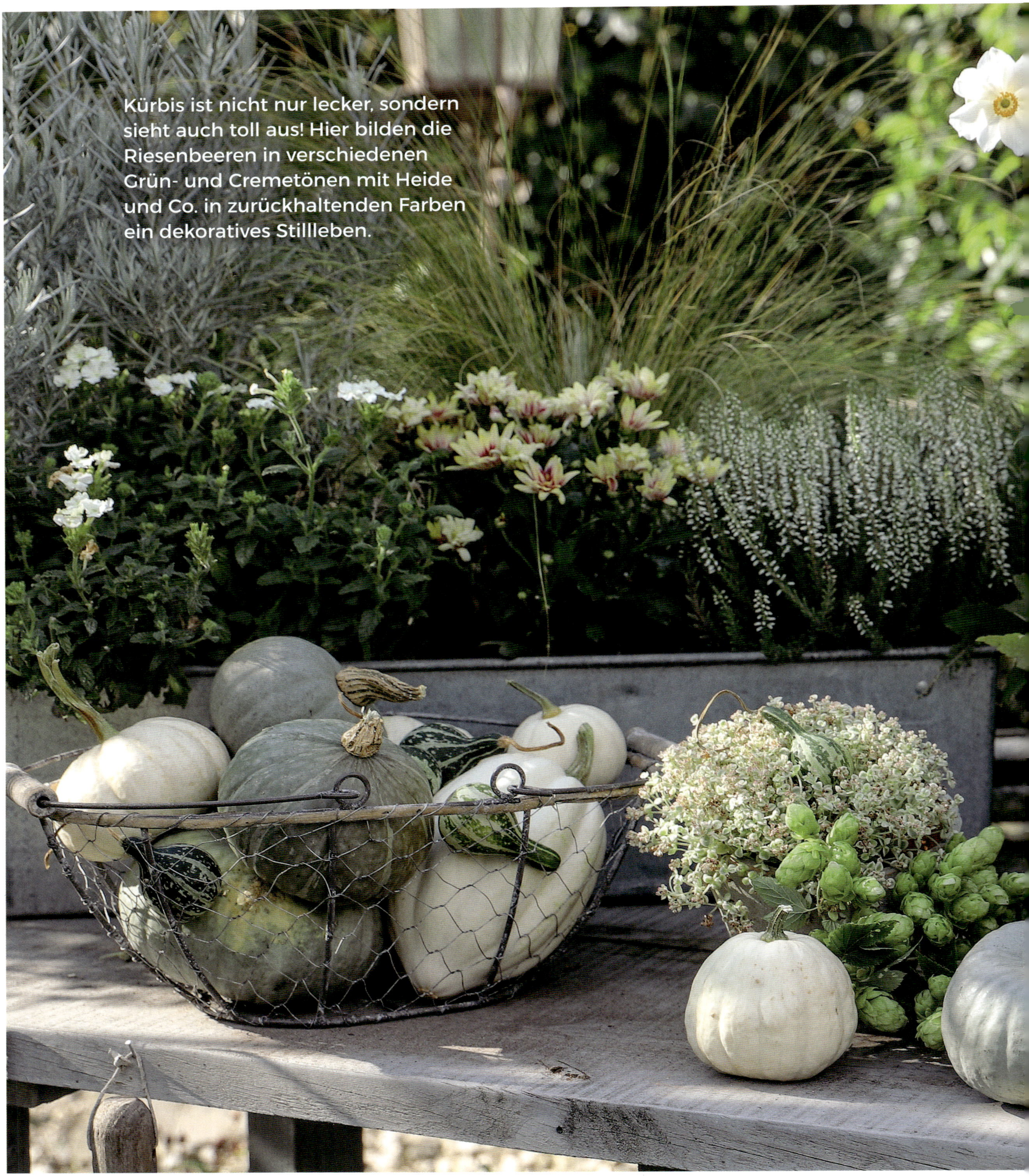

Kürbis ist nicht nur lecker, sondern sieht auch toll aus! Hier bilden die Riesenbeeren in verschiedenen Grün- und Cremetönen mit Heide und Co. in zurückhaltenden Farben ein dekoratives Stillleben.

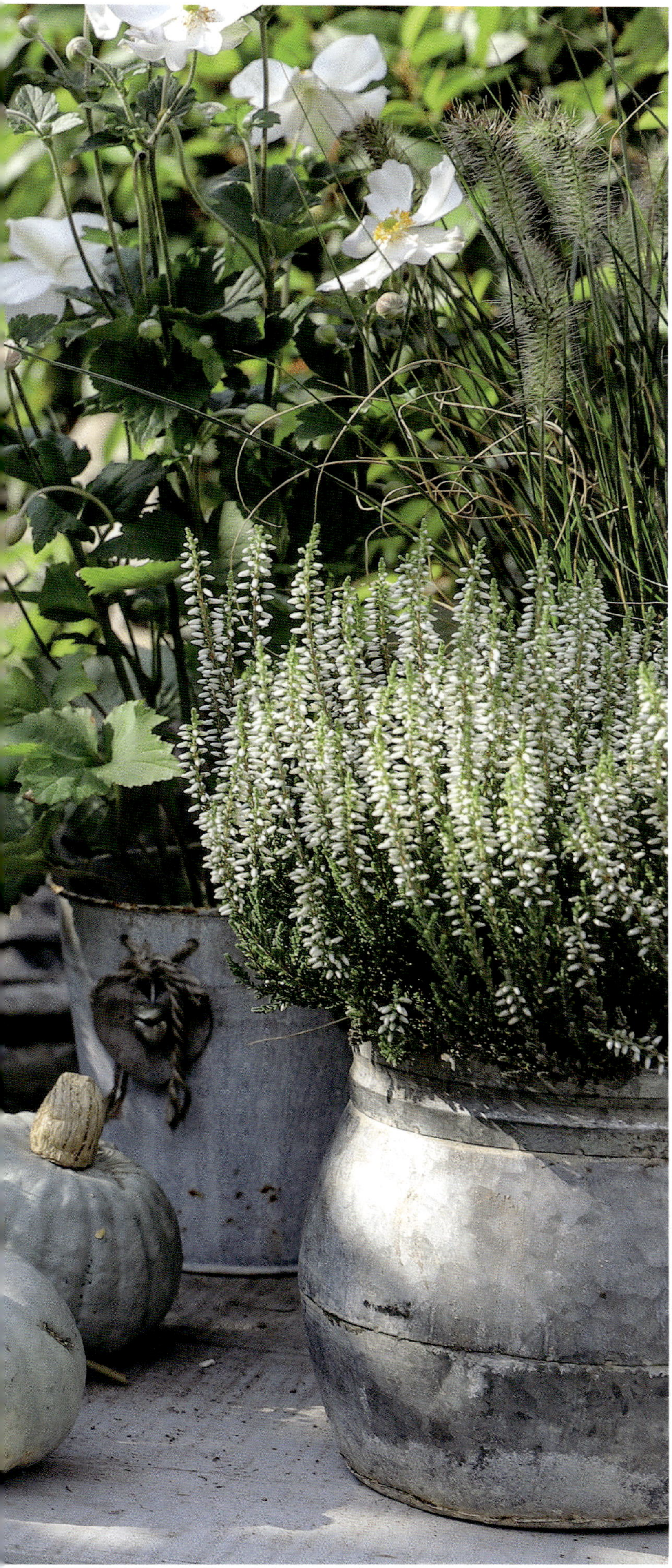

Kürbis trifft Hopfen

In dieser Kreation vereinen sich Hopfen und Kürbis. Dafür ein Gefäß mit Trockenblumensteckschaum füllen, den Kürbis auflegen und Hopfenblüten, Edeldisteln und weitere Floralien einstecken. So kann alles dekorativ eintrocknen.

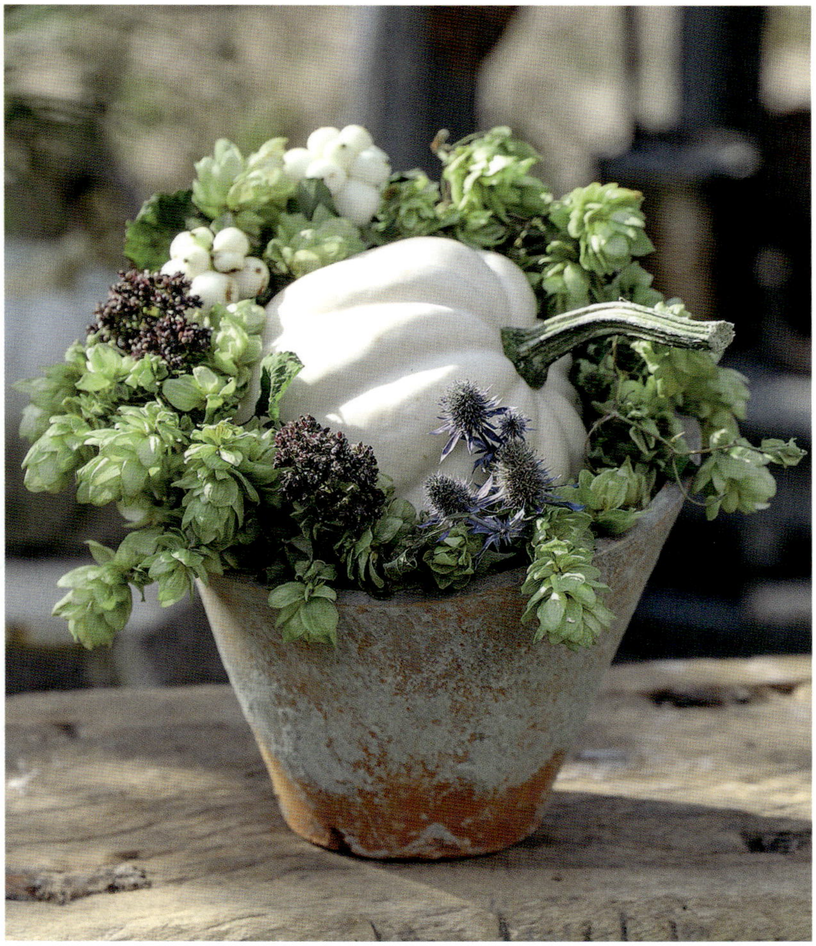

Dezent und doch farbig

Auf einem Kranz-Bett aus Eukalyptus, Stacheldrahtpflanze und Herbstlaub macht es sich der Kürbis bequem.

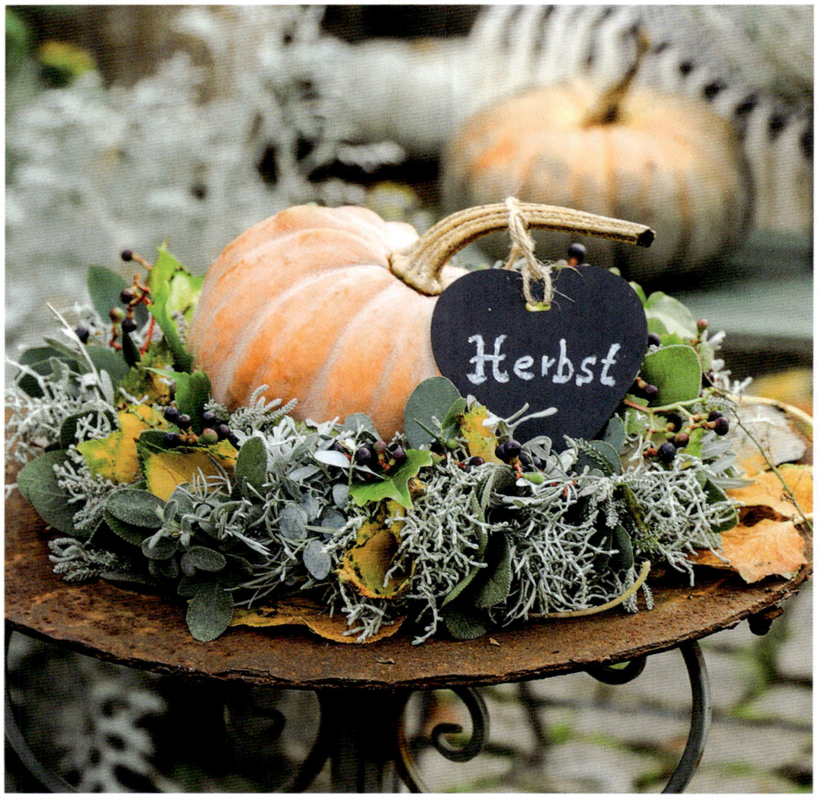

Kränze sind im Herbst ein absolutes Must-have! Hier heißt ein farbig zurückhaltendes Exemplar unsere Gäste an der Tür willkommen. Es besteht unter anderem aus Stacheldrahtpflanze, Eukalyptus, Currykraut, Salbei und Fruchtständen vom Wilden Wein.

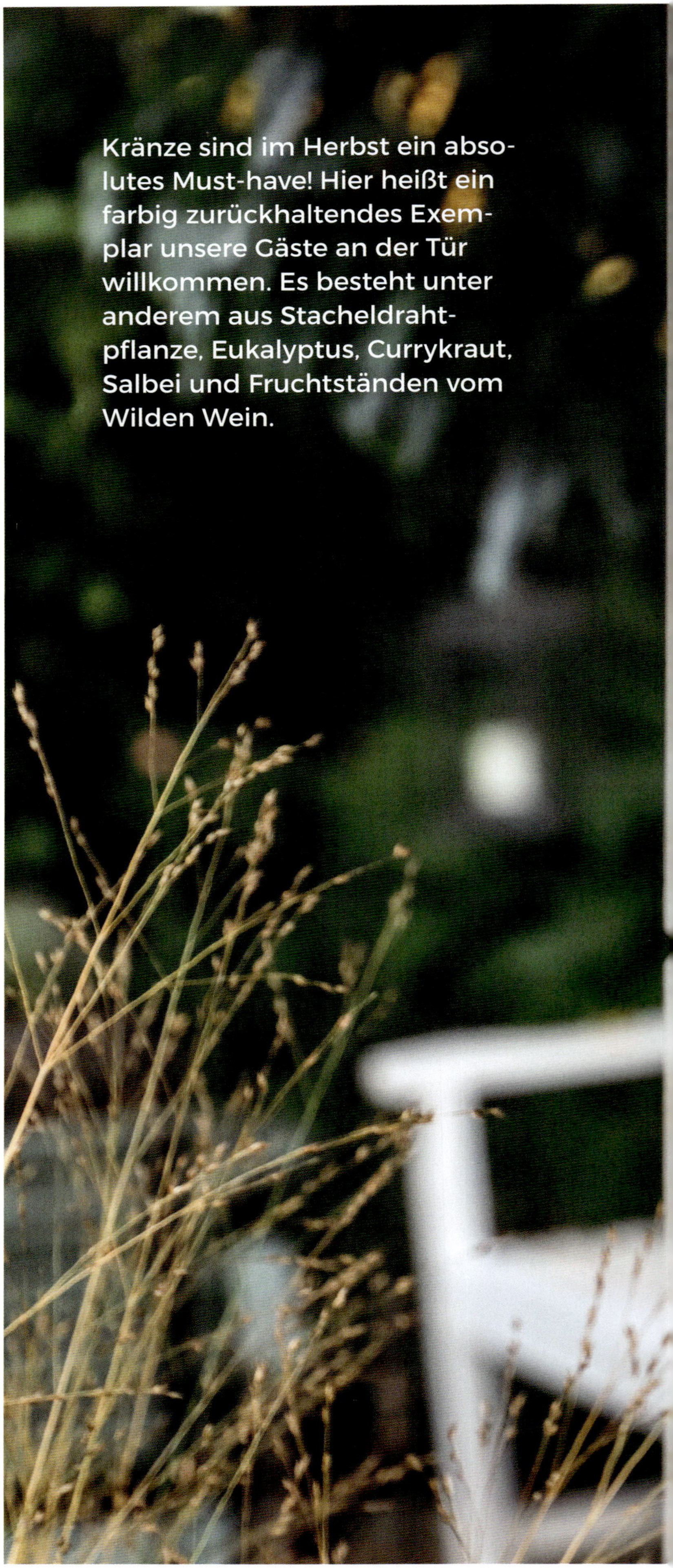

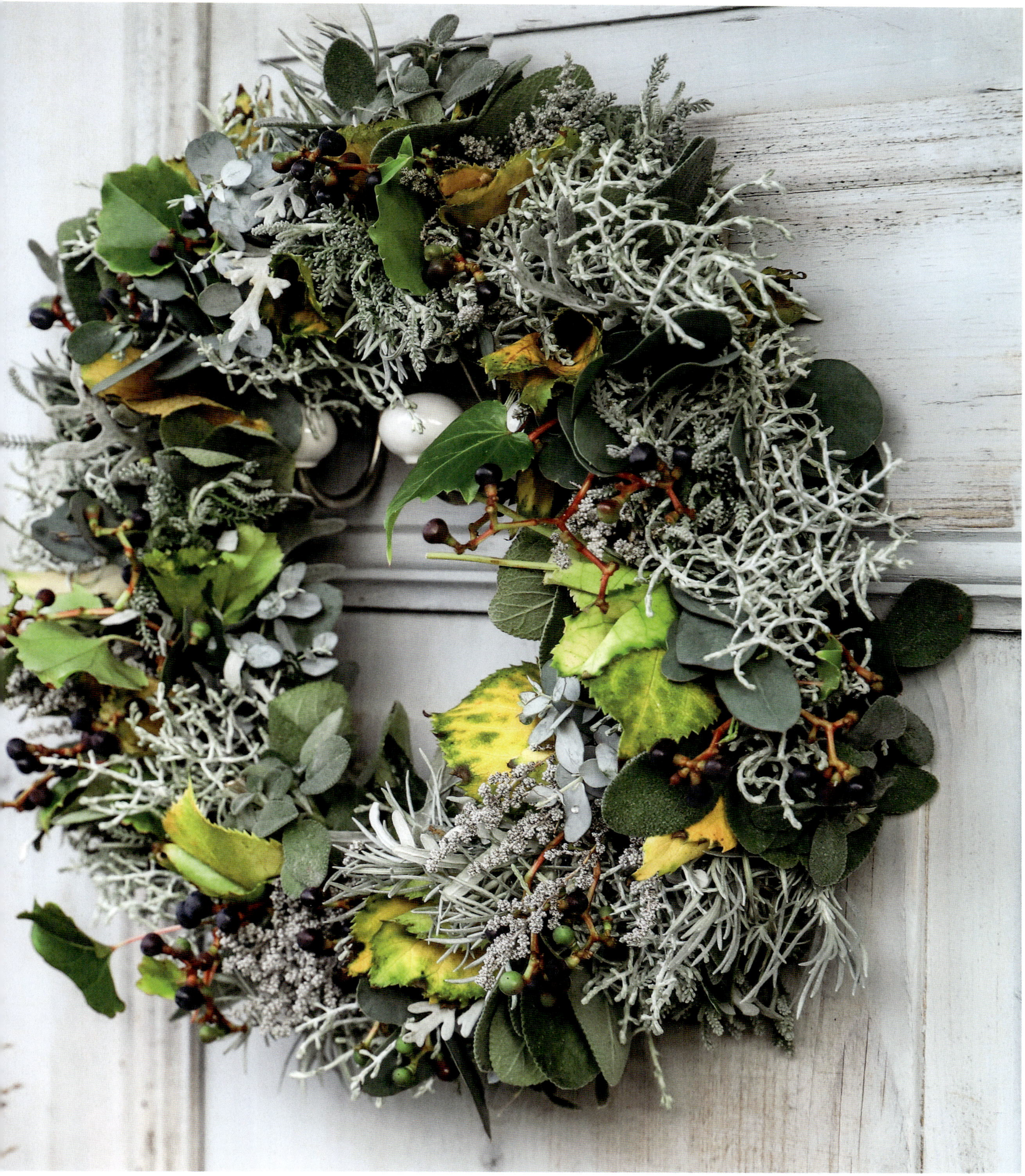

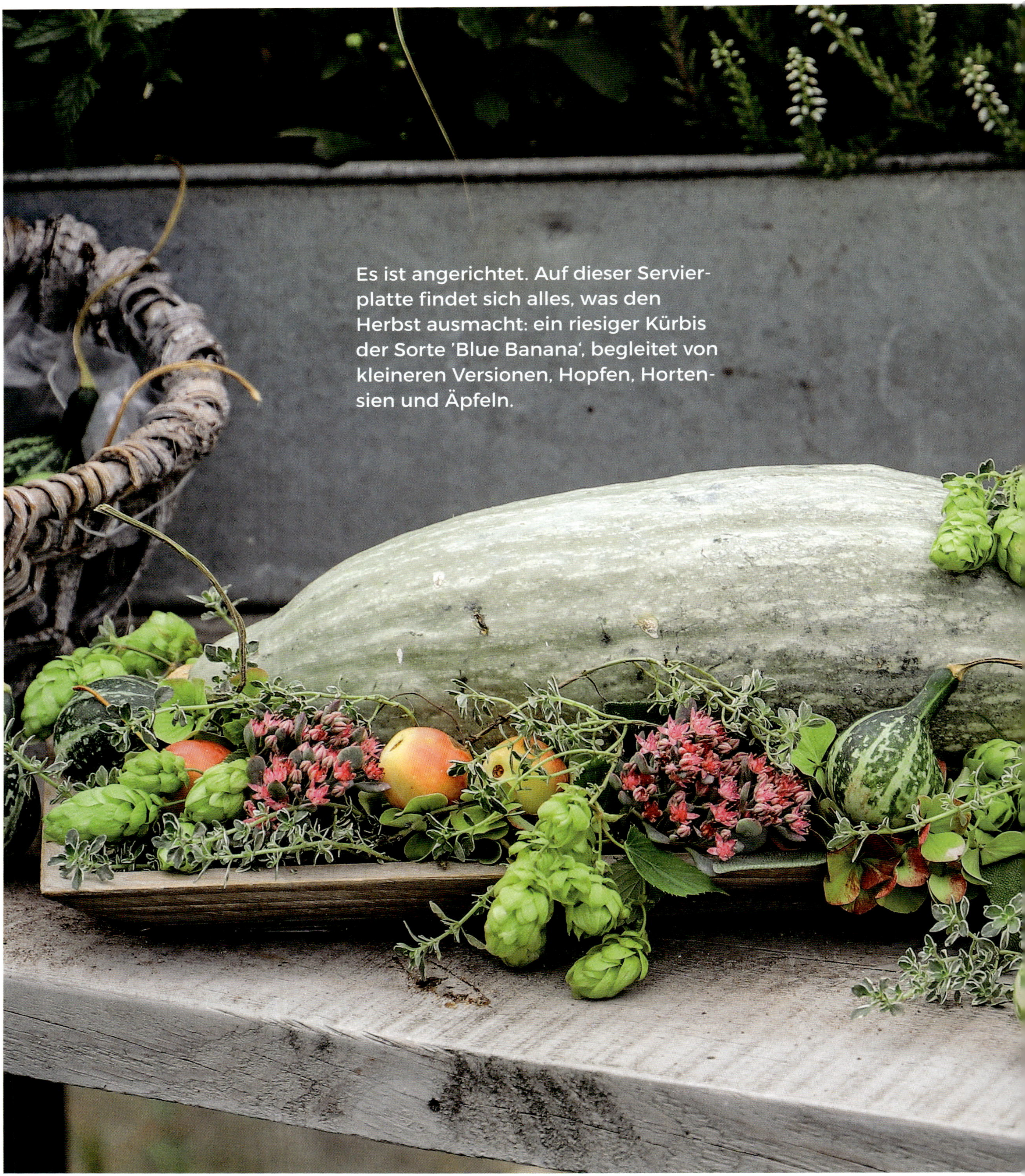

Es ist angerichtet. Auf dieser Servierplatte findet sich alles, was den Herbst ausmacht: ein riesiger Kürbis der Sorte 'Blue Banana', begleitet von kleineren Versionen, Hopfen, Hortensien und Äpfeln.

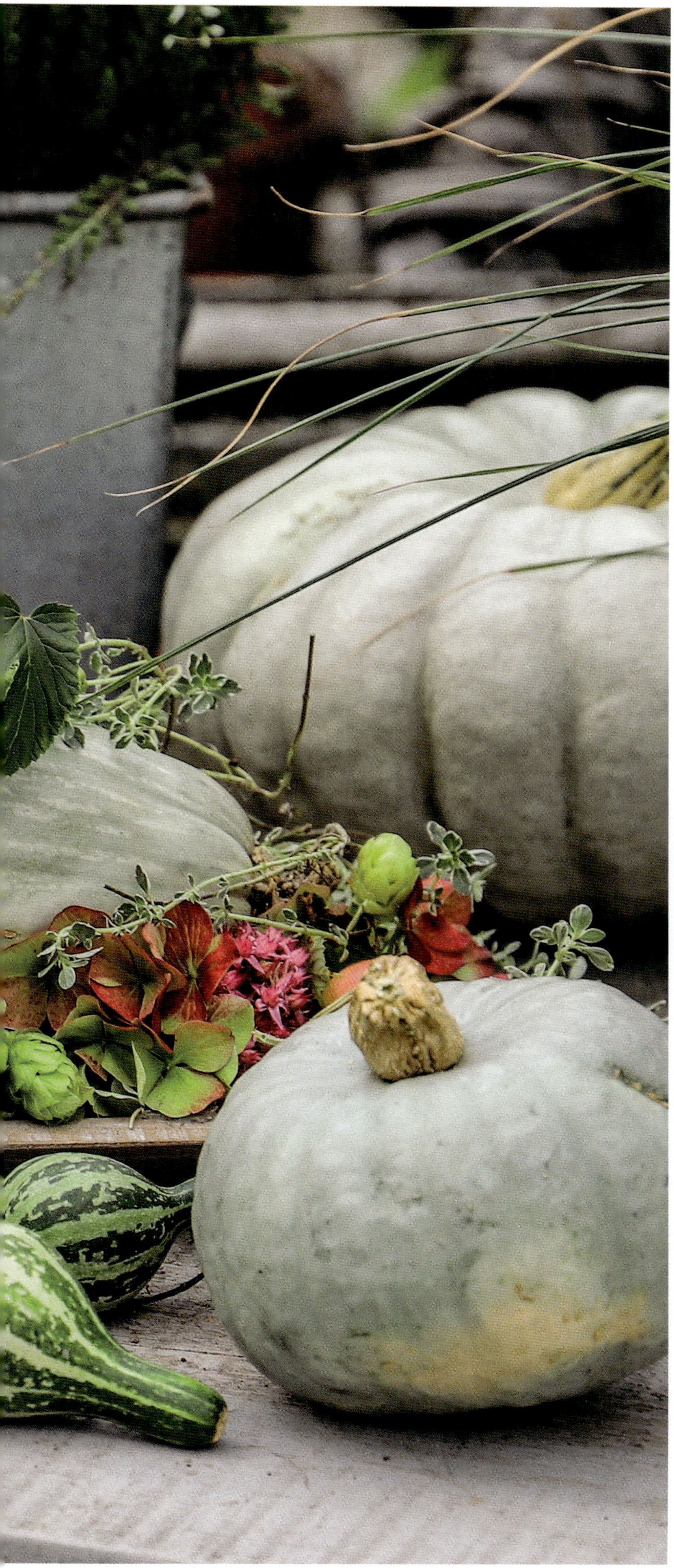

Hochsaison für Riesenbeeren

Kürbis ist unglaublich vielseitig in seinen Formen und Farben. Hier tummeln sich grüne und grau-weißliche Exemplare dekorativ in einem Metallkorb.

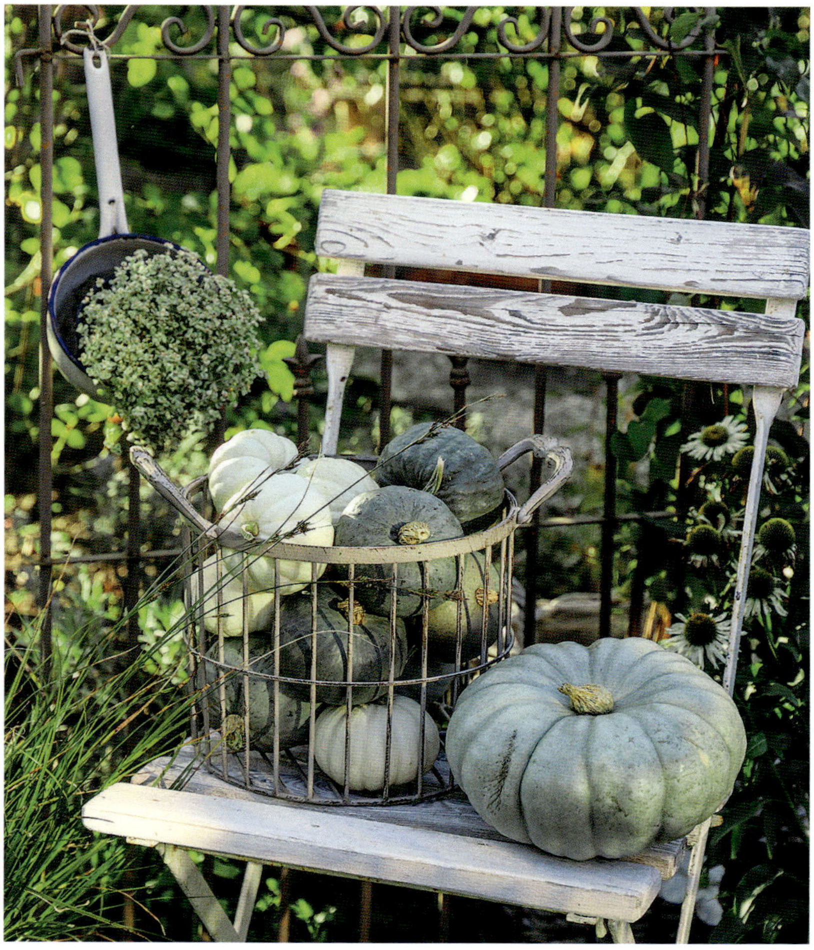

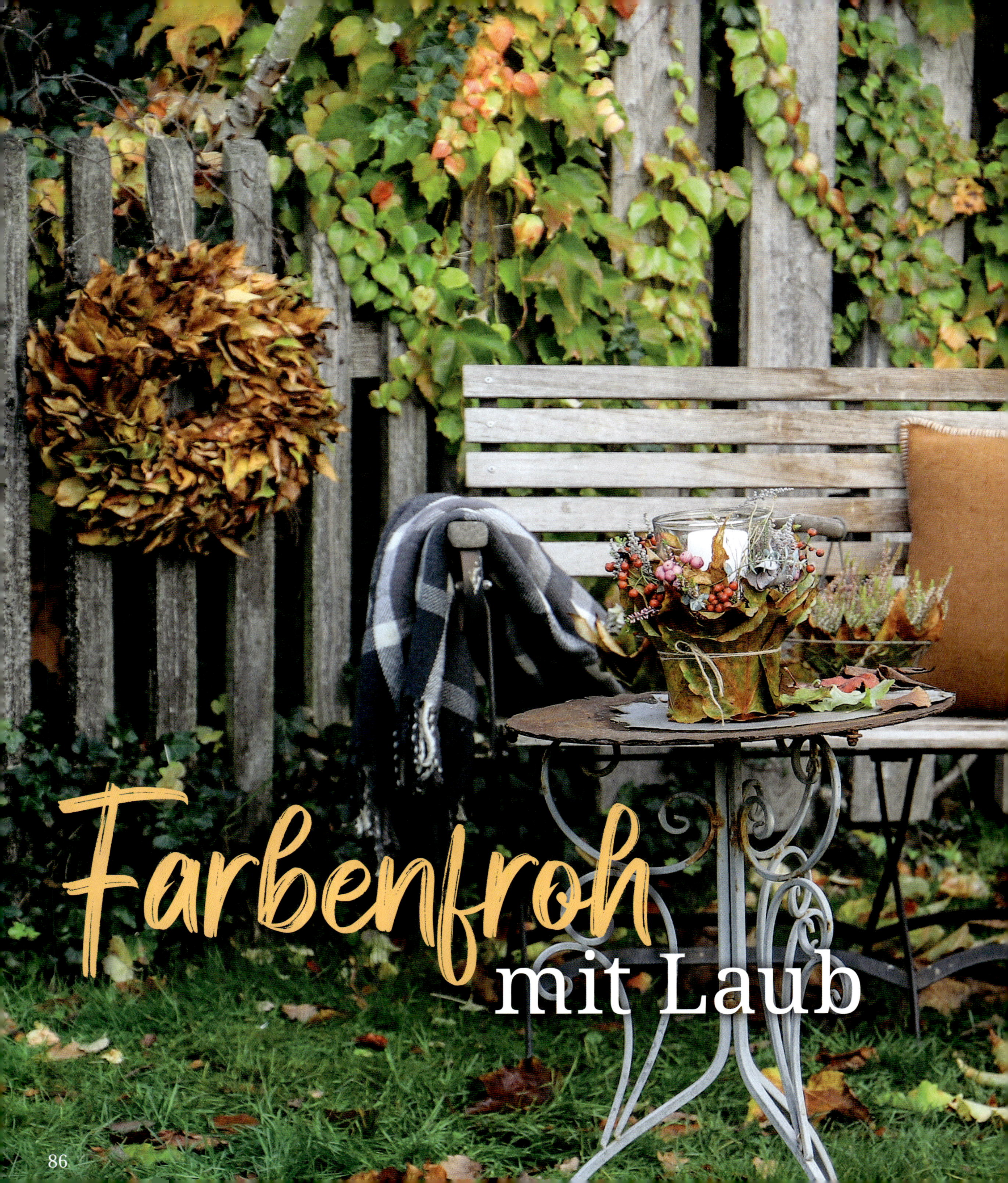

Farbenfroh mit Laub

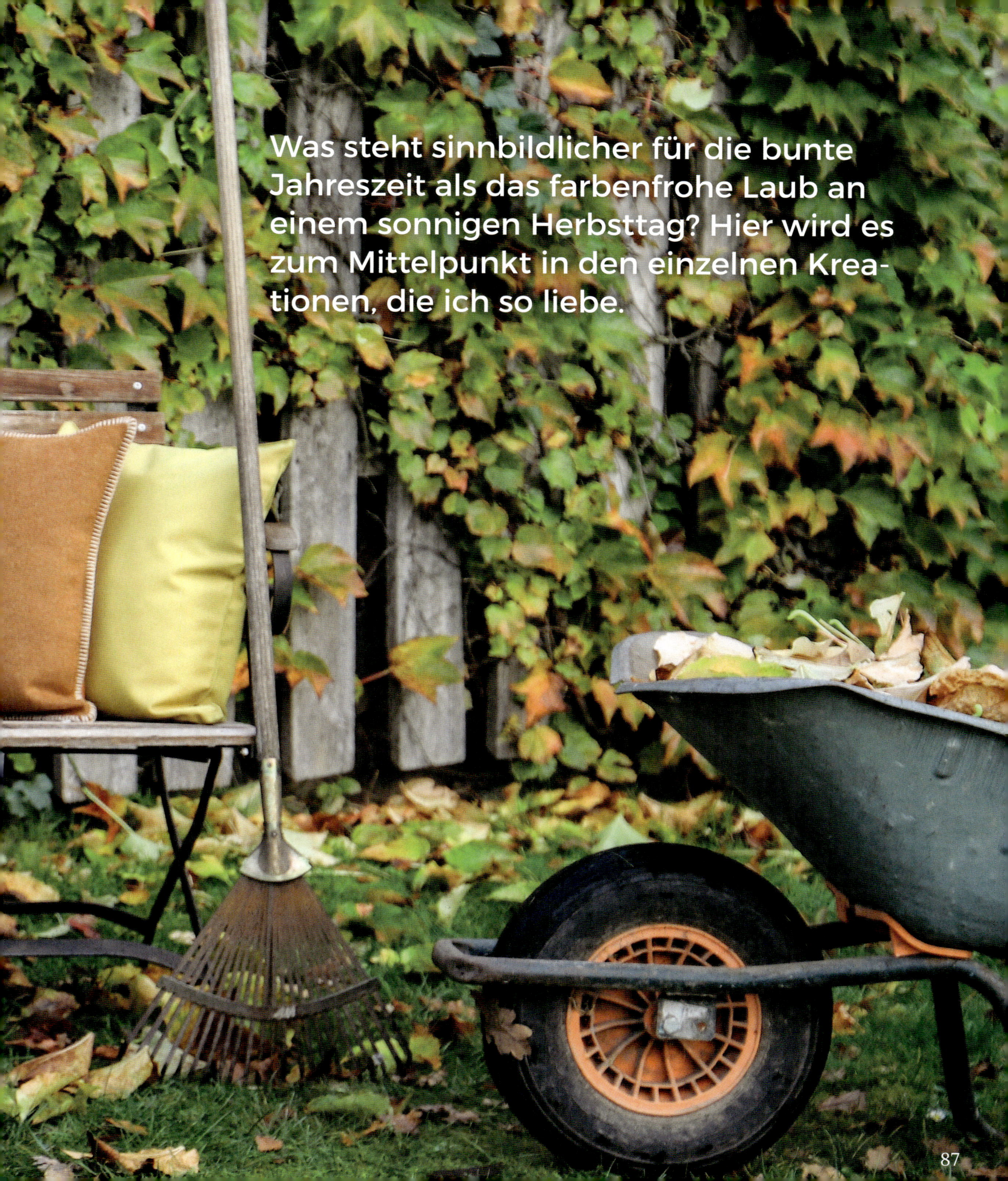

Was steht sinnbildlicher für die bunte Jahreszeit als das farbenfrohe Laub an einem sonnigen Herbsttag? Hier wird es zum Mittelpunkt in den einzelnen Kreationen, die ich so liebe.

1

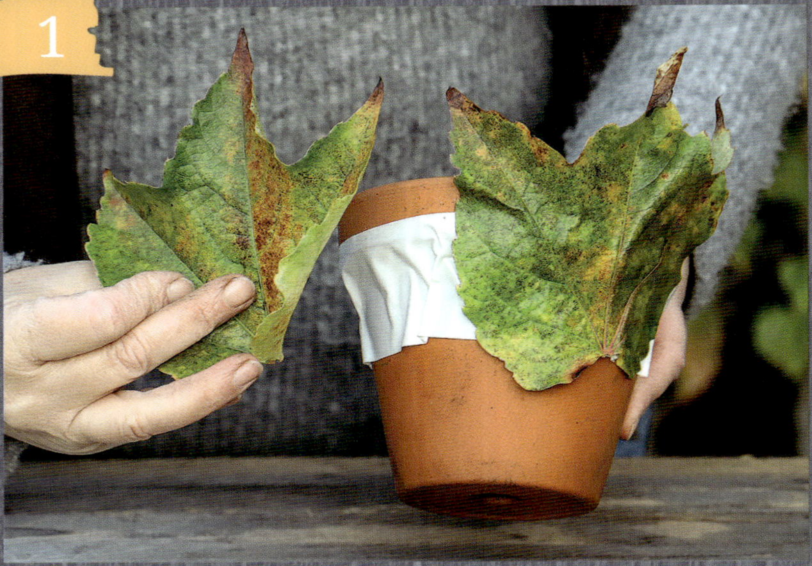

2

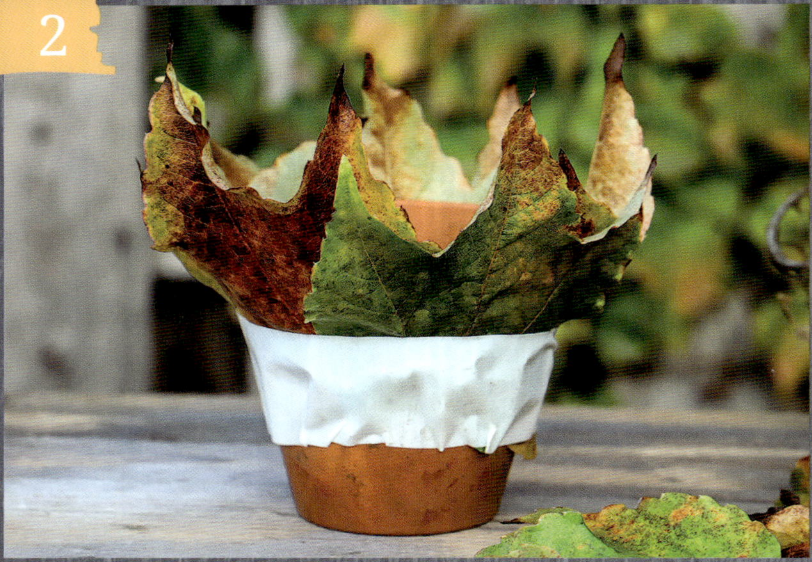

3

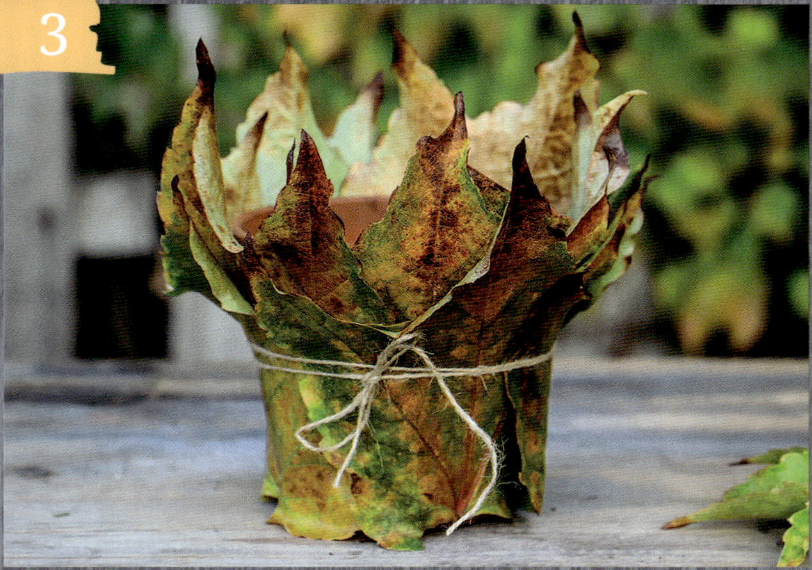

Laubmantel

Material: Tontopf, doppelseitiges Klebeband, Frischblumensteckschaum, Schnur sowie Weinblätter, Hortensien und Hagebutten von Wildrosen

Anleitung: Doppelseitiges Klebeband rund um den Topfrand anbringen und Weinblätter leicht überlappend aufkleben (1). Im unteren Bereich und leicht über der ersten Lage Weinblätter nochmals doppelseitiges Klebeband anbringen (2). Weitere Weinblätter aufkleben. Stehen einige Teile der Blätter am unteren Bereich über, können diese mithilfe einer Schere gekürzt werden. Mit einer Schnur das Gefäß umwickeln und verknoten (3). Gewässerten Frischblumensteckschaum einsetzen und mit Hortensien und Hagebutten bestecken.

Tipp

Weitere Deko-Ideen auf den Seiten 90/91.

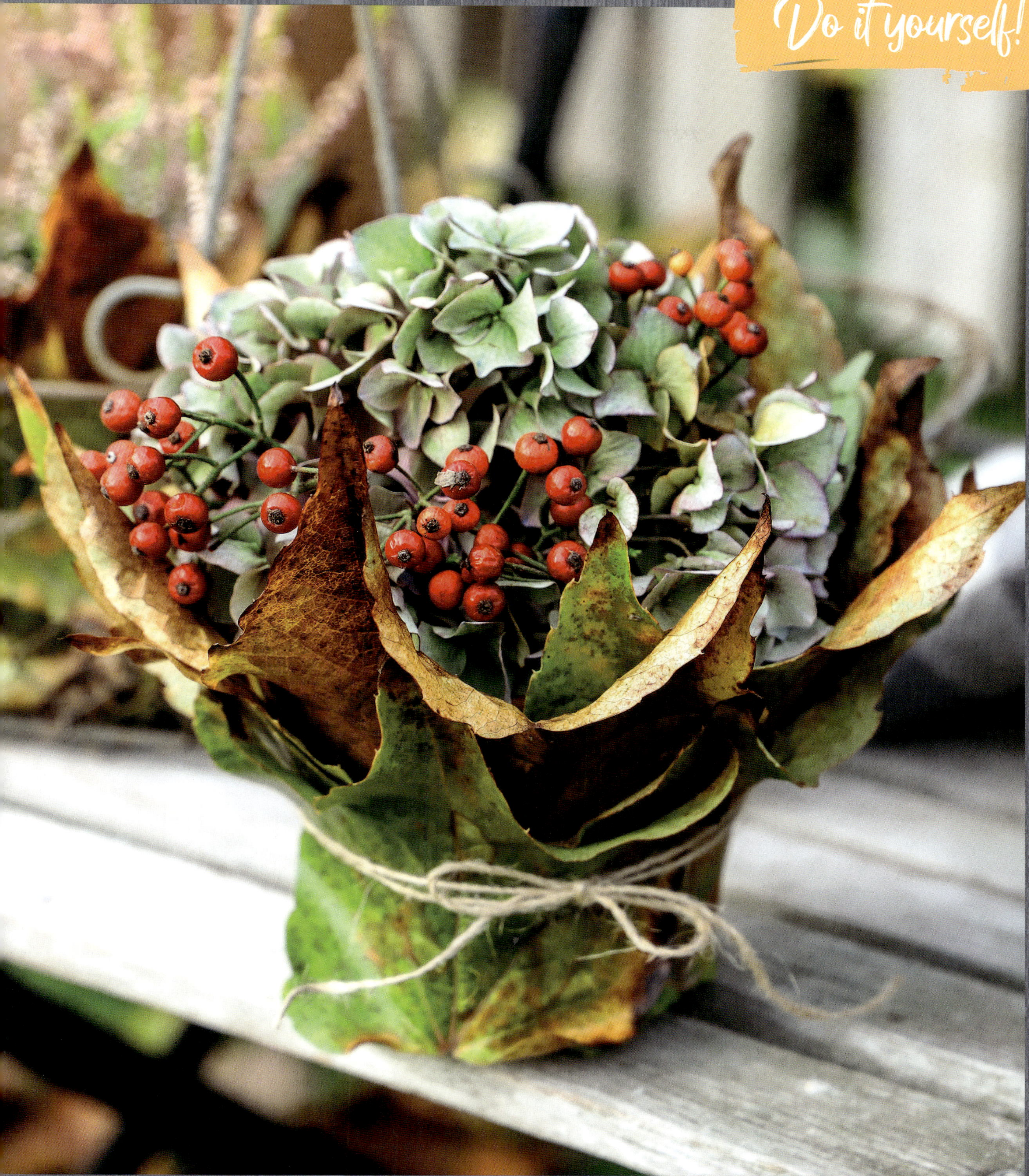

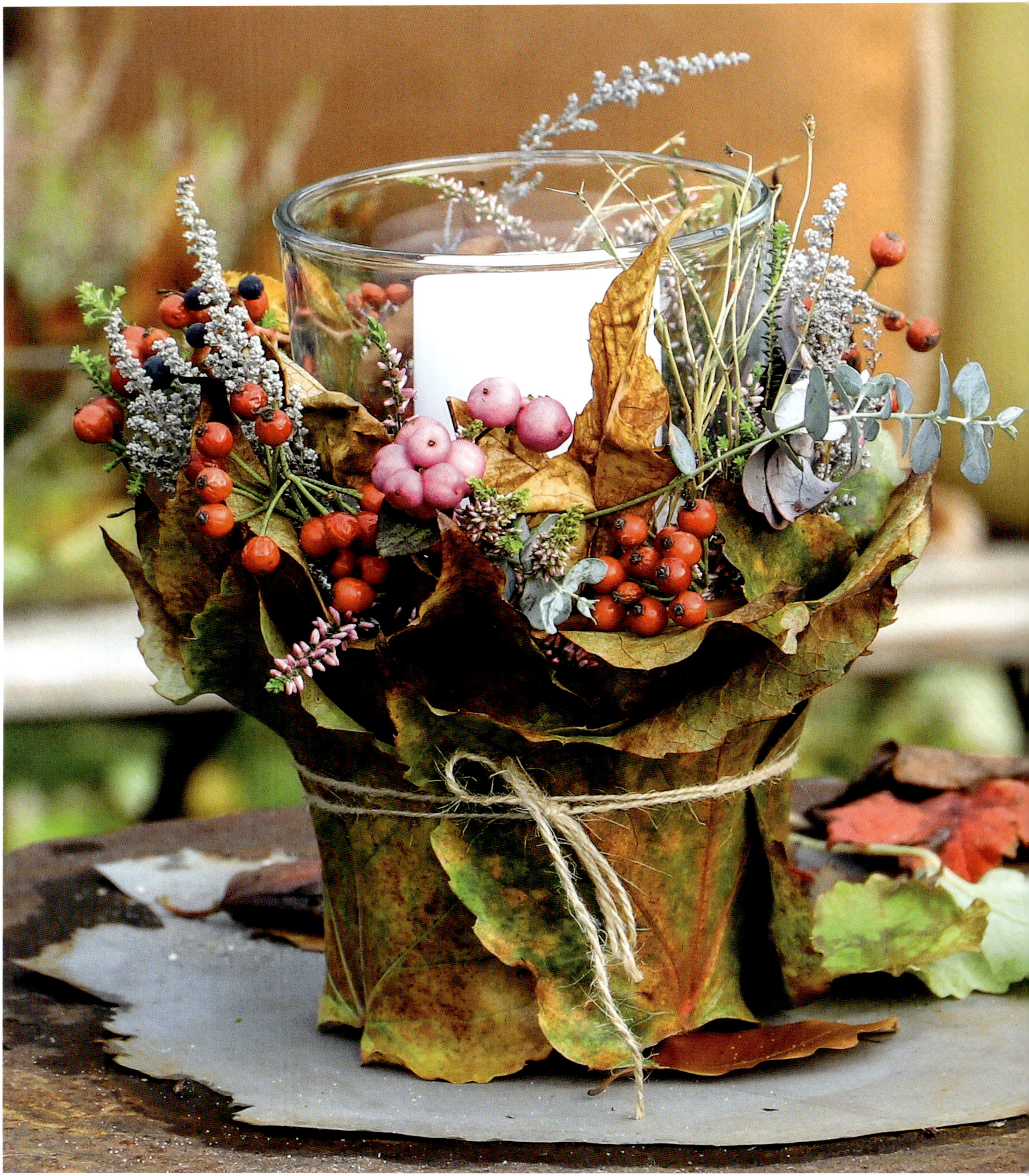

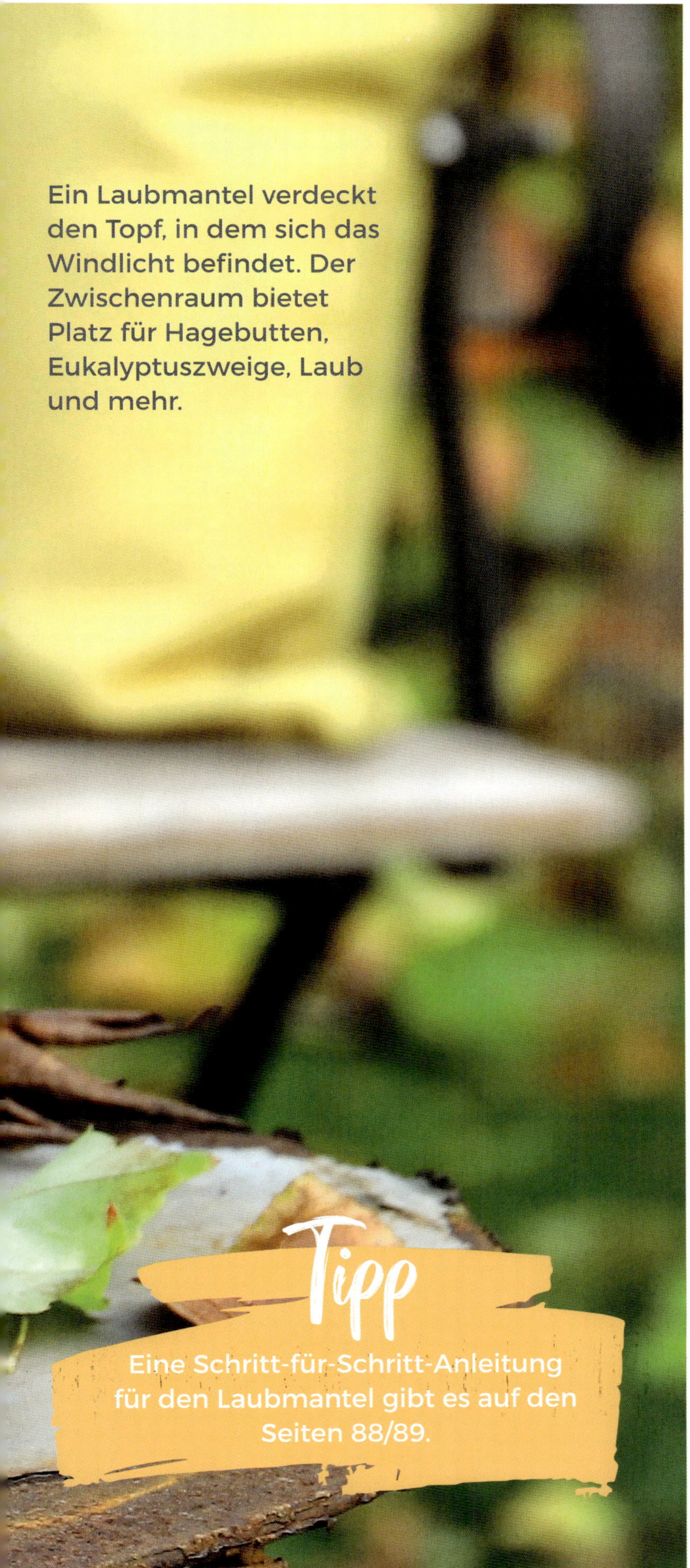

Ein Laubmantel verdeckt den Topf, in dem sich das Windlicht befindet. Der Zwischenraum bietet Platz für Hagebutten, Eukalyptuszweige, Laub und mehr.

Tipp

Eine Schritt-für-Schritt-Anleitung für den Laubmantel gibt es auf den Seiten 88/89.

Himmlische Windlichter

Dieses Ensemble sorgt für herbstlichen Charme. Ein Windlicht in einem Weidenkörbchen platzieren und rundherum Weinblätter, Hortensien, Hagebutten, Eukalyptus und mehr einarbeiten.

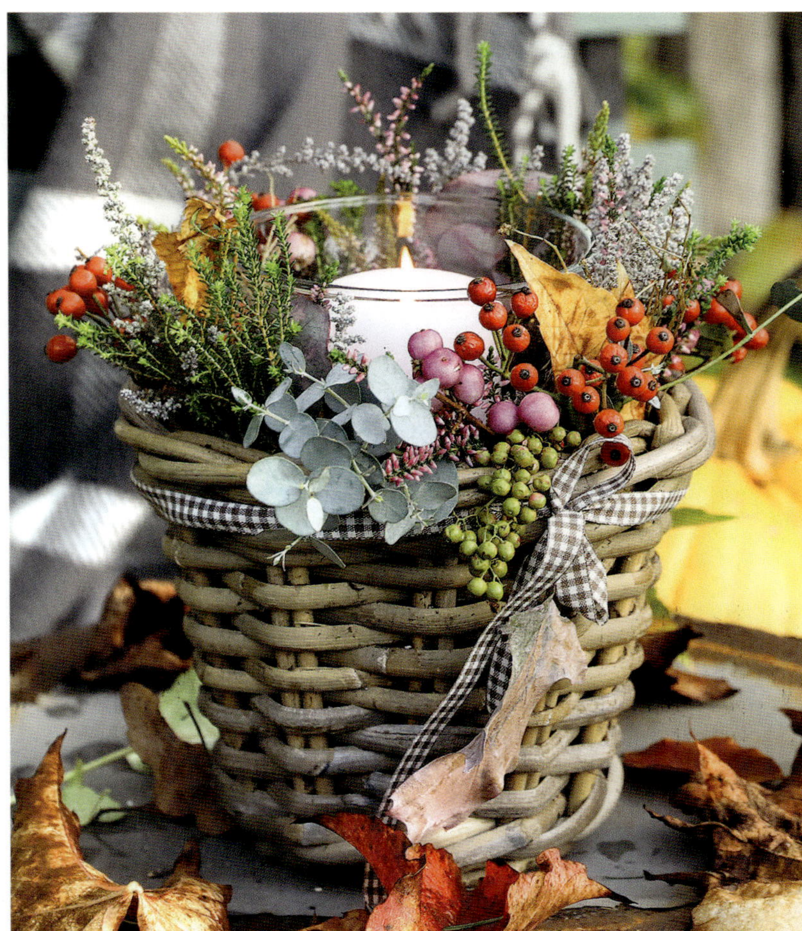

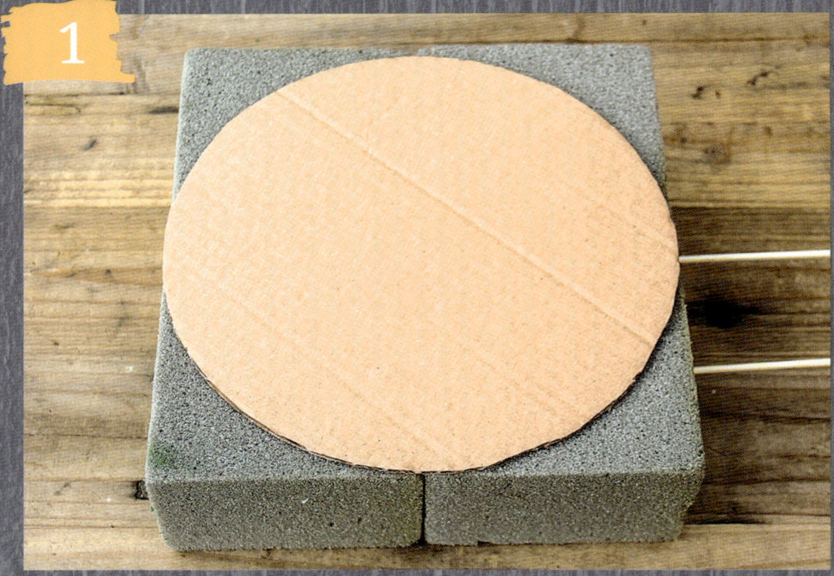

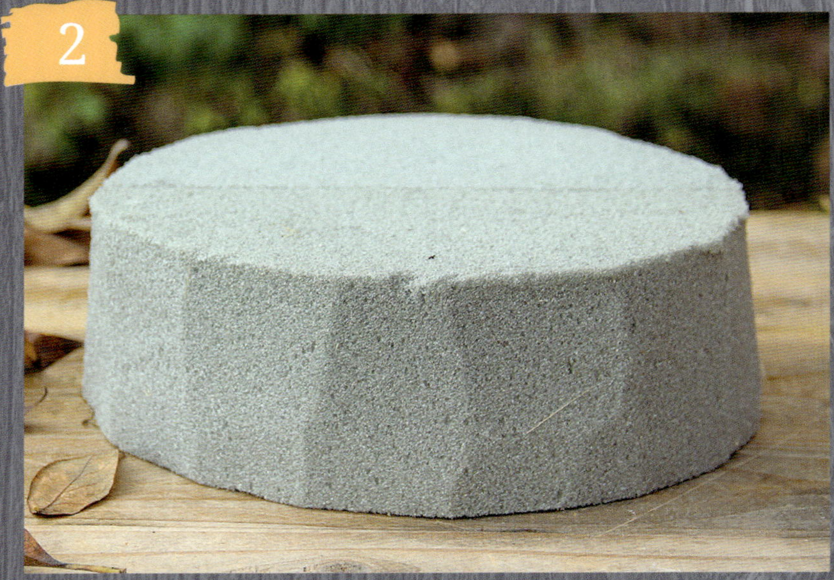

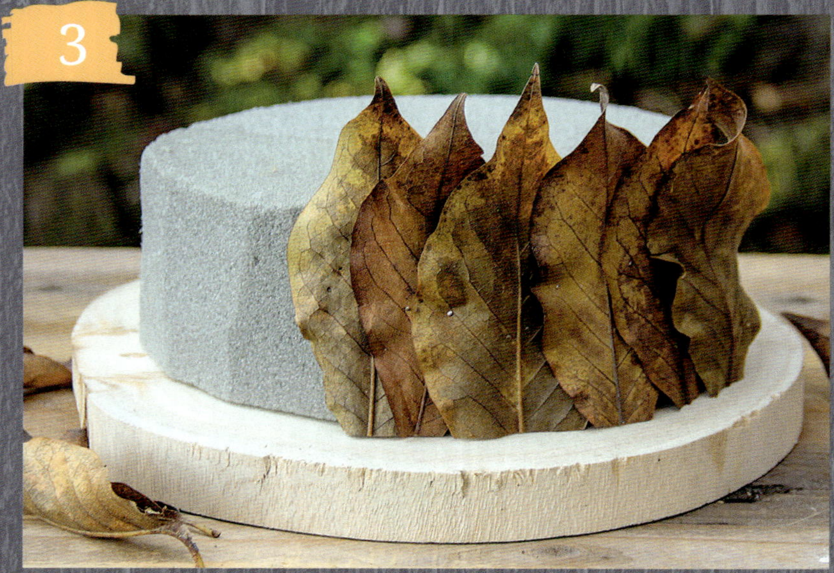

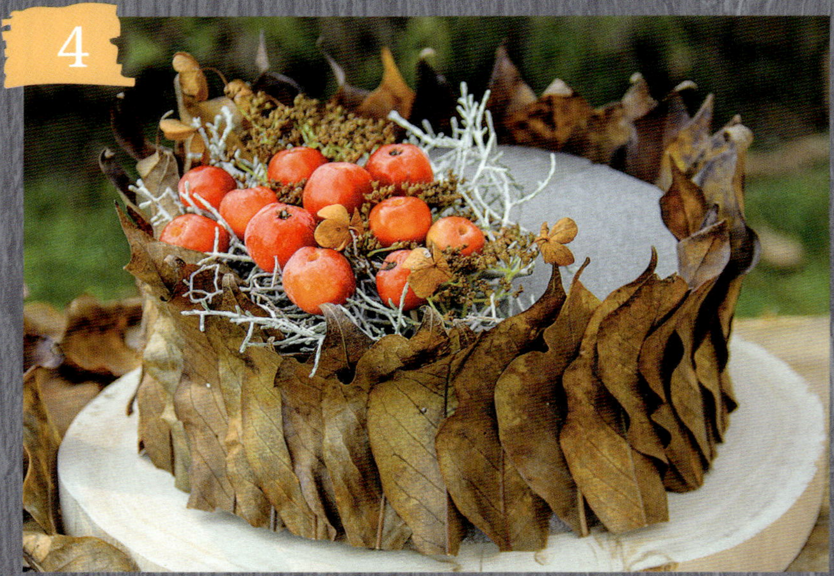

Material: Pappe, Holzspieße, Patenthaften, Stecknadeln, 2 Trockenblumensteckschaum-Ziegel sowie Magnolienblätter, Zieräpfel und Stacheldrahtpflanze

Anleitung: Aus Pappe eine runde Schablone zuschneiden. Die Trockenblumensteckschaum-Ziegel mithilfe von Holzspießen miteinander verbinden (1), die Schablone darauf platzieren und mit einem Messer zu einer runden Form zuschneiden (2). Magnolienblätter seitlich schuppenartig mit Stecknadeln befestigen (3). Blätterüberstände am unteren Tortenrand mit einer Schere einkürzen. Kleine Büschel aus Stacheldrahtpflanze auf der Trockenblumensteckschaum-Oberfläche mit Patenthaften befestigen. Zieräpfel mit Holzspießen kreuz und quer einstecken (4).

Tipp

Weitere Gestaltungsvarianten auf den Seiten 108/109 und 116/117.

Apfel-Torte aus Magnolienblättern

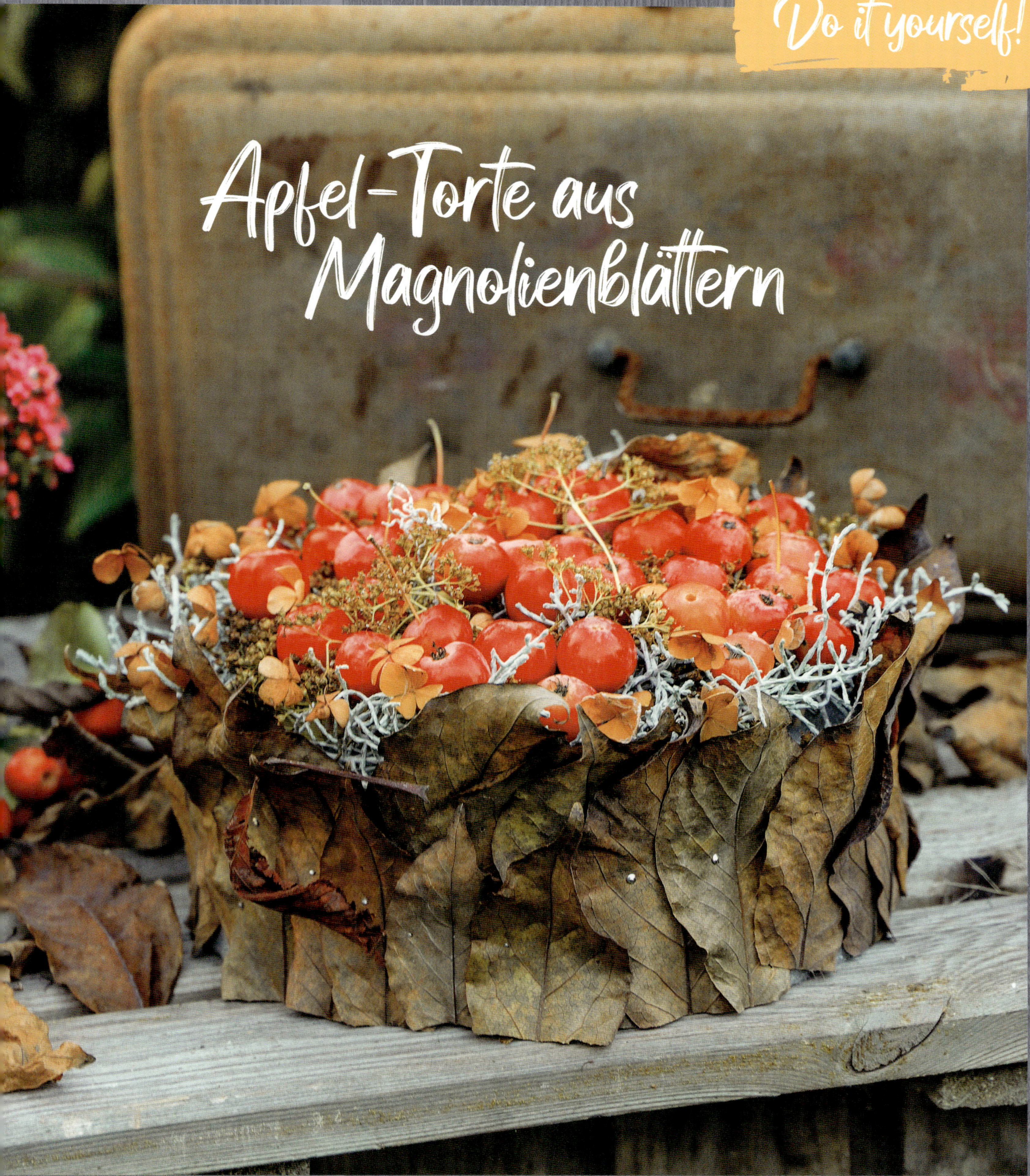

Laub-Liaison

Gerade jetzt fällt im Garten viel Laub an. Daraus entsteht ein üppig gebundener Kranz, der am Gartentor über viele Wochen hinweg unsere Besucher begrüßt.

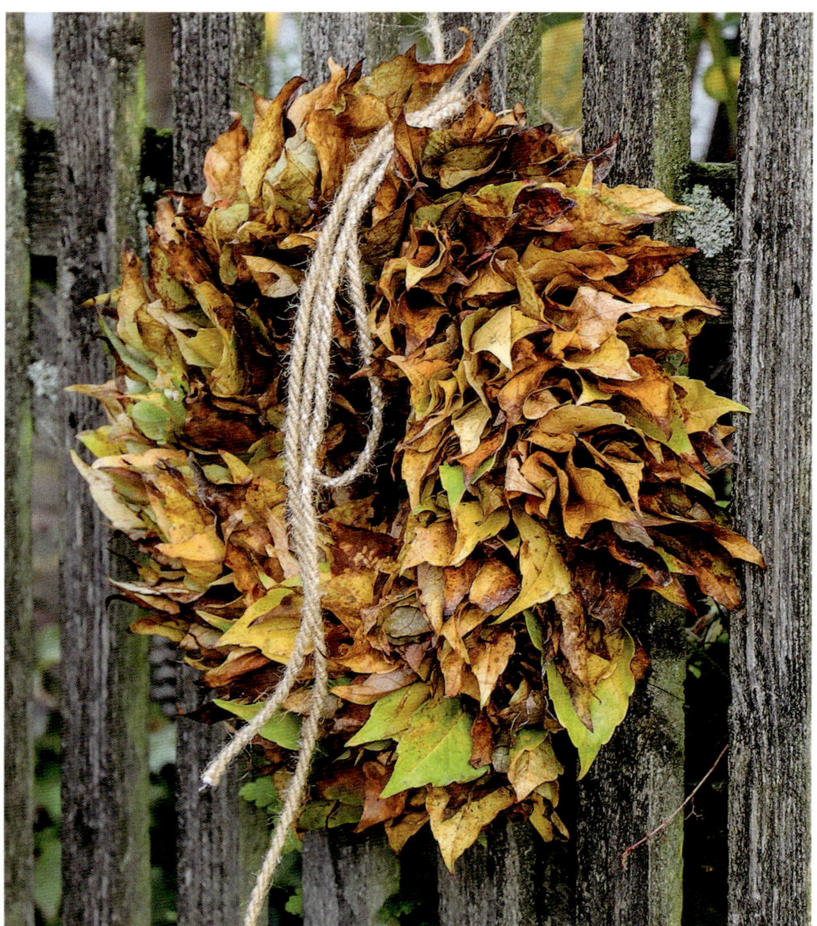

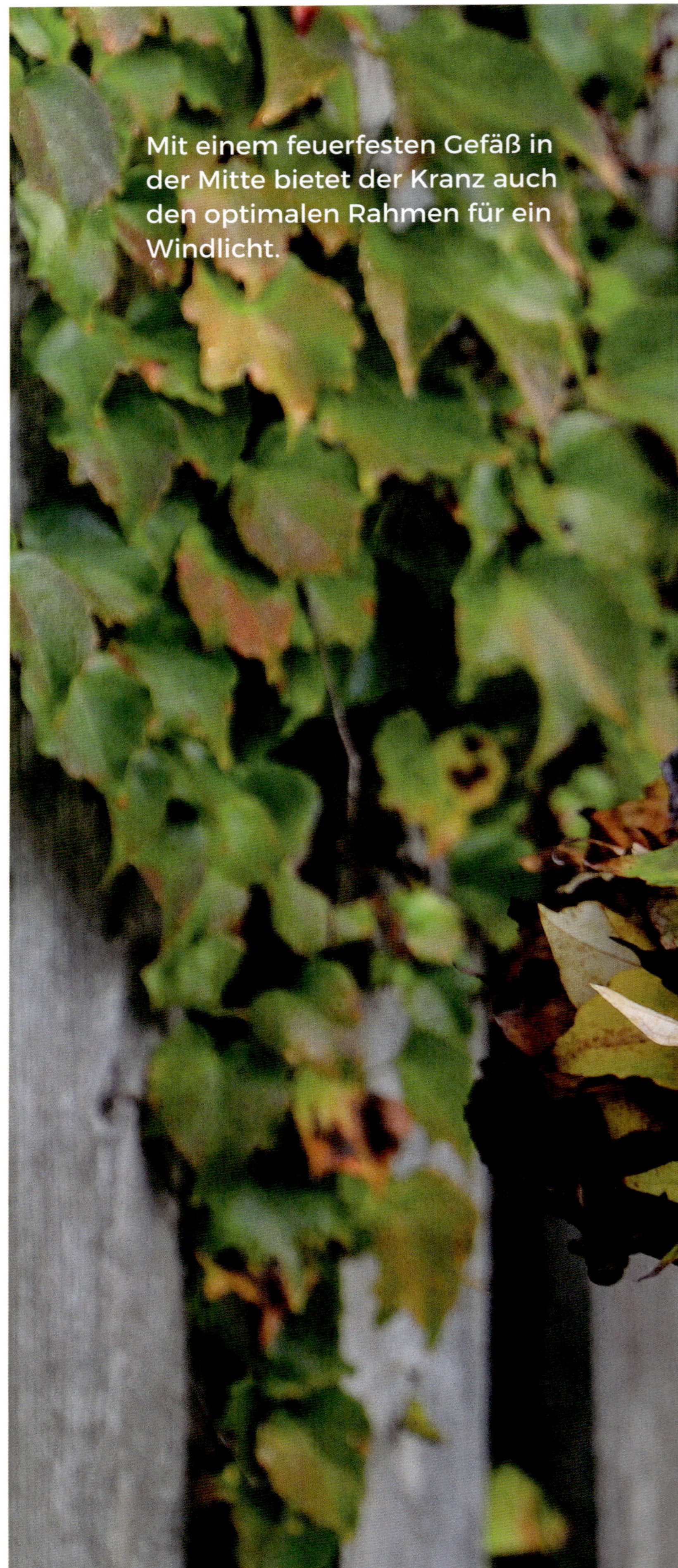

Mit einem feuerfesten Gefäß in der Mitte bietet der Kranz auch den optimalen Rahmen für ein Windlicht.

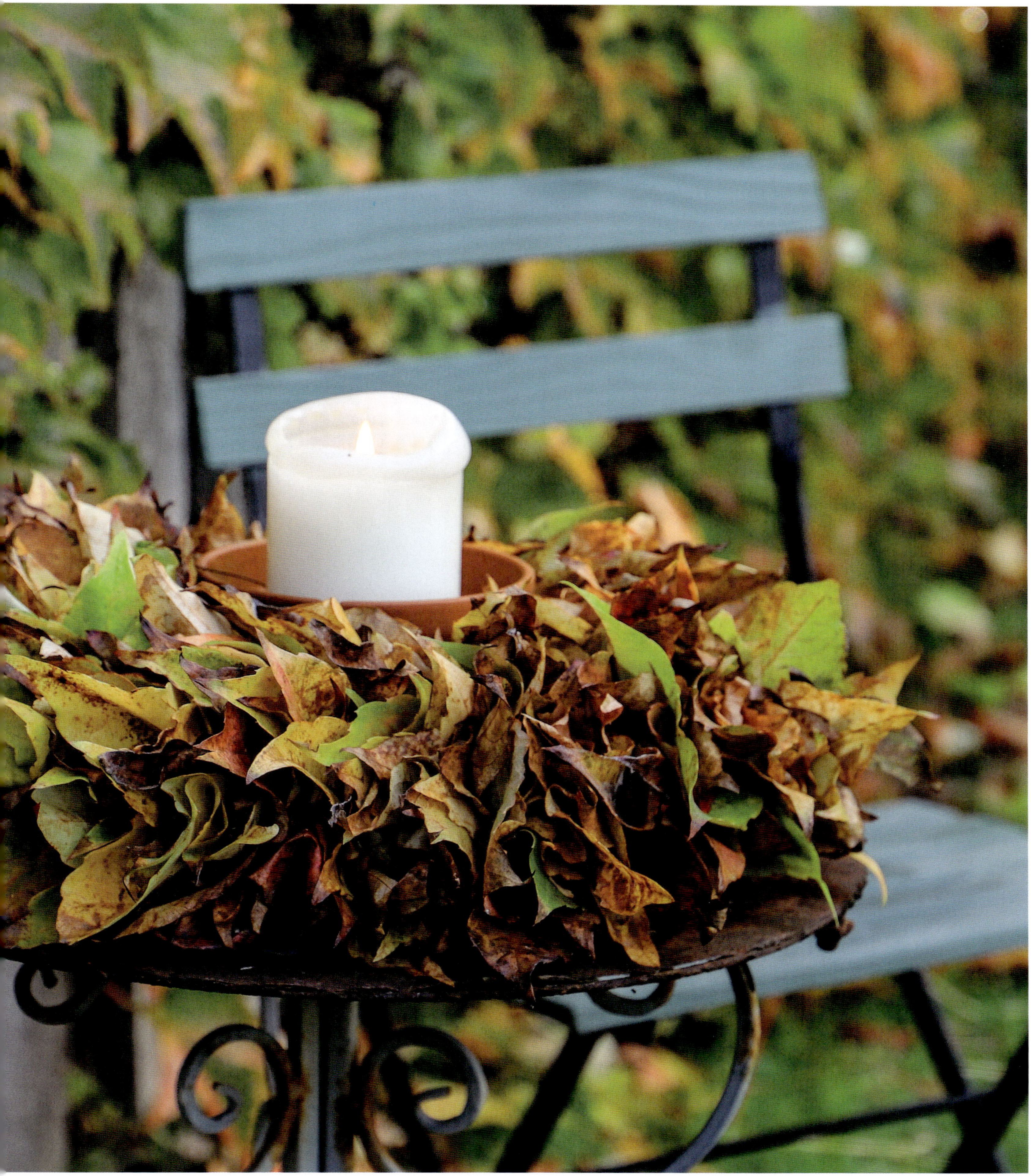

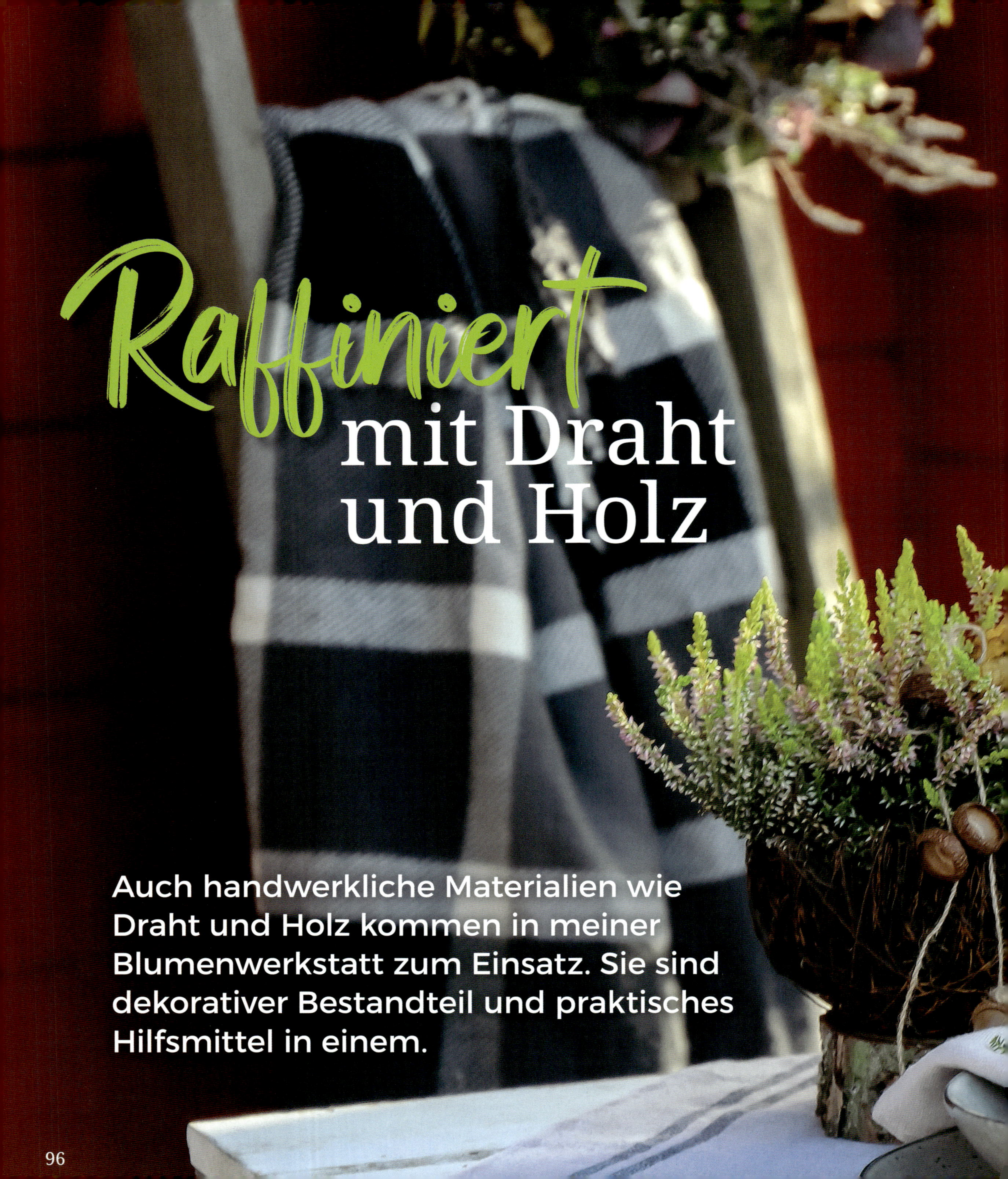

Raffiniert mit Draht und Holz

Auch handwerkliche Materialien wie Draht und Holz kommen in meiner Blumenwerkstatt zum Einsatz. Sie sind dekorativer Bestandteil und praktisches Hilfsmittel in einem.

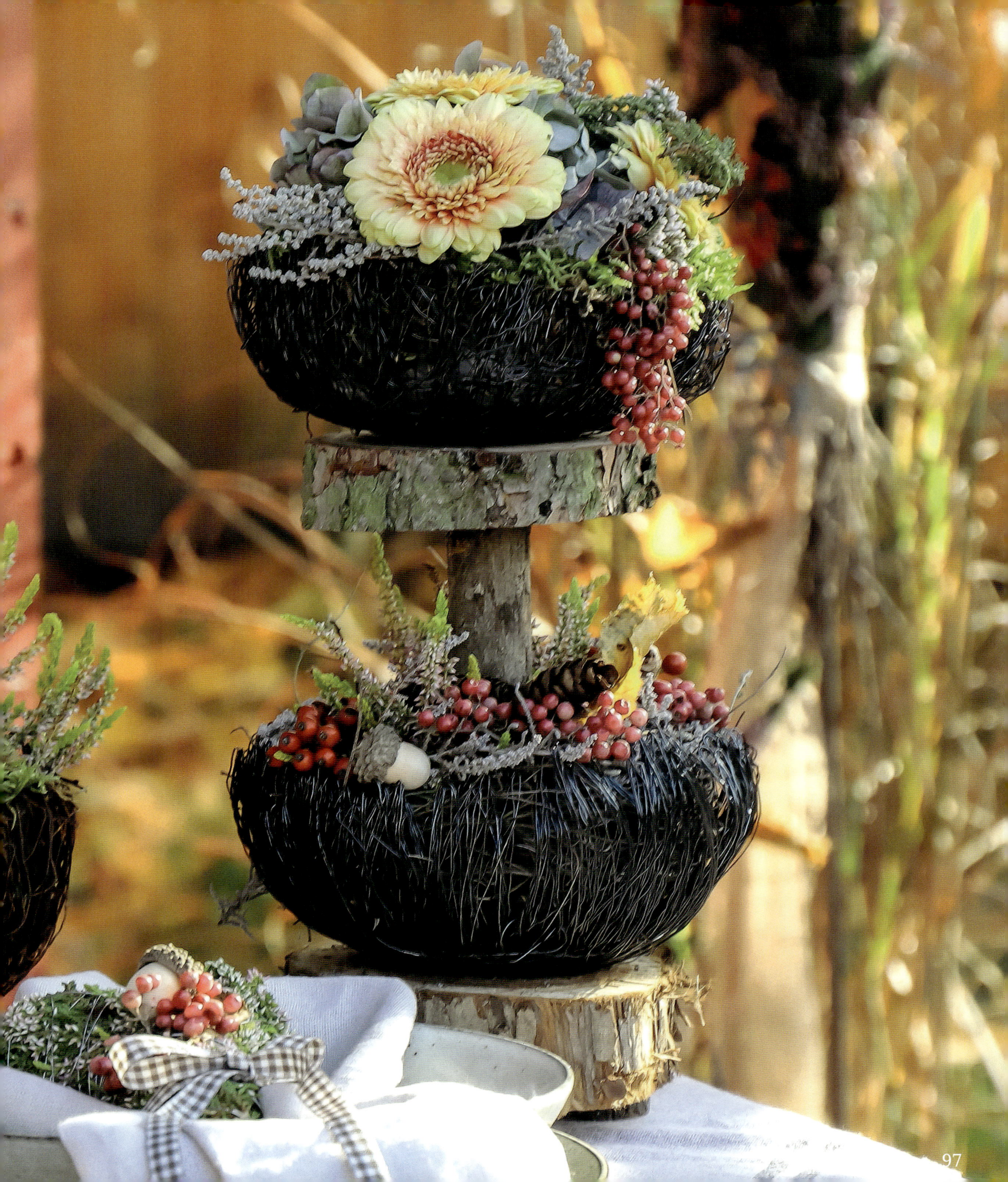

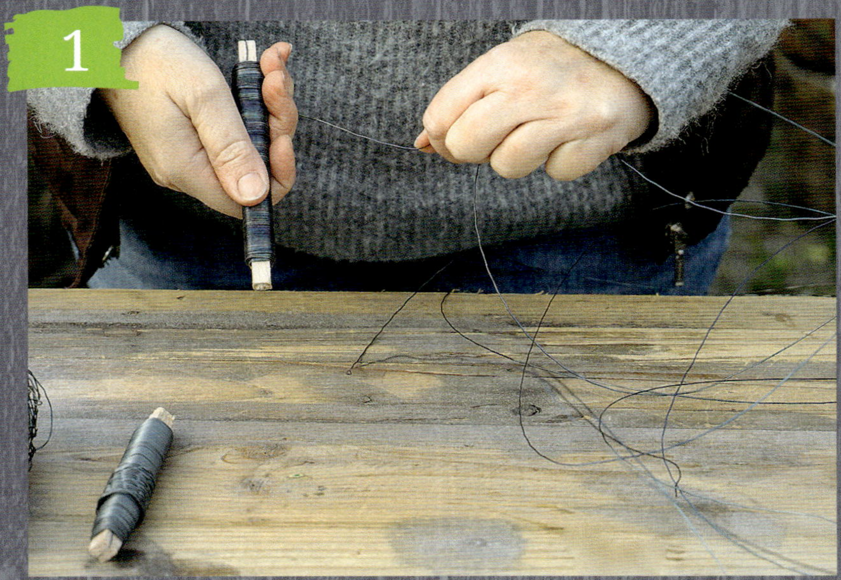

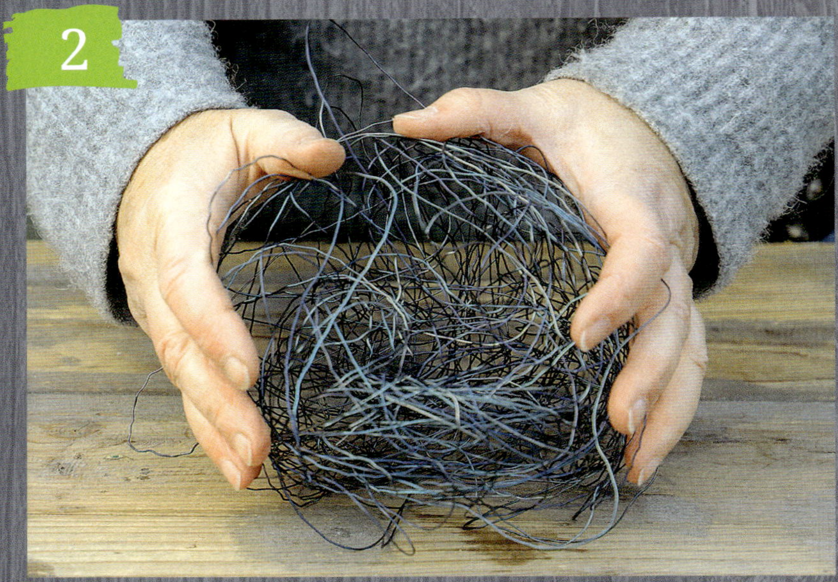

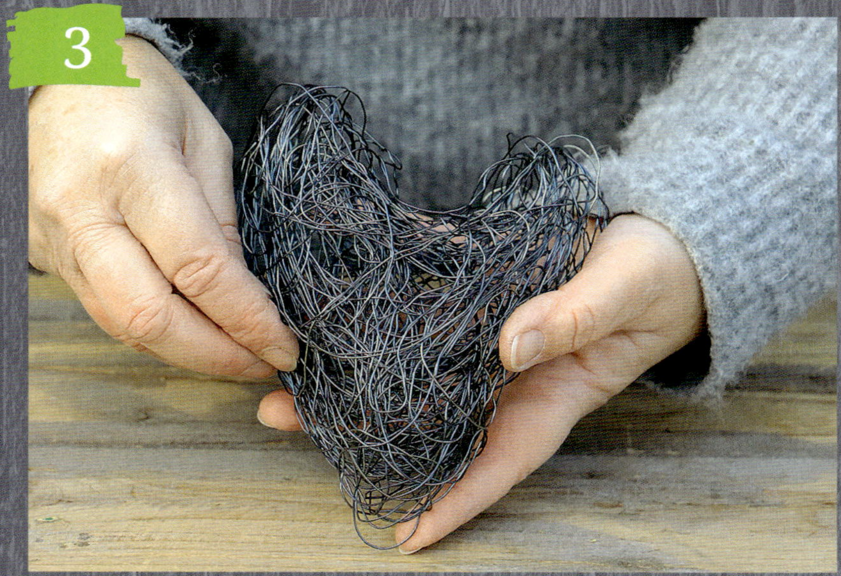

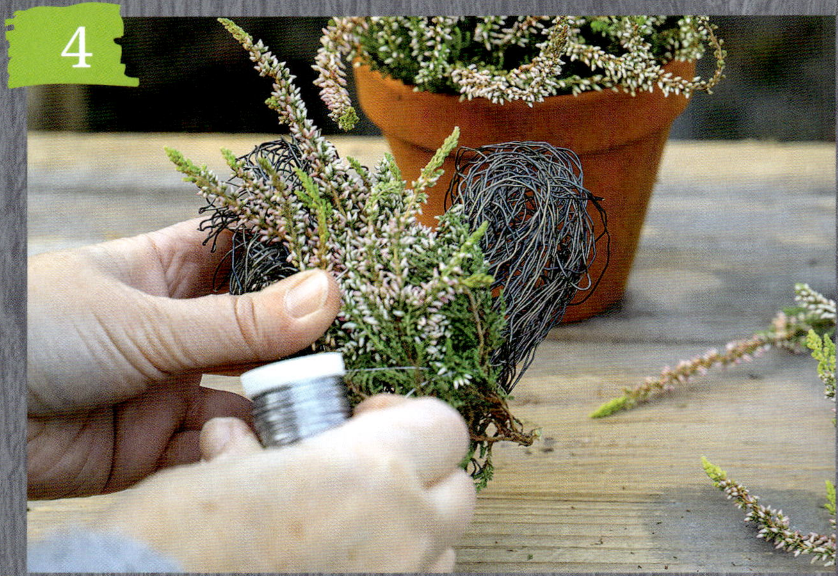

Material: 1 Rolle Wickeldraht, 1 Rolle feiner Draht, Heißkleber sowie Heide, herbstliche Fruchtstände, Eichel und Laub

Anleitung: Den Wickeldraht komplett abwickeln (1) und das Knäuel zu einem Herz formen (2 + 3). Das Herz mithilfe von feinem Draht mit Heide umwickeln (4). Mit herbstlichen Fruchtständen, Eichel sowie Laub dekorieren und diese Bestandteile mit Heißkleber fixieren.

Tipp

Eine weitere herzige Deko-Idee findet Ihr auf den Seiten 24/25.

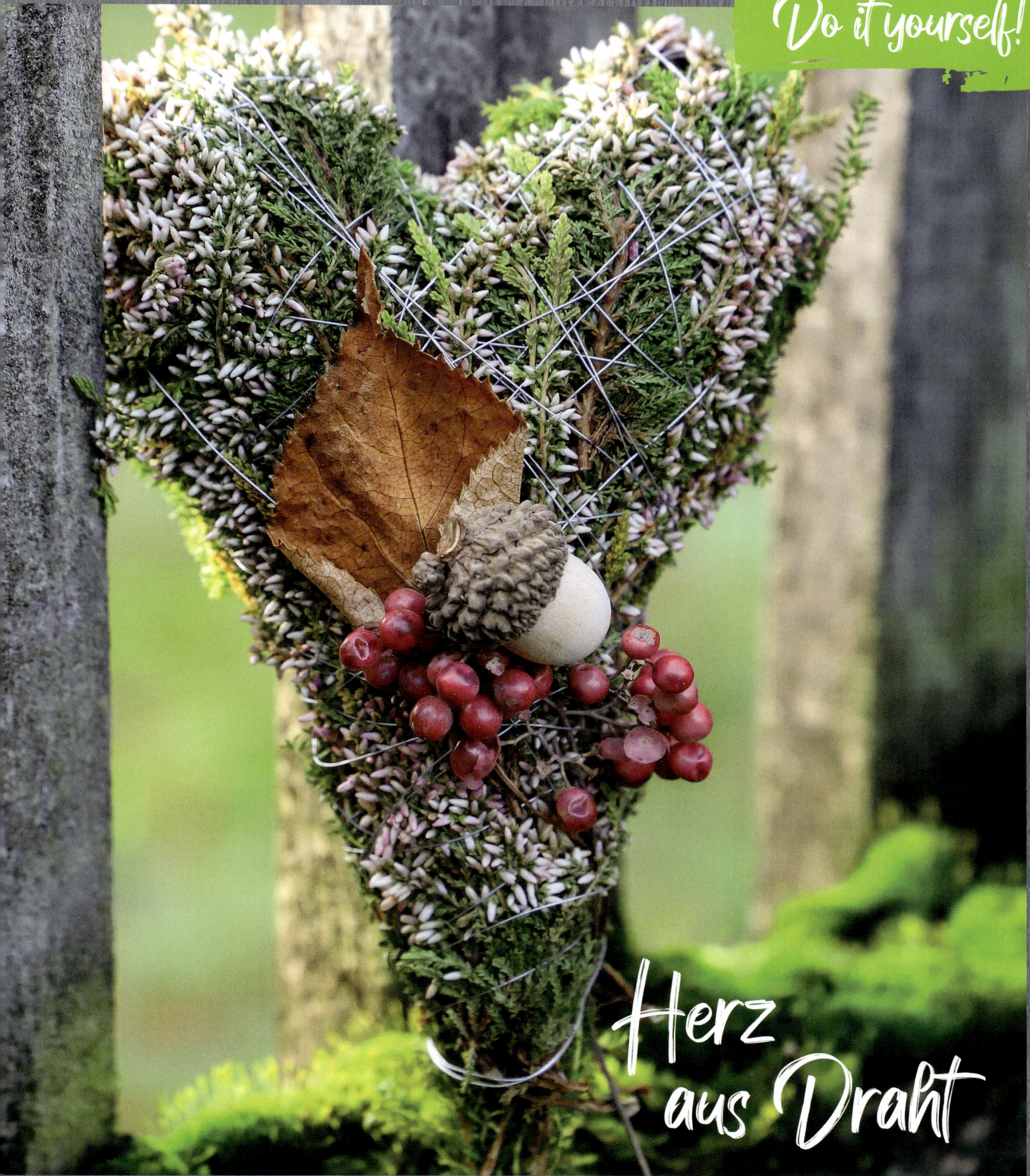

Herz aus Draht

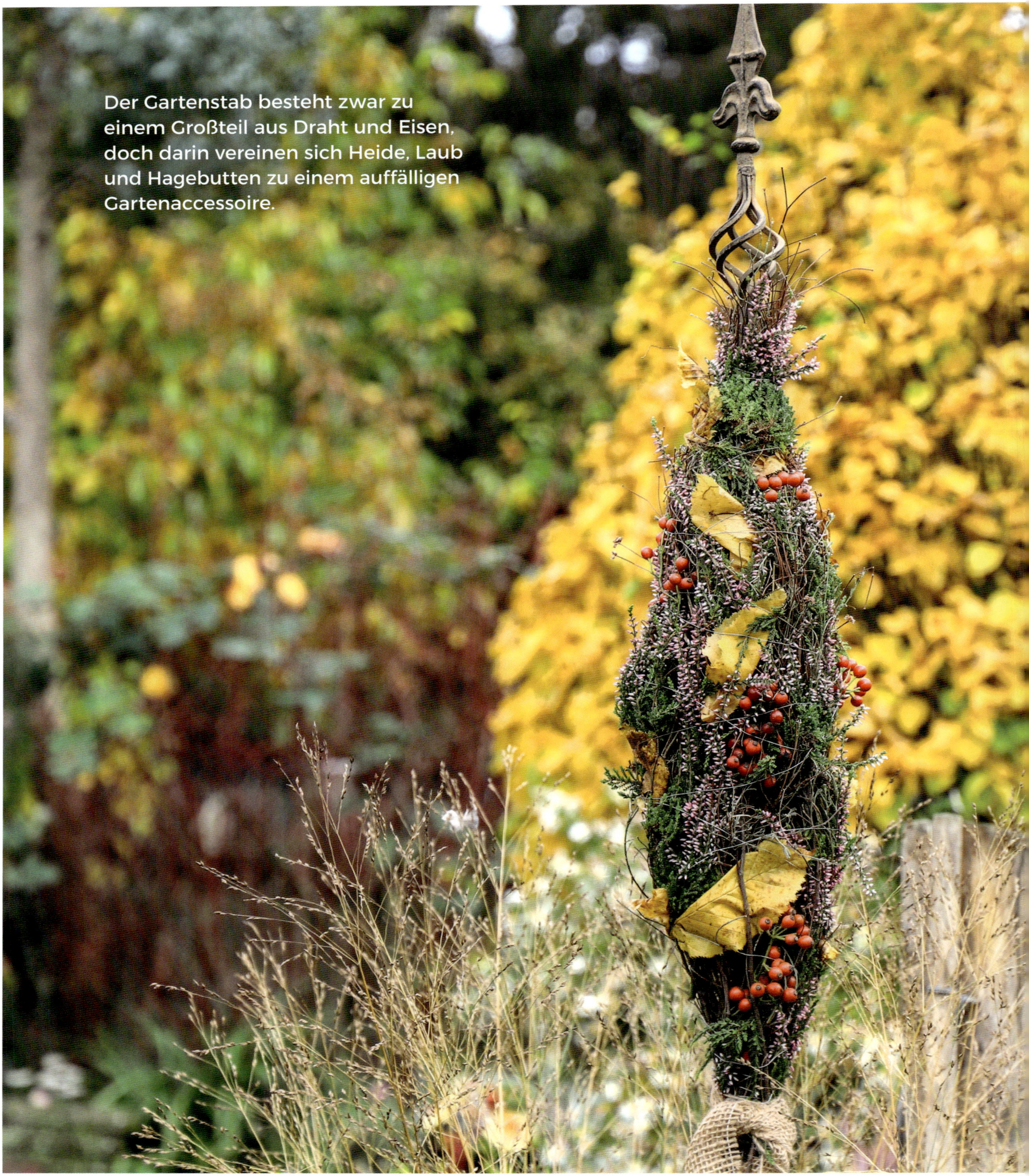

Der Gartenstab besteht zwar zu einem Großteil aus Draht und Eisen, doch darin vereinen sich Heide, Laub und Hagebutten zu einem auffälligen Gartenaccessoire.

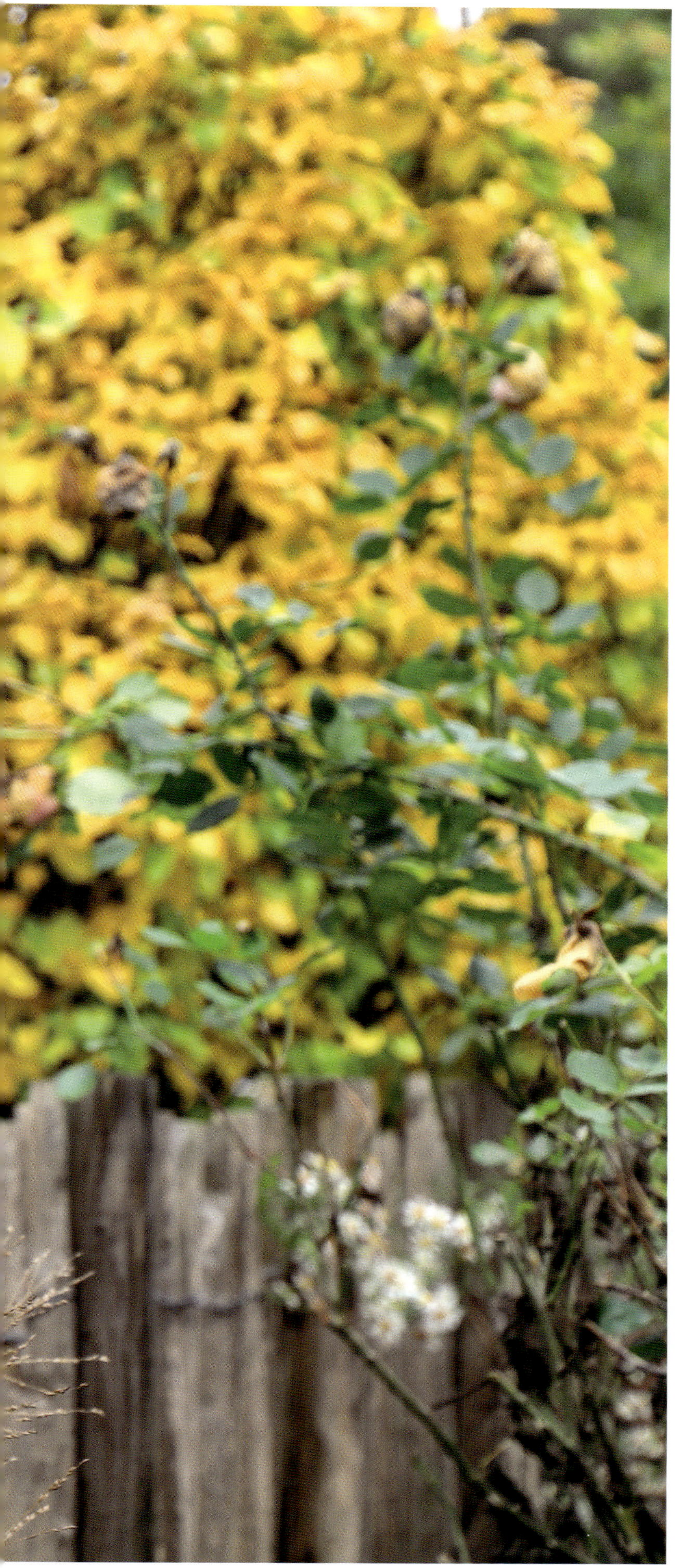

Draht mit Charme

Leicht verwittert sieht die Drahtschale aus, in der die Heidepflanze zuhause ist. Doch genau das verleiht dem Gefäß das gewisse Etwas.

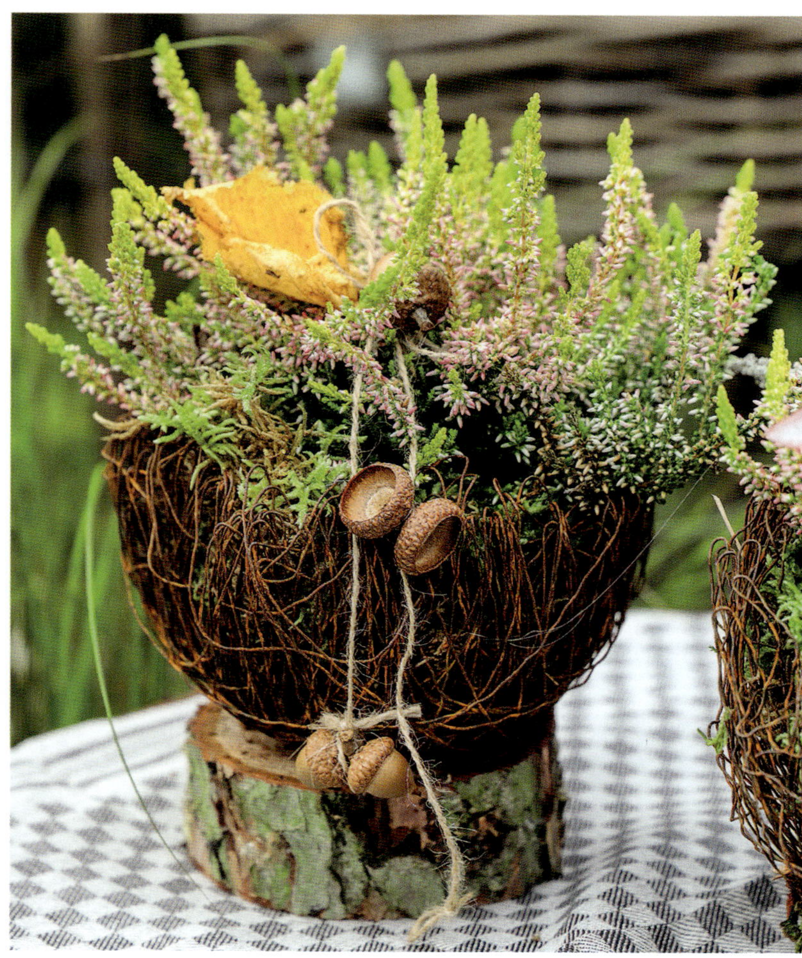

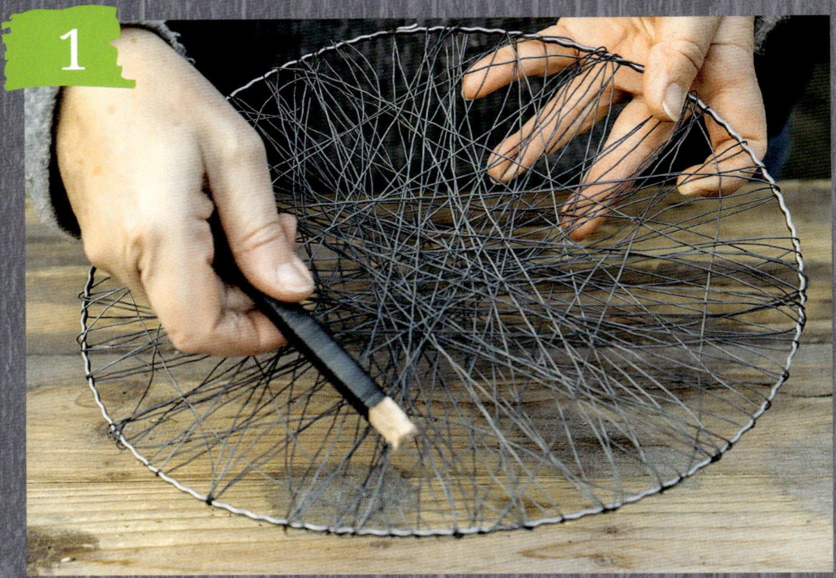

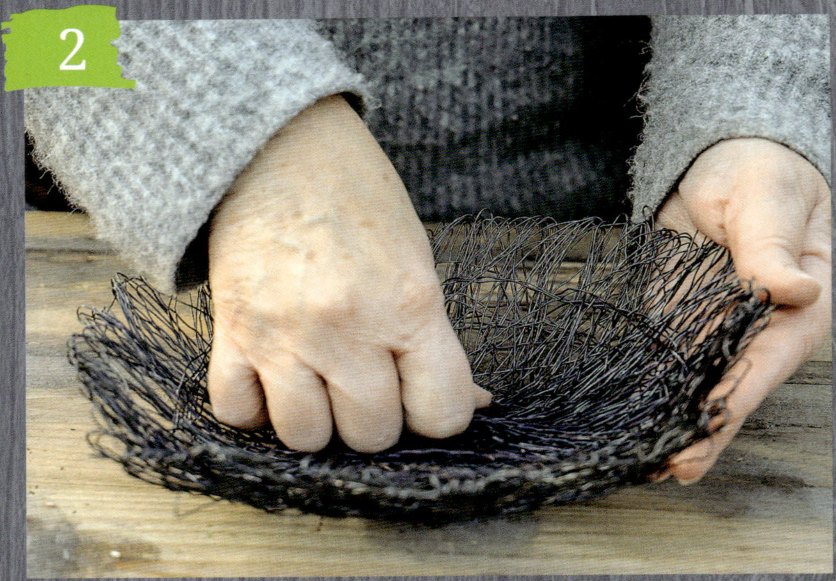

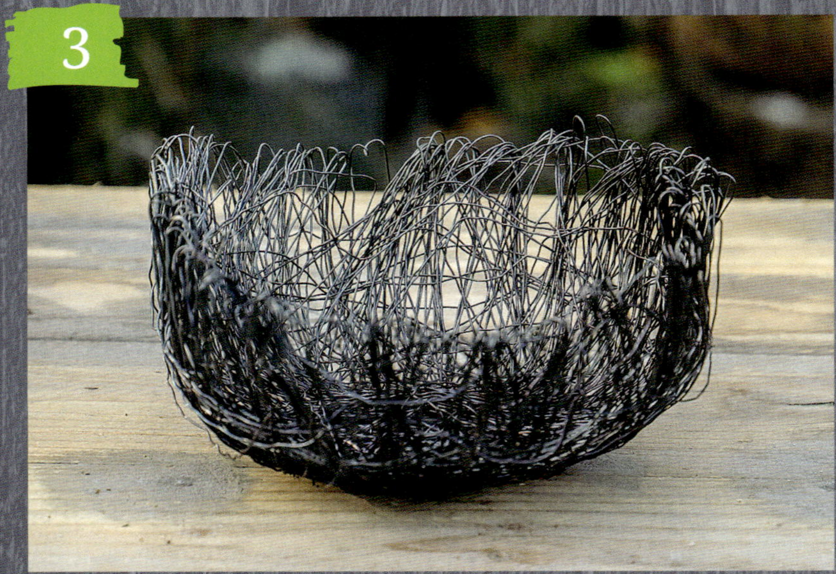

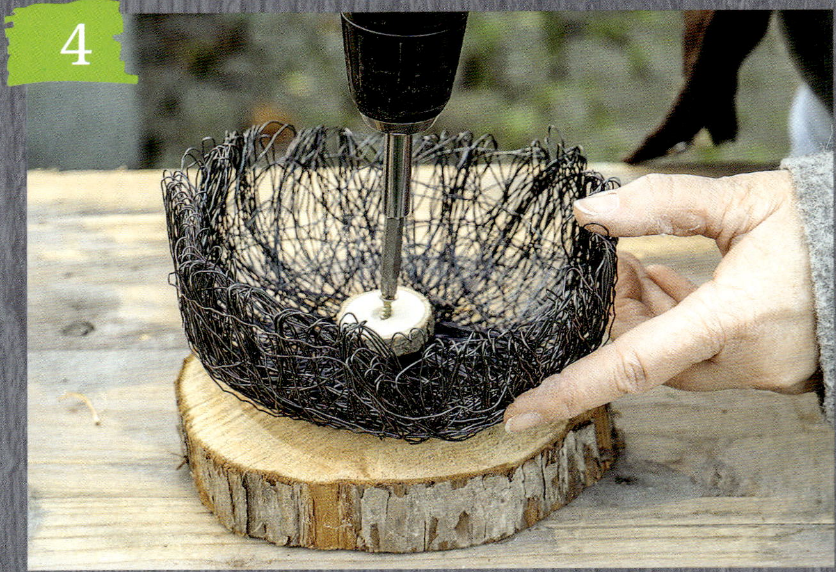

Material: 2 Drahtringe (Durchmesser ca. 25 cm), 3 Rollen Wickeldraht, 2 Baumstammscheiben (Durchmesser ca. 12 cm und 15 cm), 4 Astscheiben (Durchmesser ca. 3 cm), Ast (Länge ca. 25 cm), Schrauben, Frischblumensteckschaum und Folie

Anleitung: Zunächst für die beiden Körbe zwei Drahtringe jeweils mit Wickeldraht umwickeln (1). Für mehr Stabilität weiteren Draht durch das Gewickelte fädeln. Ist das Innere der Drahtringe gefüllt, diese am Rand vorsichtig mit dem Seitenschneider durchtrennen. Dabei aufpassen, dass die Drähte nicht beschädigt werden. Die Drahtringstücke entfernen und die Flächen in Form biegen (2), sodass ein Korb entsteht (3). Für eine Schale einen Drahtkorb auf einer Baumstammscheibe platzieren und mit einer kleineren Astscheibe festschrauben (4). Wer eine Etagere gestalten möchte, setzt einen Drahtkorb auf eine Baumstammscheibe, platziert einen Ast in der Mitte der Schale und schraubt diesen von unten fest. Eine zweite Schale samt Baumstammscheibe wird oberhalb auf den Ast gesetzt und mithilfe einer Astscheibe festgeschraubt. Kleinere Astscheiben können nach Belieben unter der unteren Schale als Füße angebracht werden.
Zum Dekorieren die Körbe jeweils mit Folie auslegen und gewässerten Frischblumensteckschaum hineinlegen. Mit verschiedenen Blüten und Früchten schmücken.

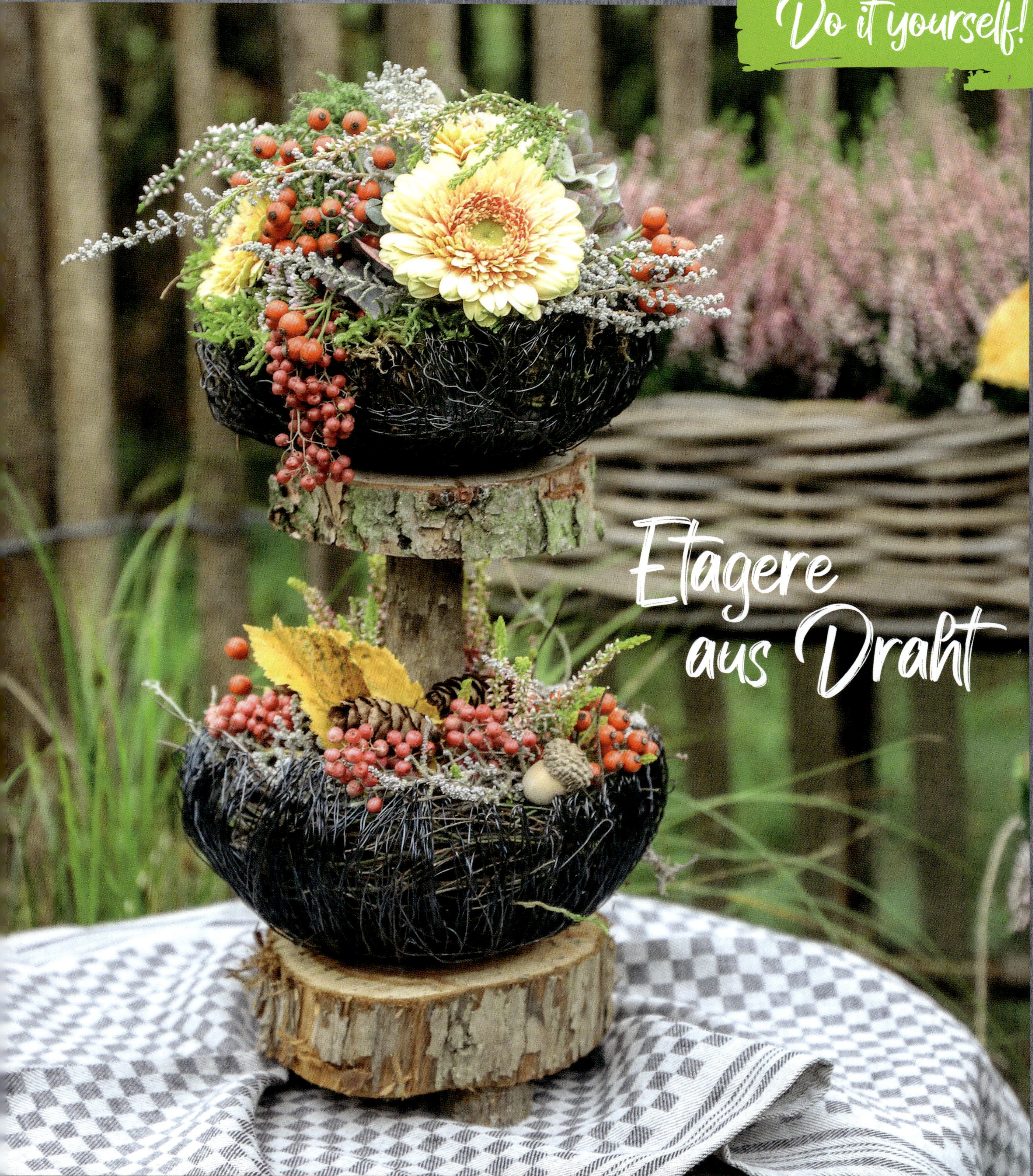

Etagere aus Draht

1

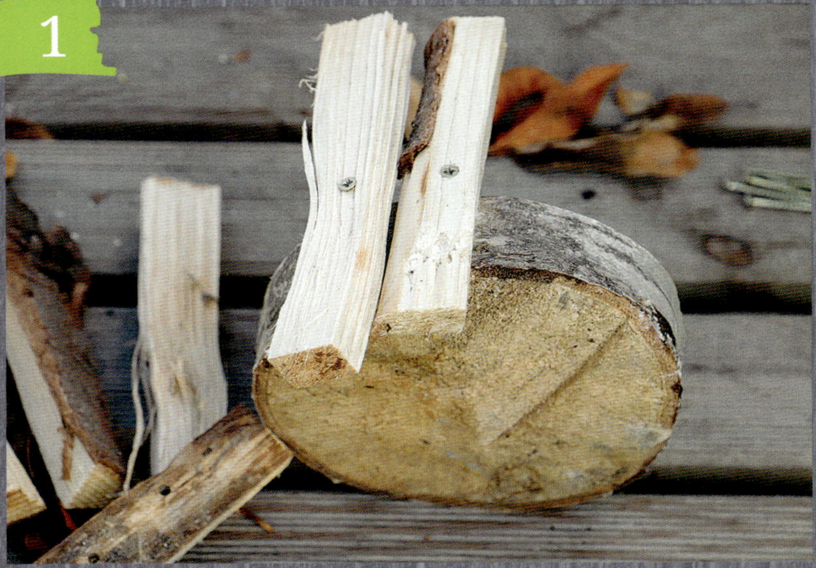

2

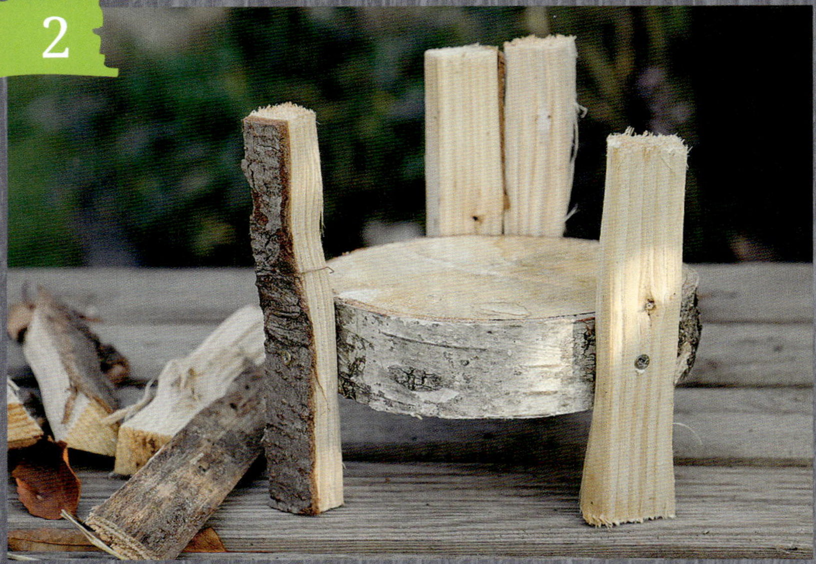

3

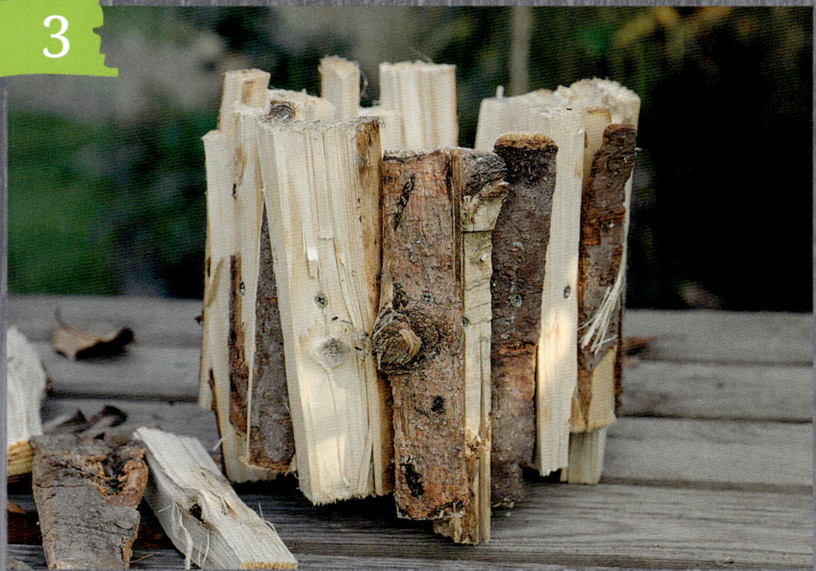

Holzgefäß aus Holzspalten

Material: Baumstammscheibe, Holzspalten, Schrauben, Folie sowie herbstliche Pflanzen wie Heide, Silberblatt, Alpenveilchen und Currykraut

Anleitung: Die Holzspalten dicht an dicht rund um die Baumstammscheibe anschrauben (1 + 2), sodass diese am Ende komplett verdeckt ist (3). Sollten Lücken entstehen, eine weitere Lage Holzspalten befestigen. Das Gefäß mit Folie auslegen. Dabei darauf achten, dass sich einige Löcher in der Folie befinden, damit keine Staunässe bei Regen oder zu vielem Gießen entsteht. Die Herbstpflanzen einsetzen.

Tipp

Anzündholz lässt sich besonders gut für die Ummantelung des Gefäßes verwenden.

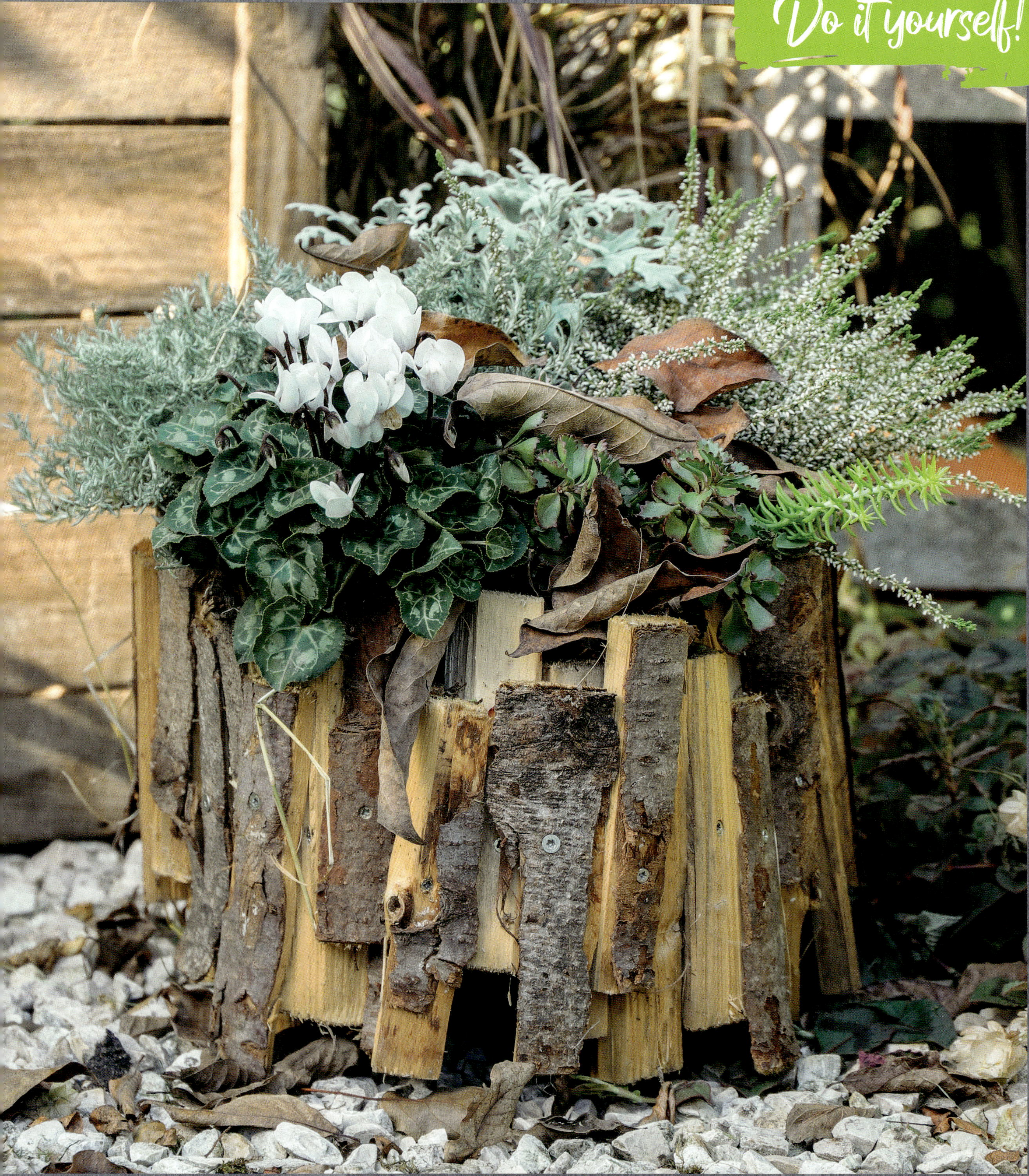

Heimisch mit Fundstücken wie Zapfen und Co.

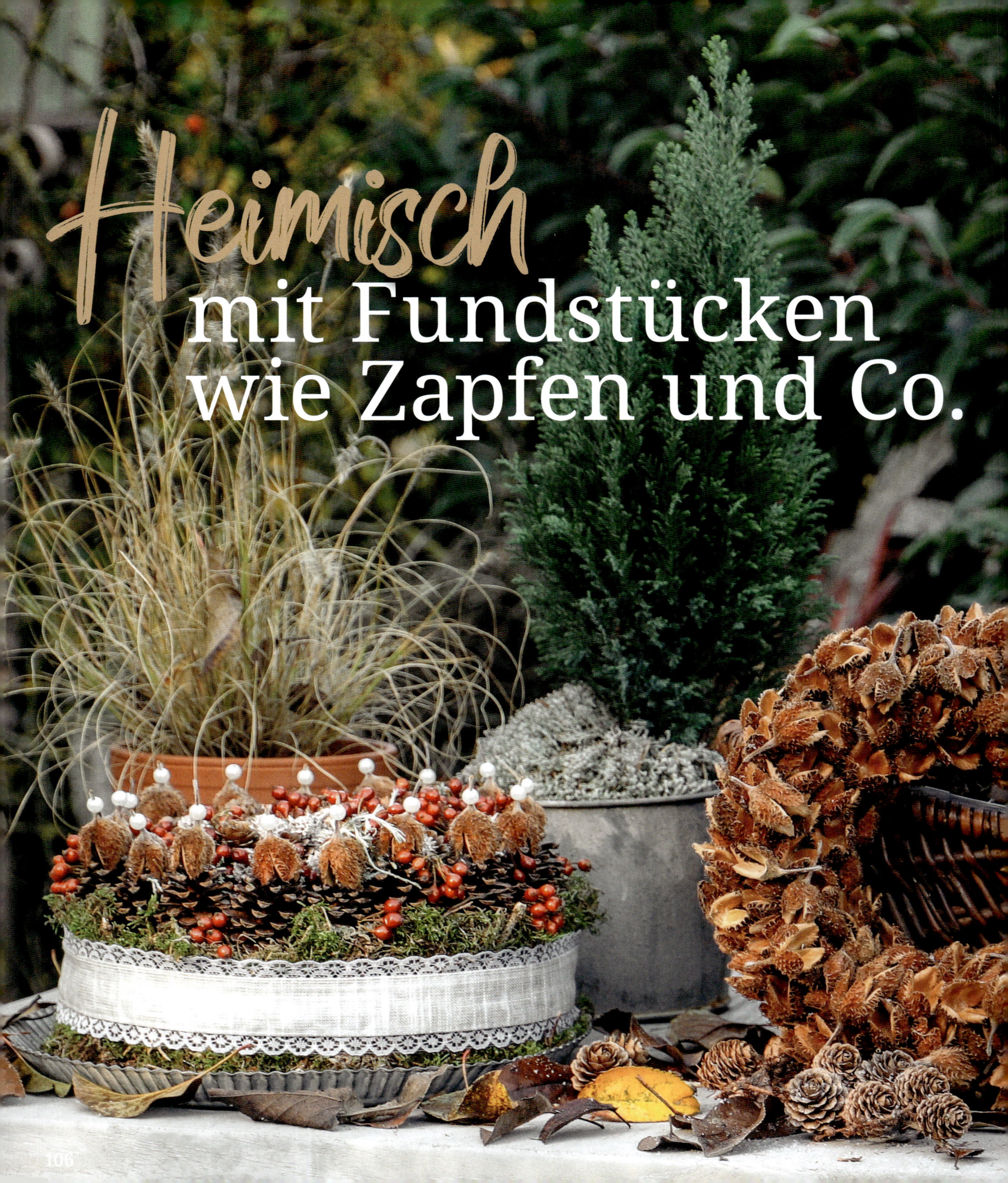

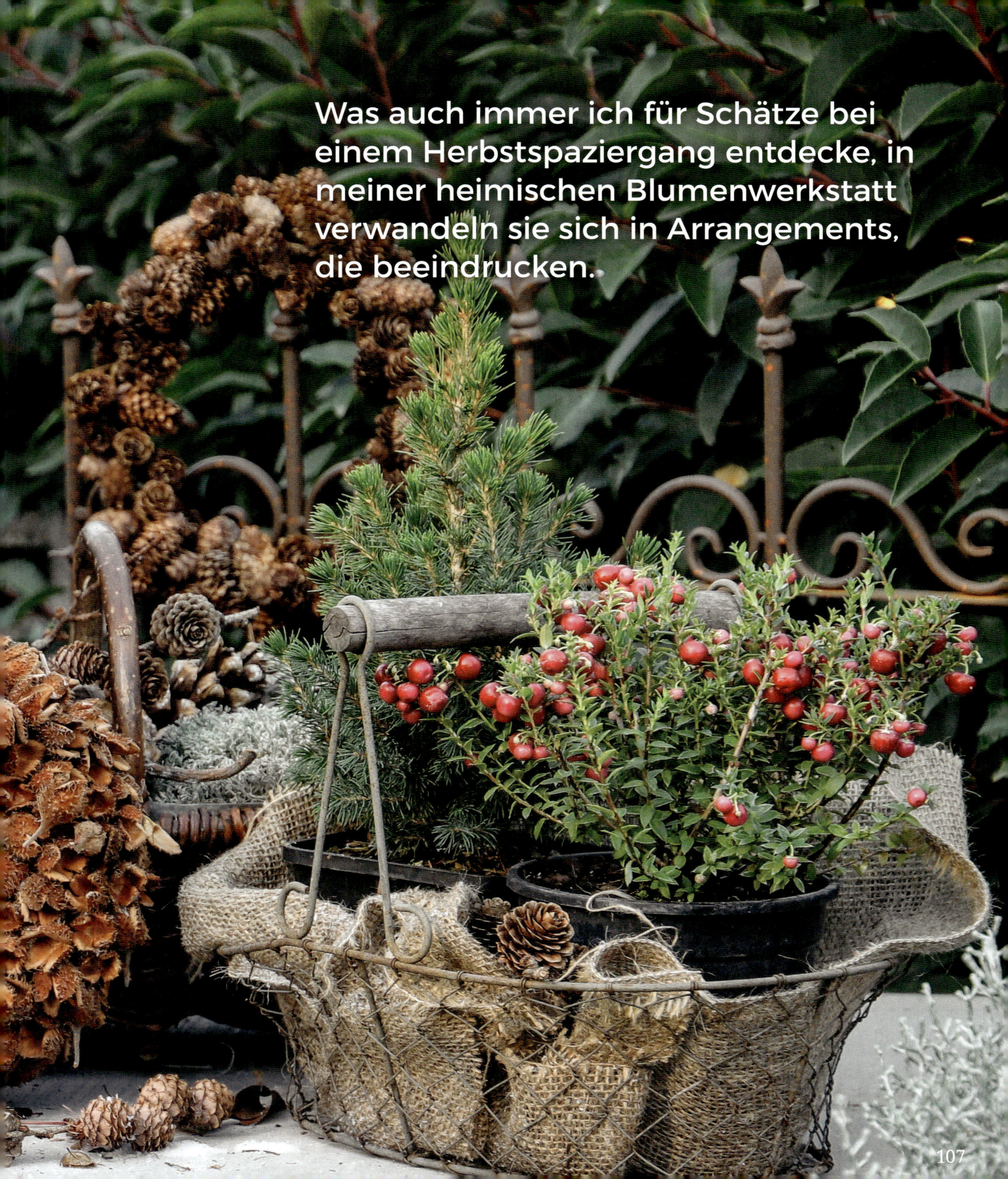

Was auch immer ich für Schätze bei einem Herbstspaziergang entdecke, in meiner heimischen Blumenwerkstatt verwandeln sie sich in Arrangements, die beeindrucken.

1

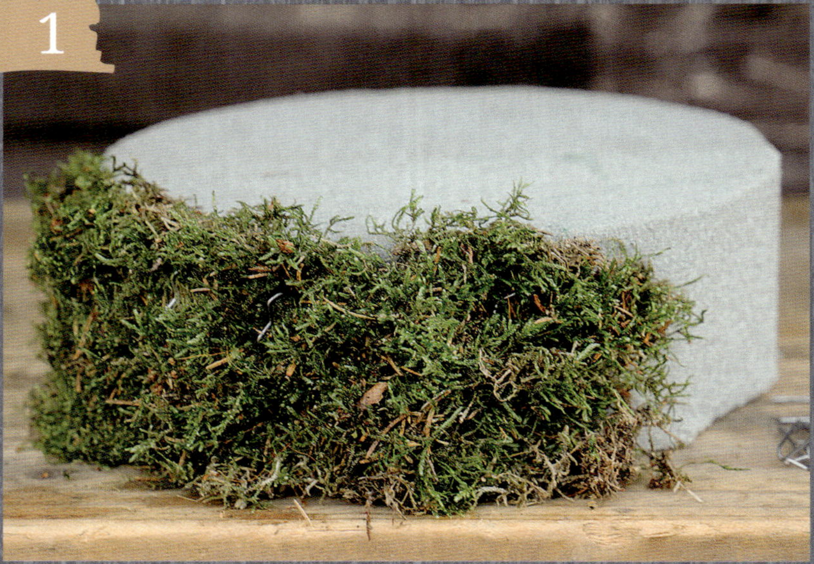

2

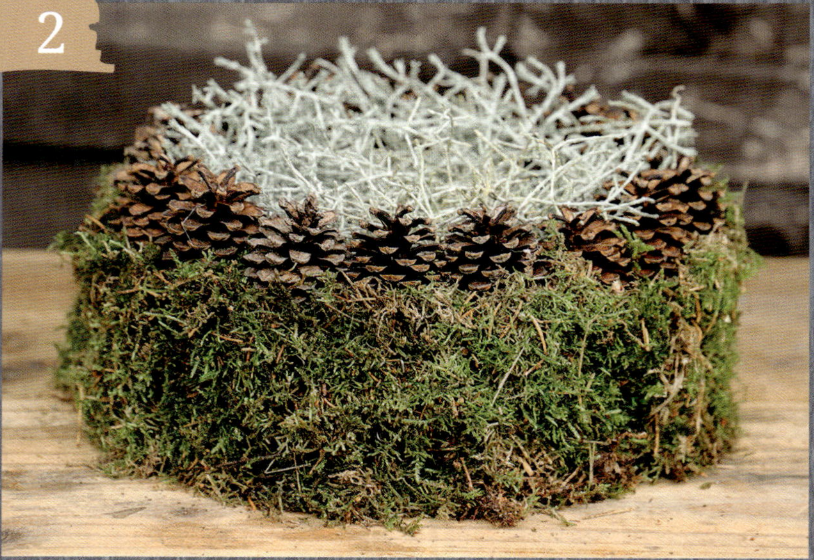

3

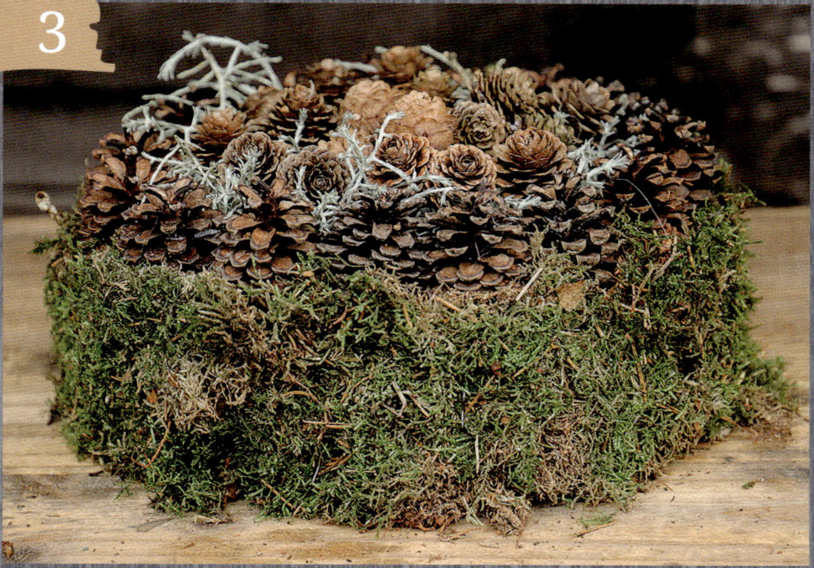

Zapfentorte

Material: Torte aus Trockenblumensteckschaum, Perlen, Schmuckband, Zinkteller, Heißkleber, Patenthaften sowie Moos, verschiedene Zapfen, Stacheldrahtpflanzen, Hagebutten und Bucheckern

Anleitung: Mit Moos die Tortenseiten komplett mittels Patenthaften bedecken (1). Kiefernzapfen entweder andrahten oder mit Heißkleber auf dem Tortenrand befestigen. Stacheldrahtpflanze in Büscheln zusammennehmen, auf der Oberfläche verteilen (2) und mit Patenthaften anbringen. Kleinere Lärchenzapfen auf der Oberseite auflegen (3). Dann Bucheckern auf die Zapfenspitzen kleben und mit jeweils einer Perle dekorieren. Hagebutten nach Belieben einarbeiten. Zum Schluss die Torte auf einen Zinkteller stellen und mit Schmuckband verzieren.

Tipp

Wie die Trockenblumensteckschaum-Basis hergestellt wird, erfahrt Ihr auf den Seiten 92/93.

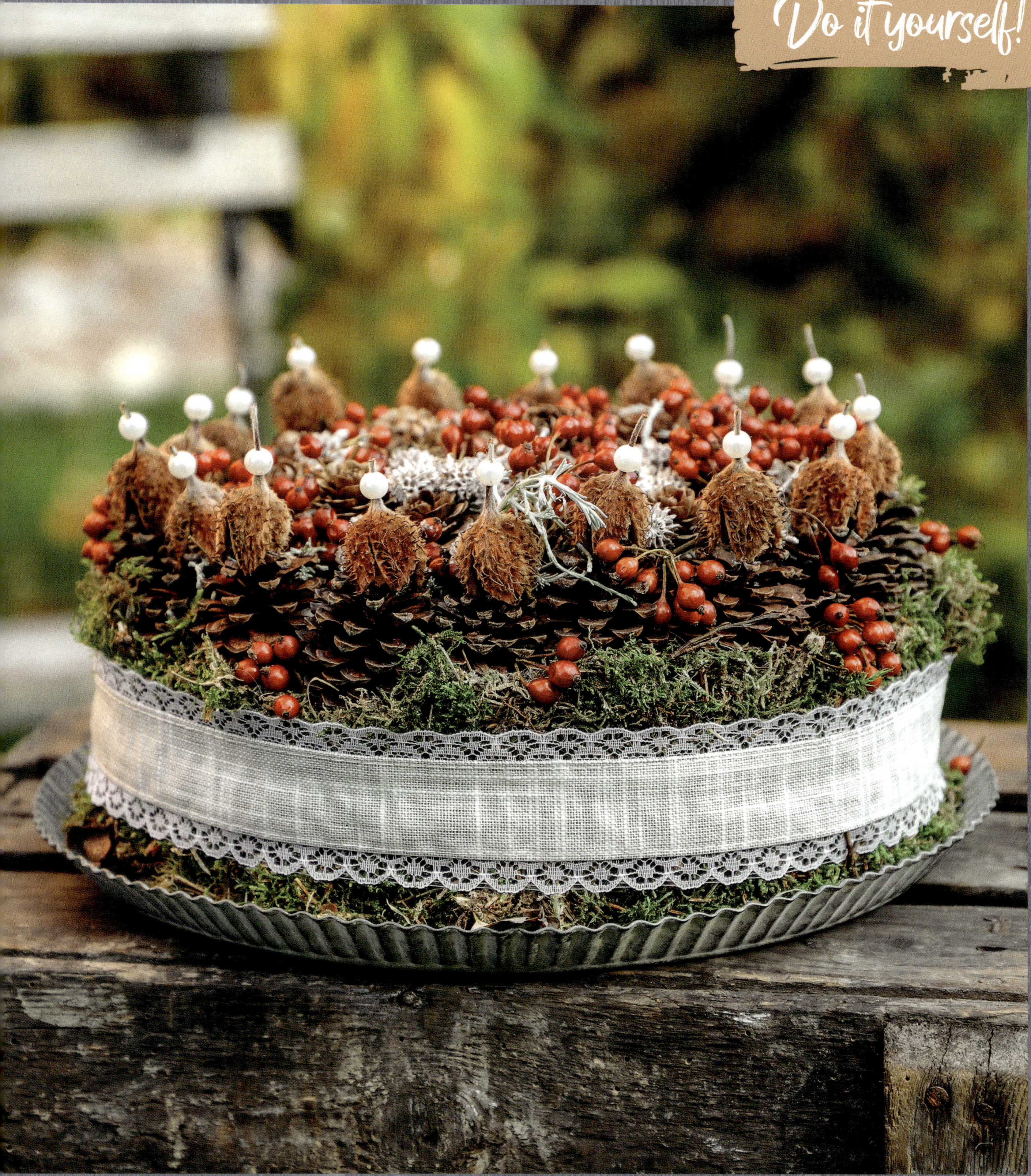

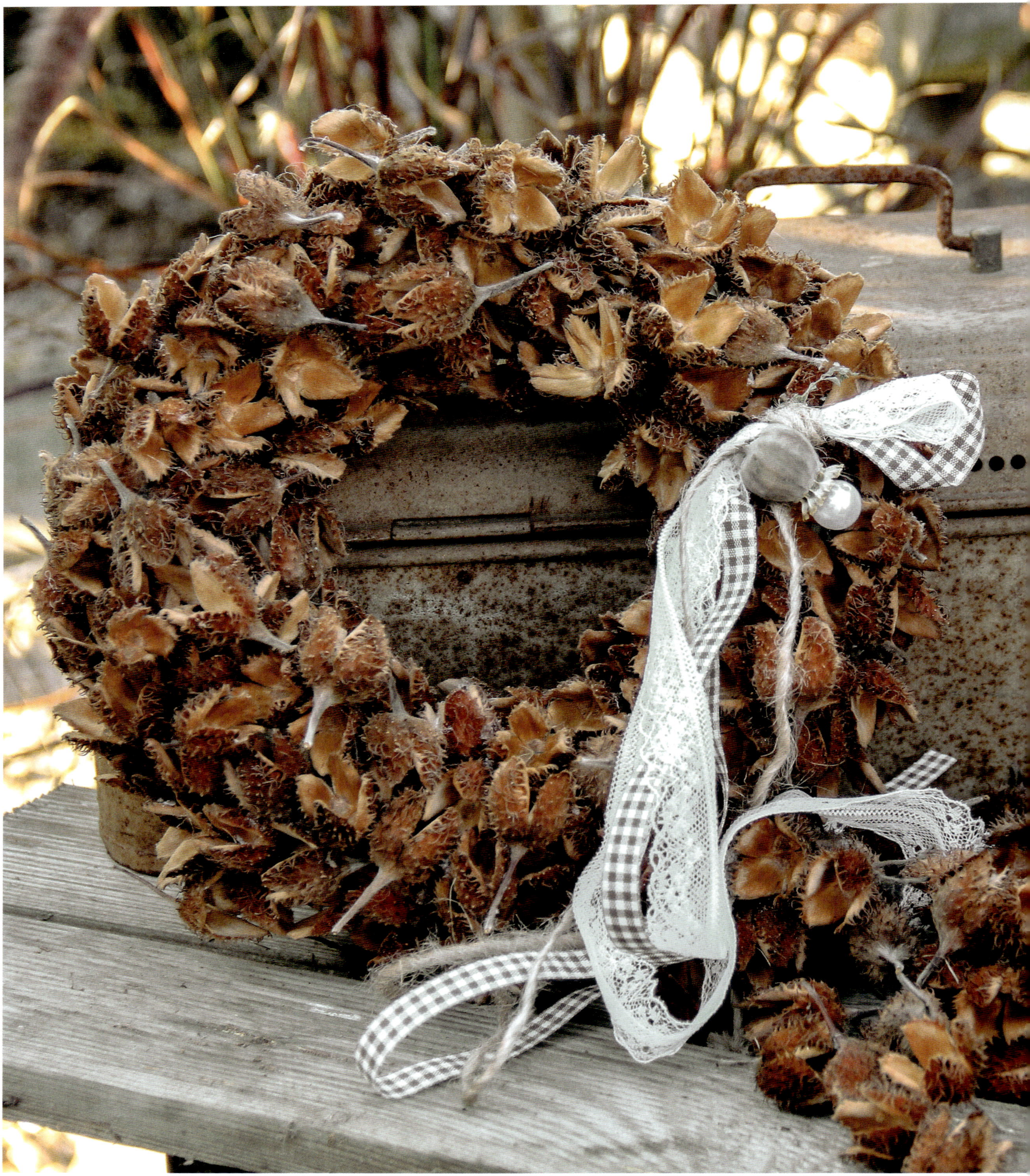

Beeindruckende Bucheckern

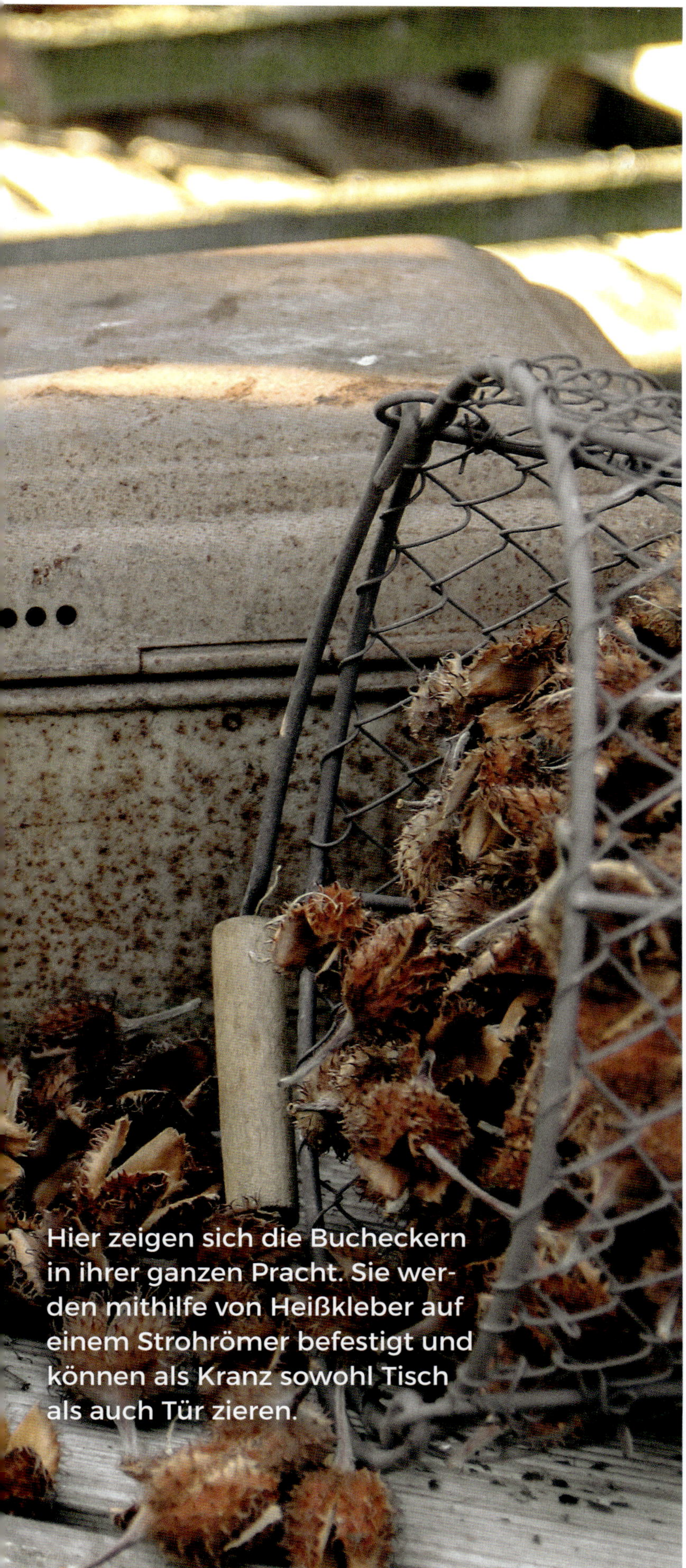

Hier zeigen sich die Bucheckern in ihrer ganzen Pracht. Sie werden mithilfe von Heißkleber auf einem Strohrömer befestigt und können als Kranz sowohl Tisch als auch Tür zieren.

Auch einzelne Zweige mit Bucheckern sind ein Hingucker. In einer Vase arrangiert, können sie so langsam eintrocknen.

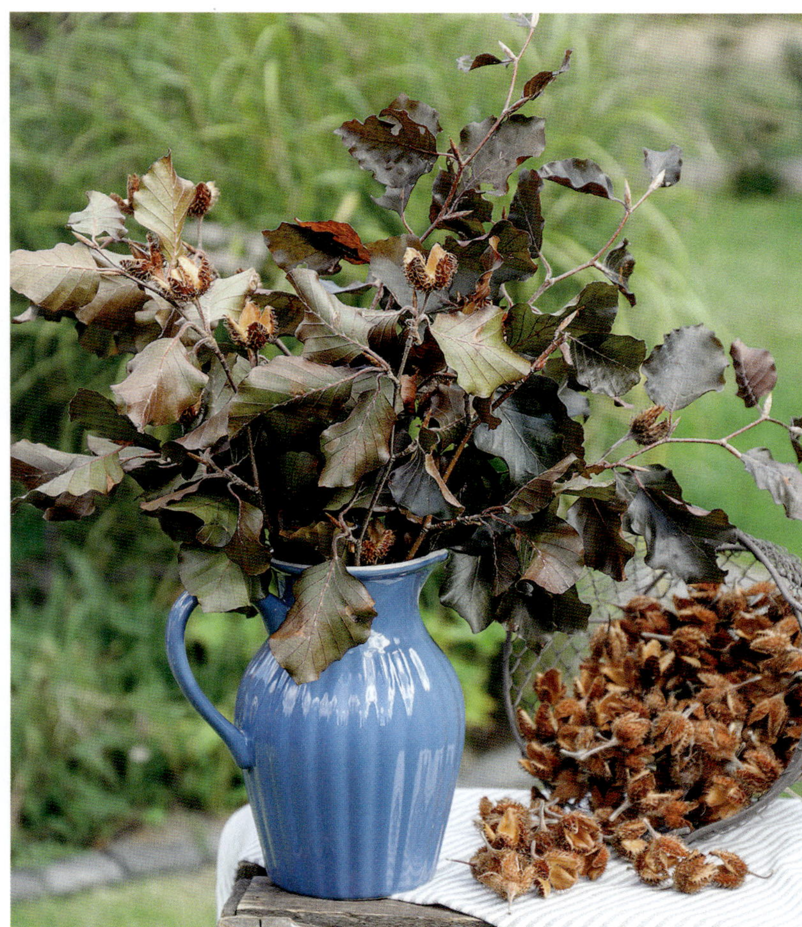

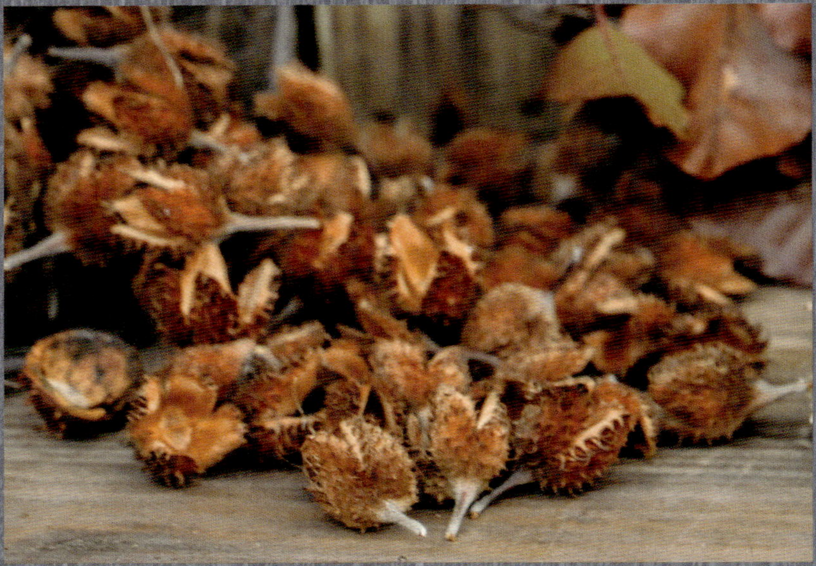

Kranz aus Bucheckern

1

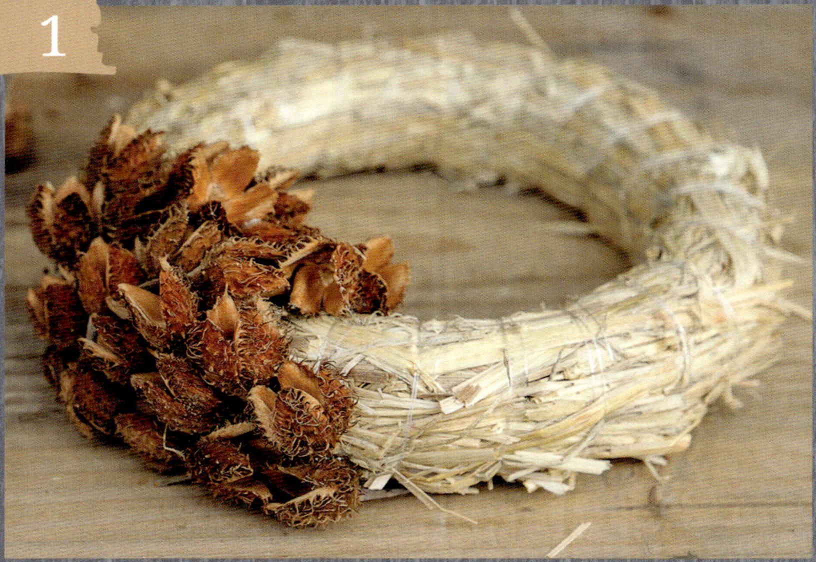

Material: Strohrömer (Durchmesser ca. 20 cm), Heißkleber, Schmuckband sowie Bucheckern

Anleitung: Die Bucheckern nach und nach rund um den Strohrömer festkleben (1). An einer Stelle den Kranz mit Schmuckband umwickeln und dieses als Aufhängung nutzen.

Tipp

Wird dieser Kranz trocken gelagert, hat man viele Jahre Freude daran.

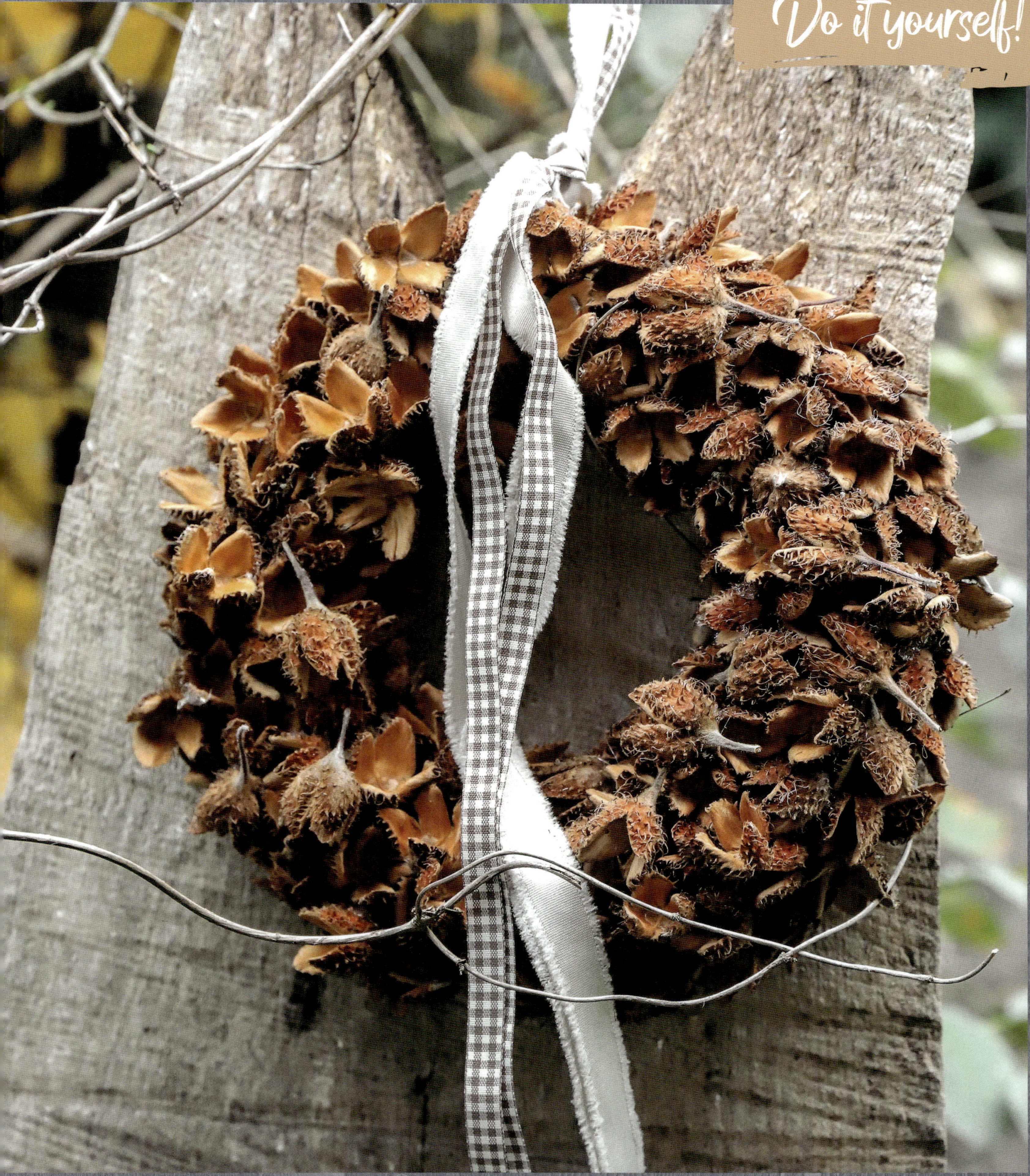

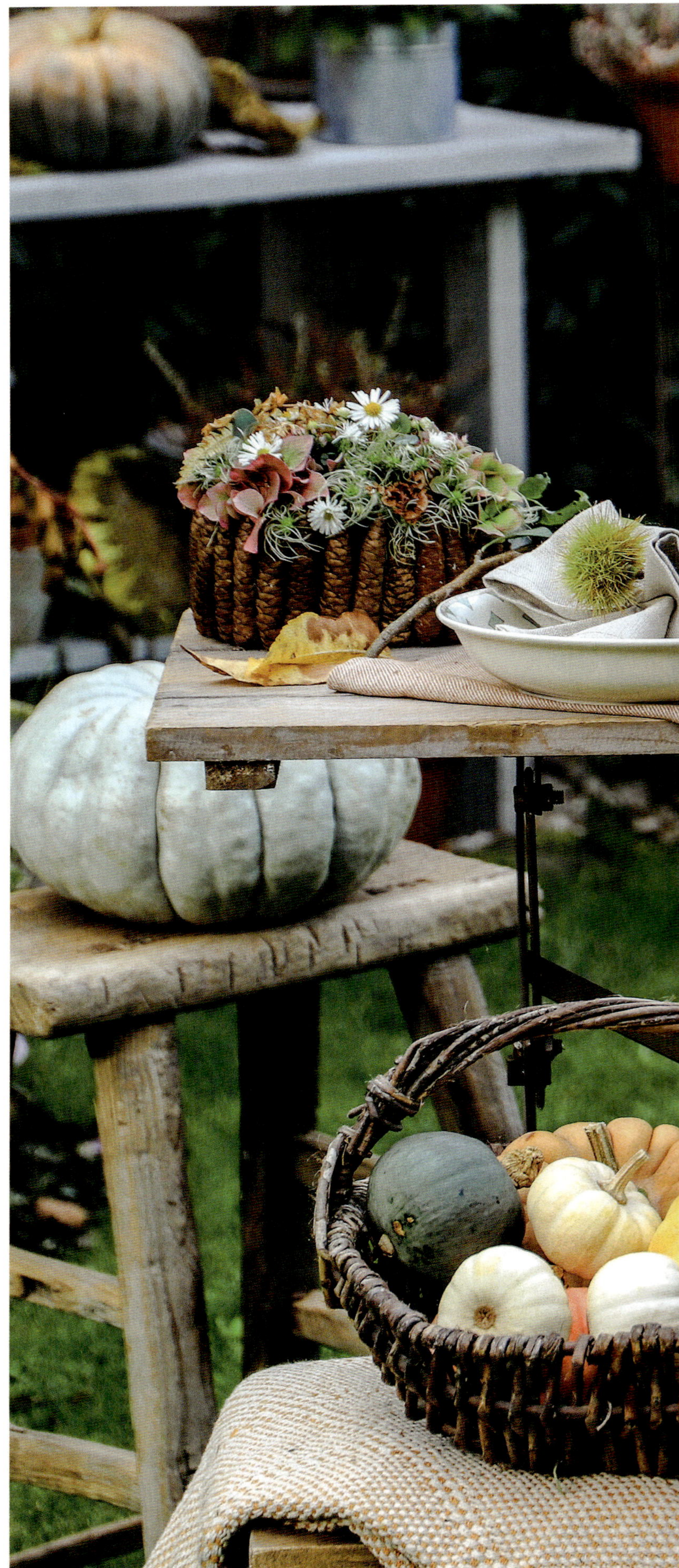

Zum Anbeißen!

Mit Blüten geschmückt und mit Zapfen ummantelt. Ein besonderes Mitbringsel für liebe Menschen.

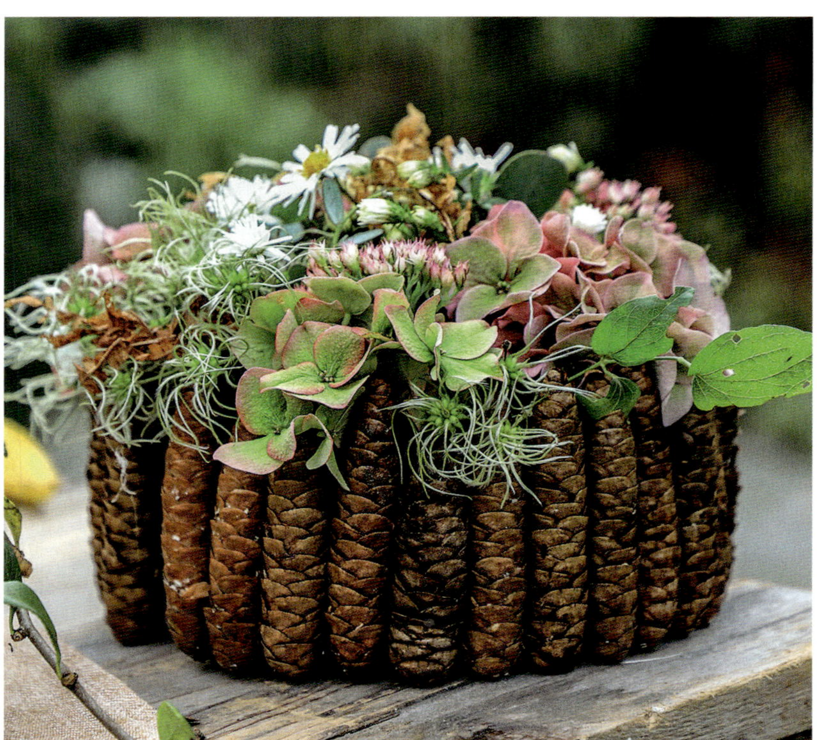

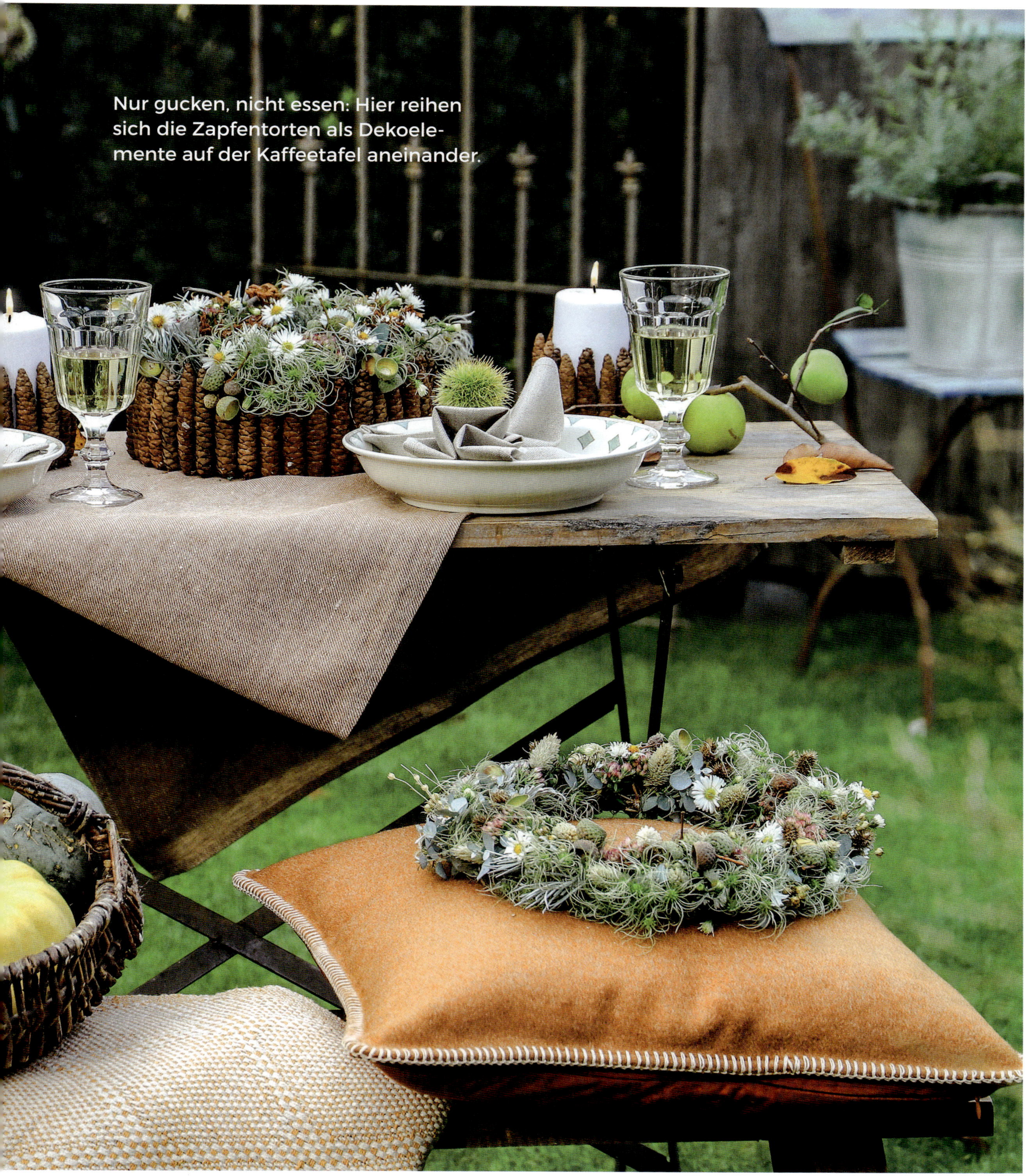

Nur gucken, nicht essen: Hier reihen sich die Zapfentorten als Dekoelemente auf der Kaffeetafel aneinander.

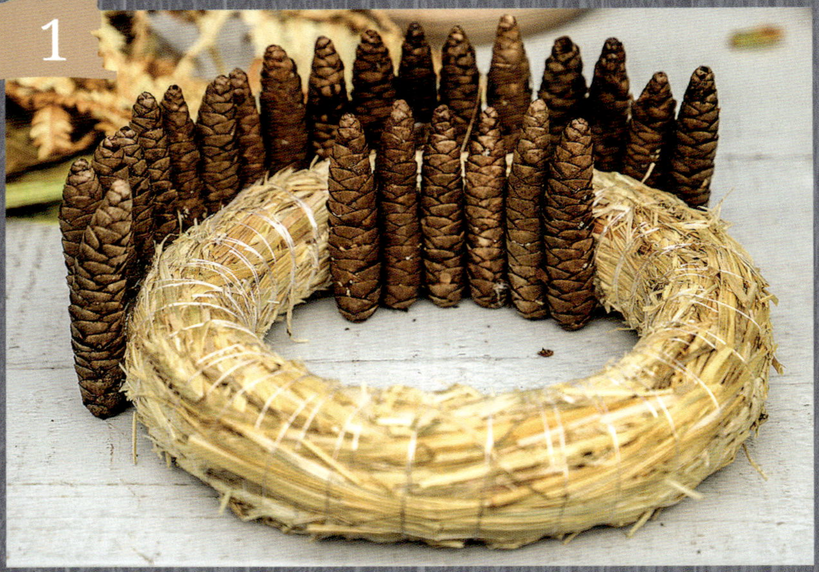

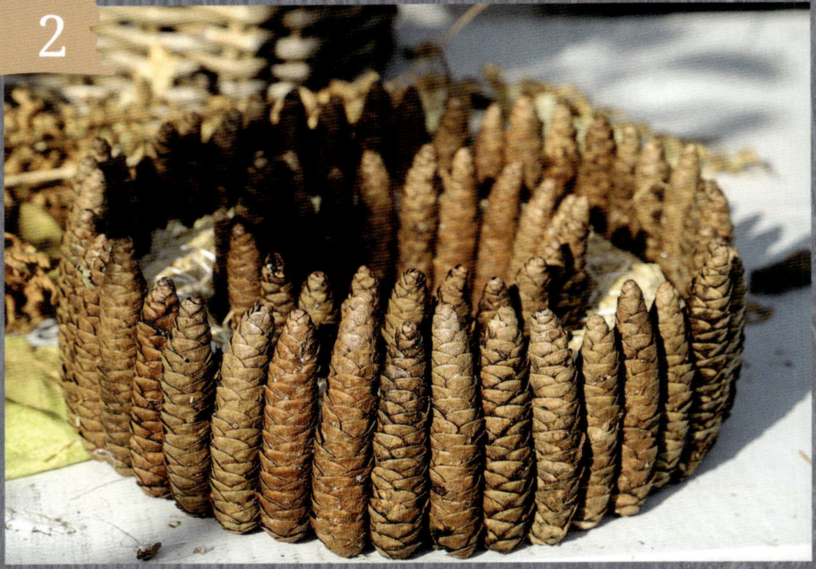

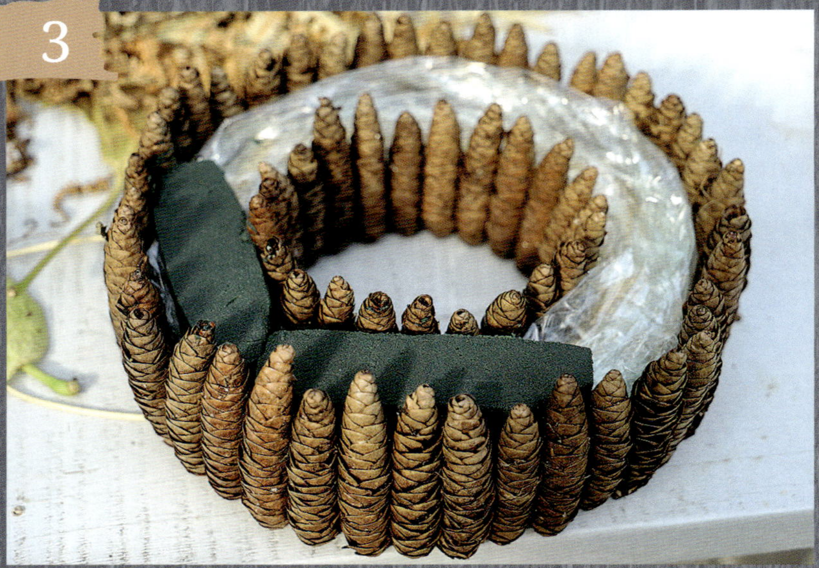

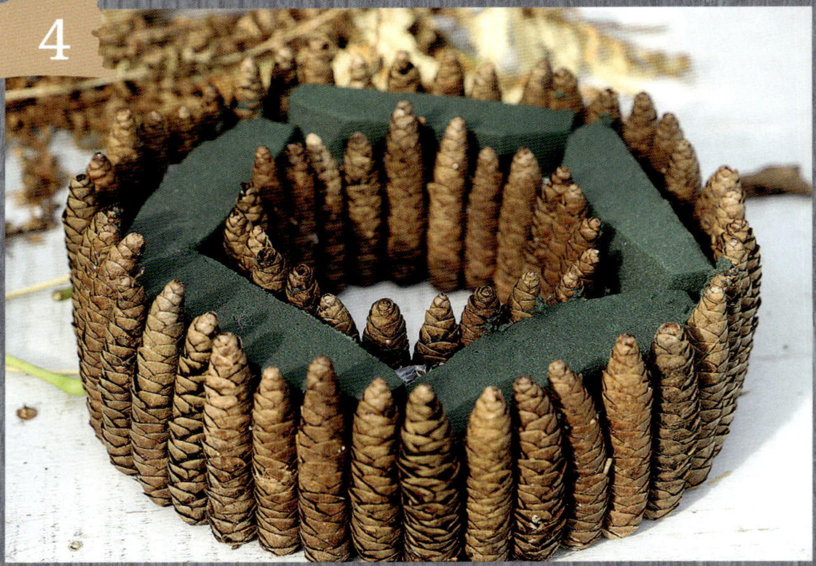

Material: Strohrömer (Durchmesser ca. 20 cm), Frischblumensteckschaum, Folie, Heißkleber sowie Weymouth-Kiefern-Zapfen, Astern, Eukalyptus, Clematis-Fruchtstände, Fetthennen, Eicheln und getrocknete Farnwedel

Anleitung: Die Innen- und Außenseite des Strohrömers senkrecht mit länglichen Zapfen bekleben (1 + 2). Die Innenfläche zwischen den Zapfen mit Folie auslegen (3) und gewässerten Frischblumensteckschaum darauf platzieren (4). Die Blumenstiele auf ca. 10 cm kürzen und einstecken.

Tipp

Alternativ zu den Frischblumensteckschaum-Ziegeln könnt Ihr auch einen Steckschaum-Ring in einer Kunststoffschale verwenden.

Zapfen-Ring

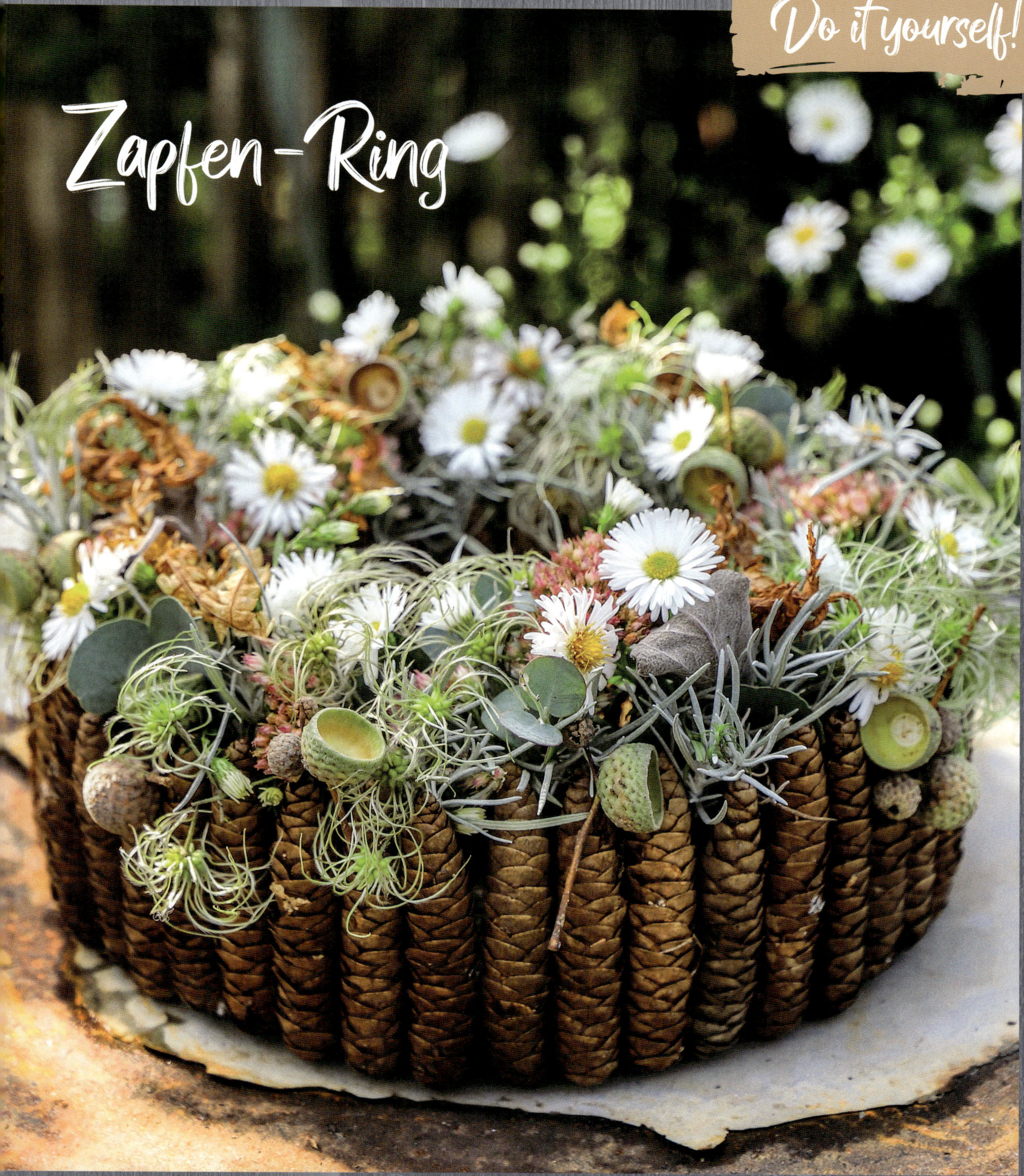

Heimisch mit Fundstücken wie Zapfen und Co.

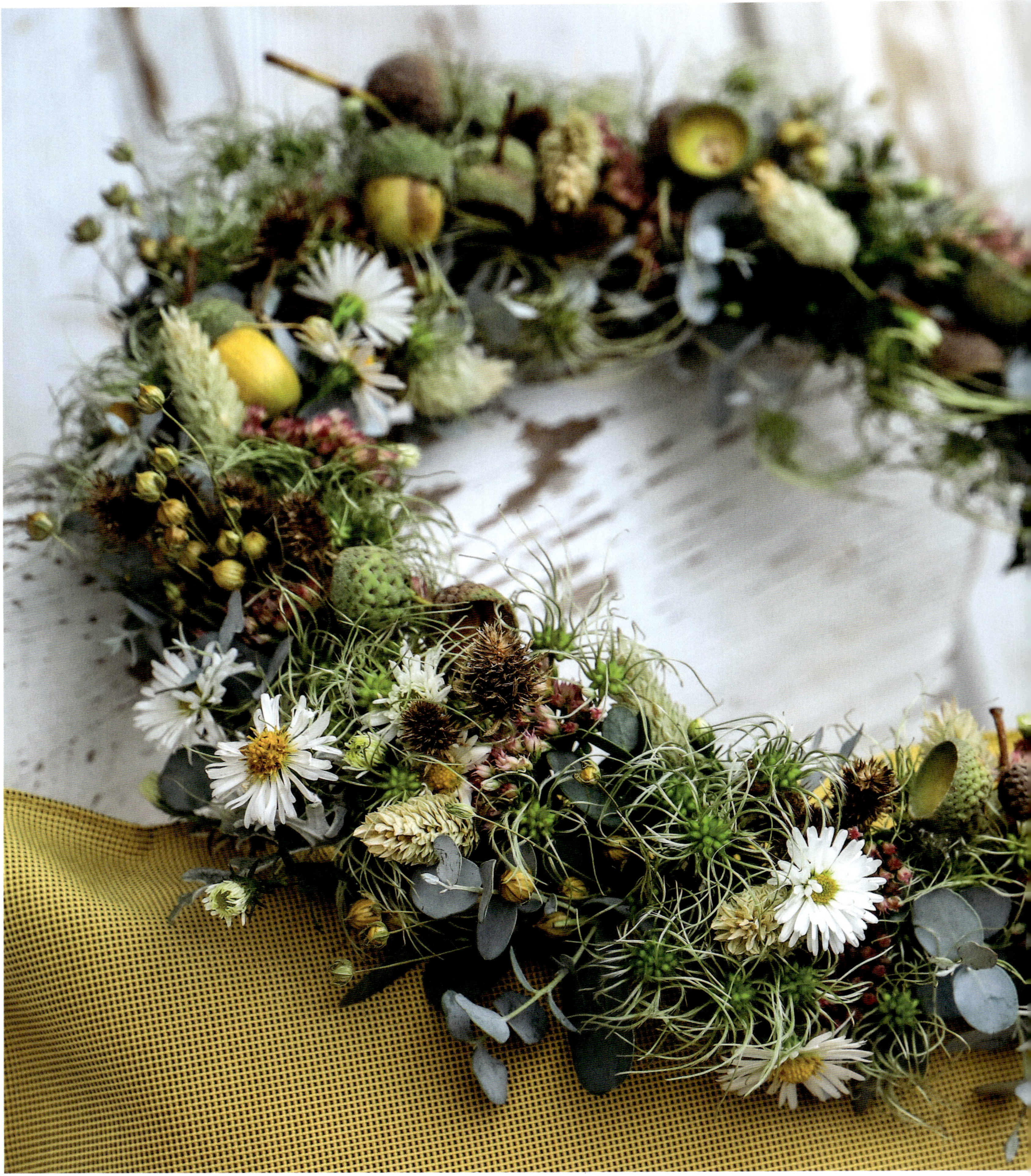

Voll im Trend liegen aktuell Dekoreifen. Hier ist einer über und über mit Eukalyptus, Astern und vielen anderen kleinteiligen Floralien bewickelt. Übrigens: Auch in eingetrockneter Version ist der Kranz eine Augenweide.

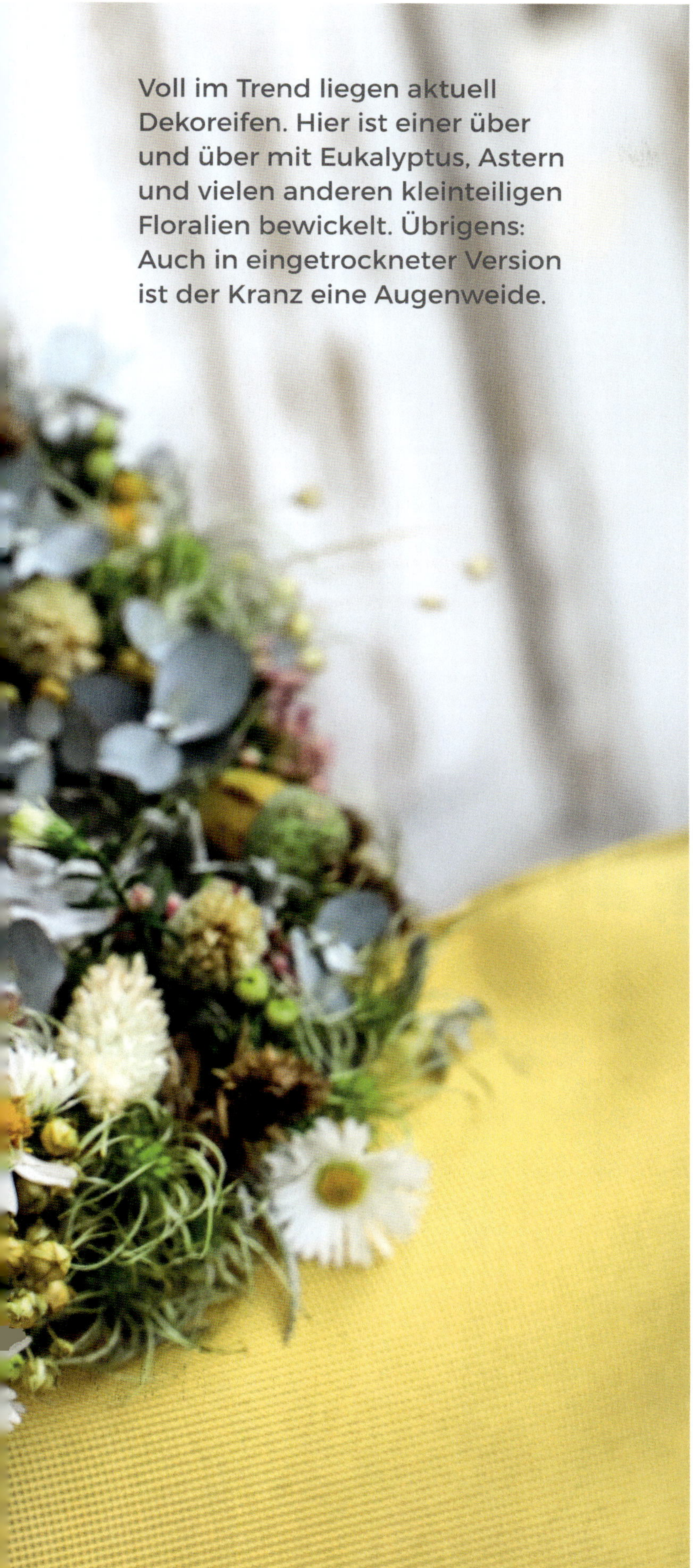

Blumige Versuchung

Mit wenigen Mitteln lassen sich auch Kerzen blumig verzieren. Hier ist eine Stumpenkerze mit Schnur umwickelt, in die Astern eingeschoben werden. Aber nicht zu hoch dekorieren, damit sich bei brennender Kerze nichts entzünden kann!

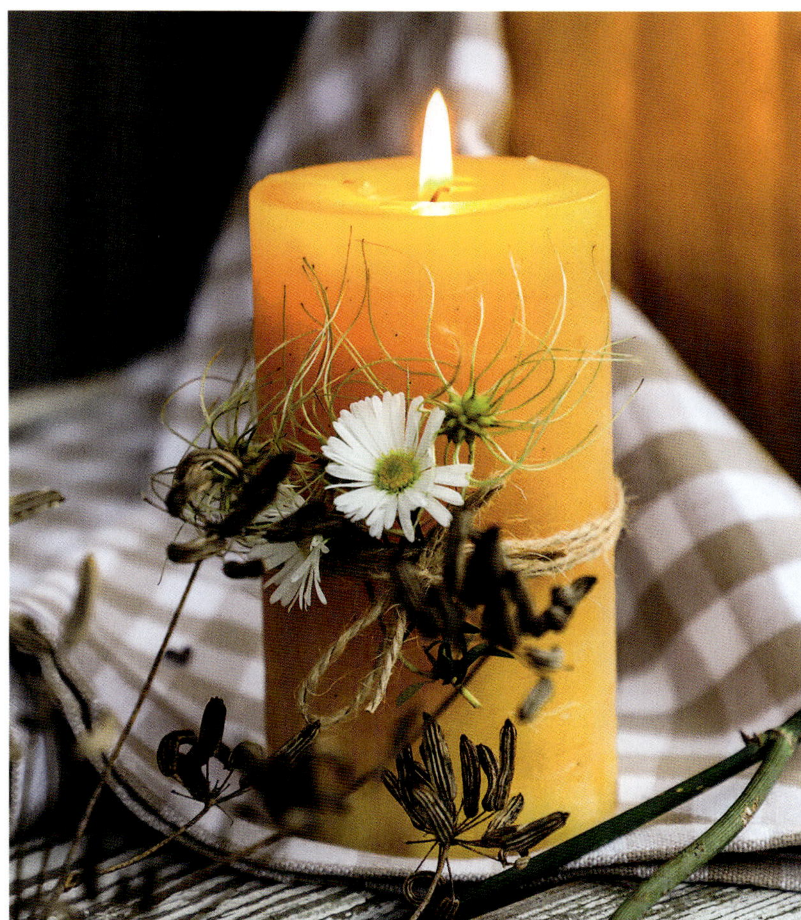

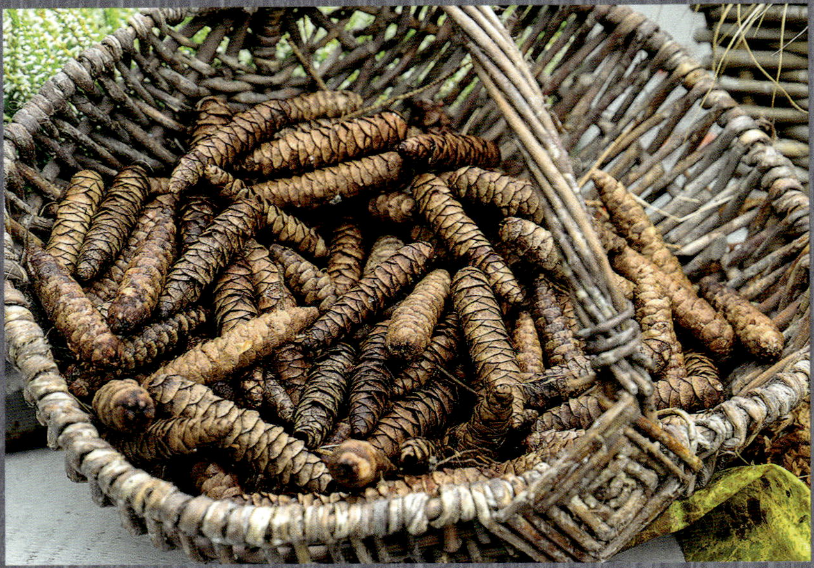

Kerzenhalter aus Zapfen

1

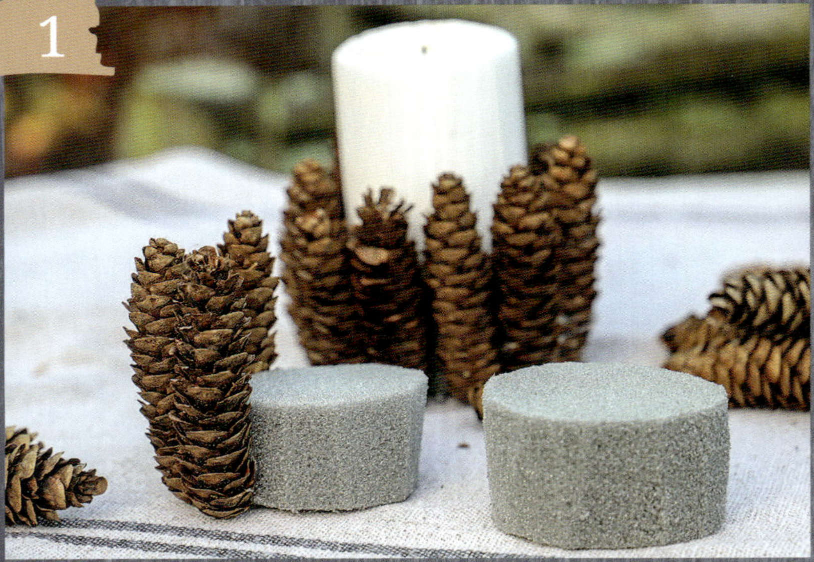

Material: Trockenblumensteckschaum-Ziegel, Heißkleber, Kerze sowie Weymouth-Kiefern-Zapfen

Anleitung: Den Trockenblumensteckschaum passend zur Kerzengröße zuschneiden. Die Seitenränder mit Zapfen bekleben (1) und die Kerze einstellen.

Tipp

Wenn Ihr eine größere Zapfenart verwendet, entstehen beim Gestalten auch größere Gefäße.

Do it yourself!

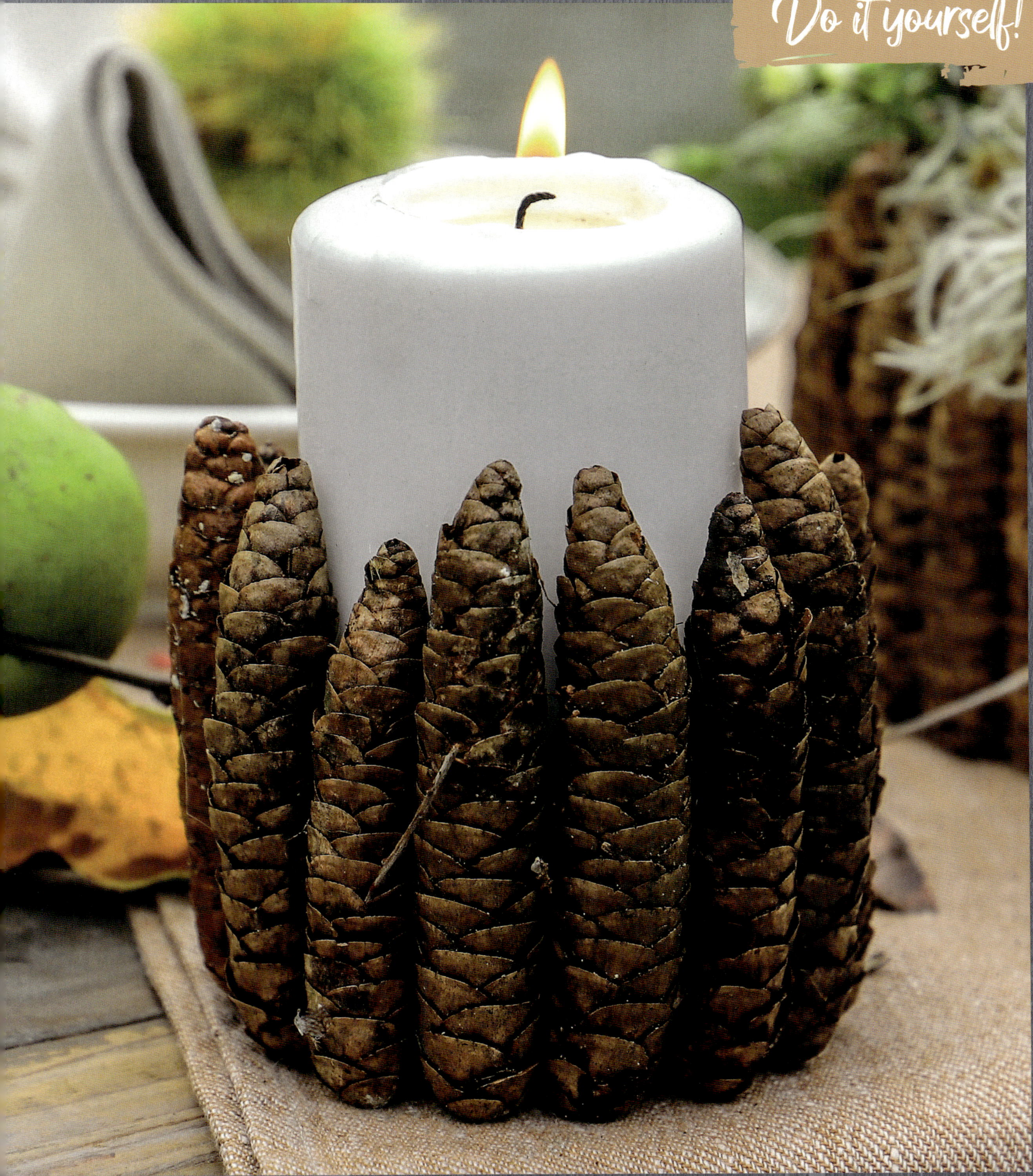

Meine Pflanzenvielfalt

Ich mag es in meinem Garten bunt und natürlich. Deshalb wachsen bei mir verschiedene Arten von Pflanzen. Und das Beste: Sie eignen sich perfekt für die unterschiedlichsten Dekorationen.

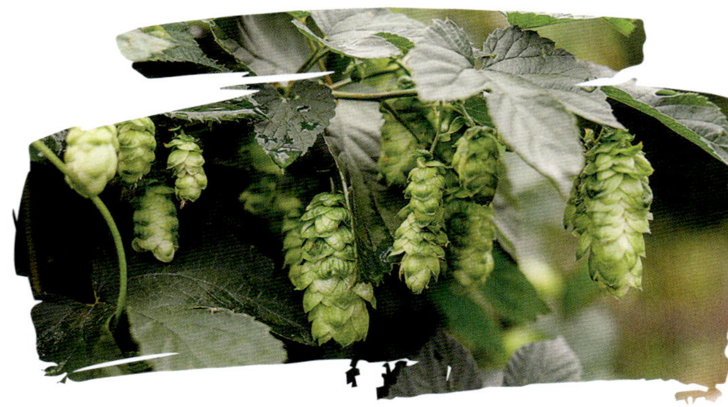

Freuen kann sich jeder, bei dem **Hopfen** im Garten wächst. Die Kletterstaude bietet sich nicht nur als Sichtschutz an. Im Herbst können ihre Ranken auch als Bestandteil von Kränzen genutzt werden.

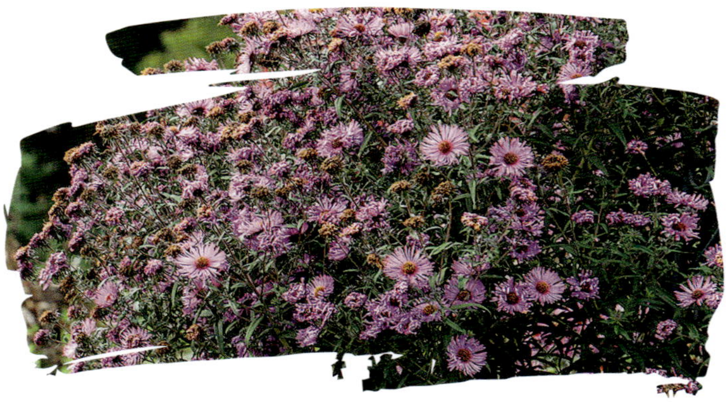

Sowohl am Strauch als auch in Dekorationen sehen die **Herbstastern** toll aus. Meist blüht die Pflanze so kräftig, dass es gar nicht auffällt, wenn ein paar Blüten eine andere Bestimmung finden.

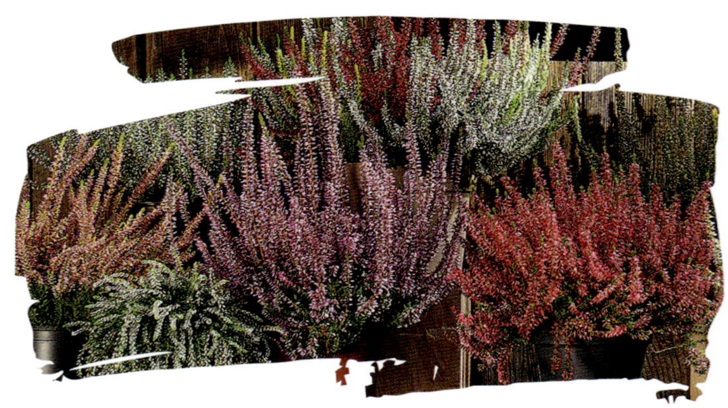

Als Topf- und Beetpflanze ist die **Heide** sehr beliebt. Sie lässt sich aber auch gut in Kränze und mehr einarbeiten.

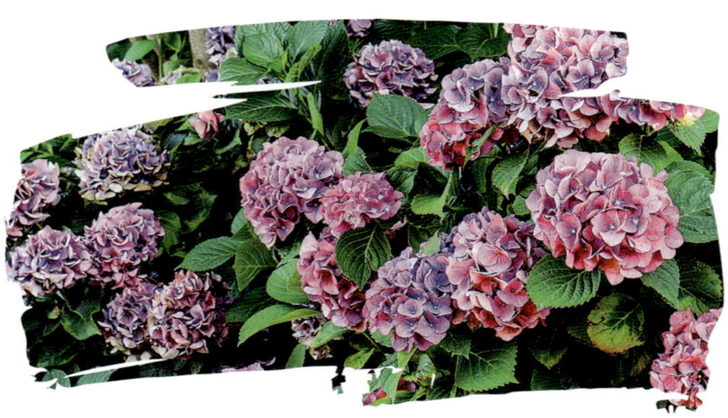

Den ganzen Sommer über blühen die **Hortensien** um die Wette. Im Herbst eignen sie sich ideal für verschiedene Dekorationen, in denen sie wunderschön eintrocknen können.

Natürlich bieten sich auch noch zahlreiche andere Pflanzen an, die den Garten und somit auch die Dekorationen aufhübschen. Dazu gehören zum Beispiel Dahlien, Sonnenblumen, Zinnien, Eisenkraut, Stacheldrahtpflanze, Holunder, Hagebutten, Schlehen, Wilder Wein, Sterndolden und mehr.

Meine Werkzeugkiste

Wenn ich kreativ werde, gehören nicht nur Blumen und Pflanzen zu den Materialien, die ich benötige. Oft brauche ich auch kleine Hilfsmittel und Werkzeuge, die mir die kreative Gestaltung erleichtern.

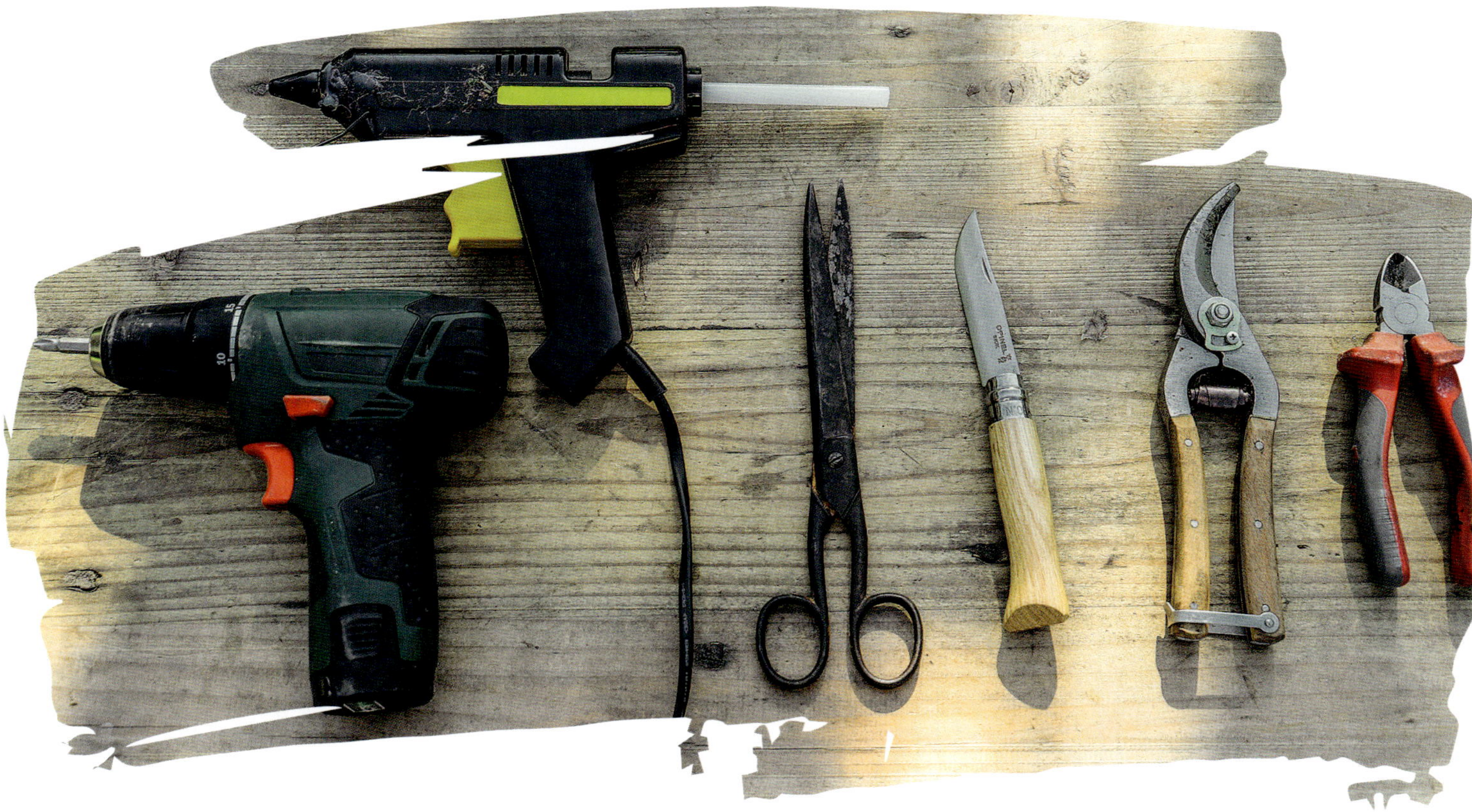

In meiner Werkzeugkiste liegen **Schere, Gartenschere, Seitenschneider, Heißklebepistole, Akkuschrauber** und Stifte immer griffbereit. Dann kann ich nämlich immer direkt loslegen, wenn mir eine Idee kommt und muss nicht erst alles zusammensuchen oder mittendrin sogar meine Arbeit unterbrechen, weil etwas fehlt.

Außerdem finden sich in meiner Blumenwerkstatt immer Stecknadeln, Holzspieße, Schrauben und doppelseitiges Klebeband, um verschiedene Materialien miteinander zu verbinden oder aneinander zu befestigen. Auch Heu, verschiedene Gefäße, Blumentopfuntersetzer, Pappe, die als Schablone dienen kann, Folie oder Gefrierbeutel sollten nicht fehlen. Auf der folgenden Seite habe ich einige meiner Hilfsmittel samt Beschreibung für ihren Einsatz aufgelistet.

Meine Hilfsmittel

Neben den Werkzeugen benutze ich auch eine ganze Reihe an Hilfsmitteln, die in meinen Dekorationen verarbeitet werden oder mir die Arbeit erleichtern. Dazu gehören zum Beispiel:

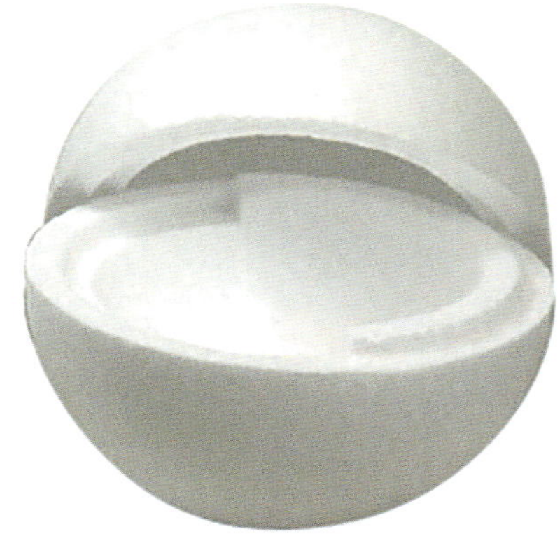

Styroporhalbkugeln eignen sich besonders als Pflanzschalen. Sie können von außen beklebt werden und sollten von innen mit Folie ausgelegt sein, bevor Pflanzen eingesetzt werden.

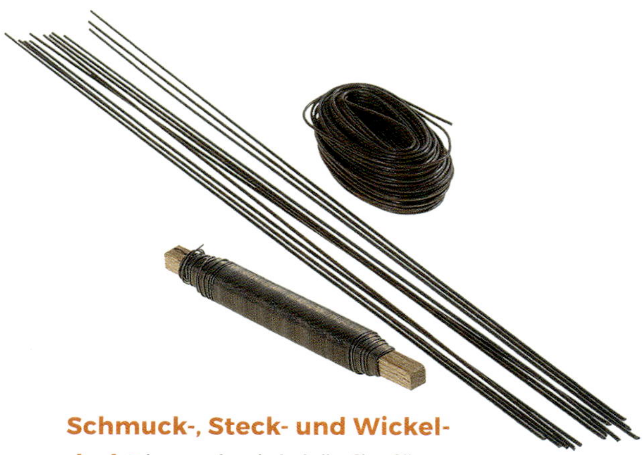

Schmuck-, Steck- und Wickeldraht brauche ich häufig für meine Kreationen. Diese gibt es in verschiedenen Stärken und Längen.

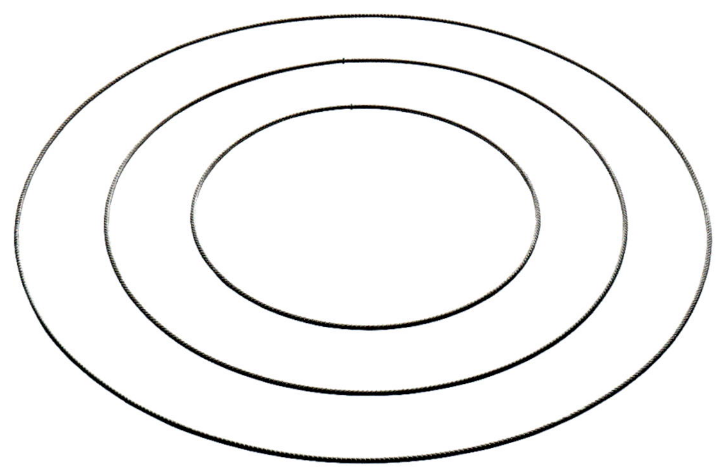

Dekoreifen sind momentan total angesagt. Dabei handelt es sich um schmale Metallringe. Sie können entweder komplett oder nur punktuell bewickelt werden. Durch ihre zierliche Erscheinung werden sie häufig als Fensterdeko eingesetzt.

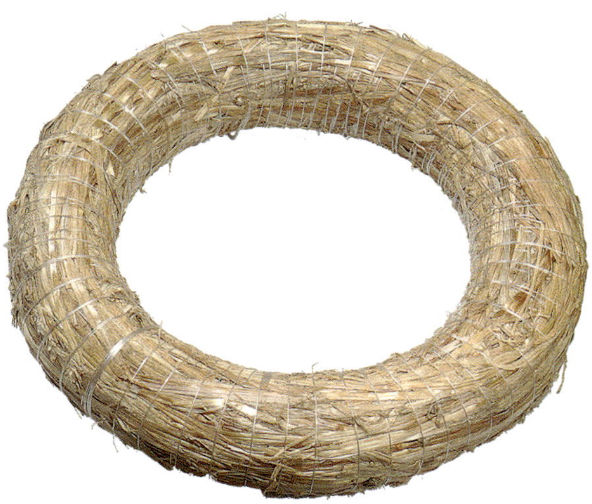

Der **Strohrömer** dient häufig als Basis meiner verschiedenen Kränze. Dabei handelt es sich um zu einem Ring gepresstes Stroh, das im kreativen Schaffensprozess häufig besteckt oder bewickelt wird.

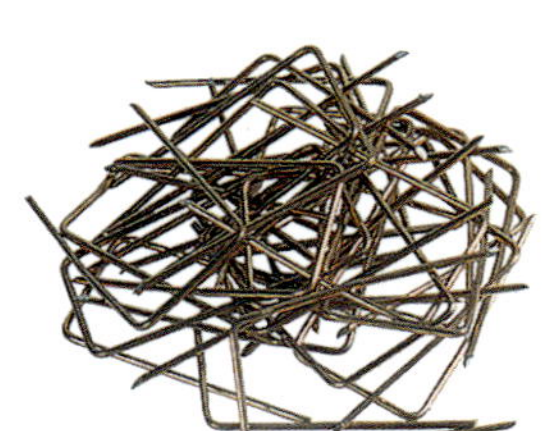

Haften sind u-förmig gebogen und werden auch Krampen genannt. Sie eignen sich, um z. B. Blätter, Zweige oder Moos auf Steckschaum-, Stroh- und Styroporunterlagen zu befestigen.

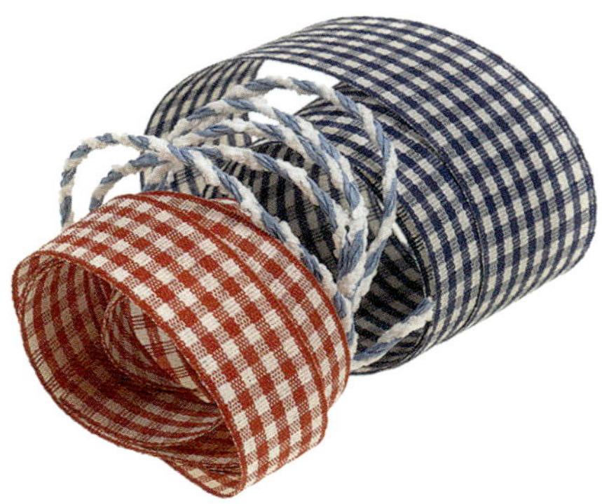

Schmuckbänder, Kordeln und Schnüre in allen möglichen Farben, Mustern und Stärken finden sich bei mir zuhauf. Ich verwende sie häufig als Aufhängung zum Beispiel bei Kränzen oder als schmückendes Element.

Auch **Baumstamm- und Astscheiben** in unterschiedlichen Größen und Stärken hebe ich immer auf. Sie sind besonders nützlich als Fuß einer Dekoration oder werden auch schon mal statt einer Mutter beim Zusammenschrauben zweier Bestandteile verwendet.

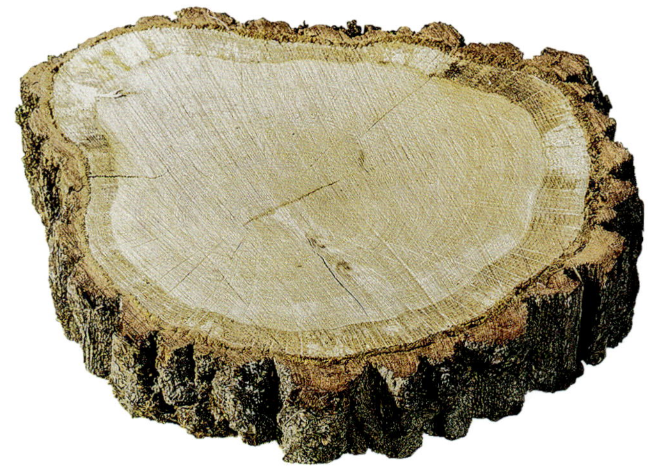

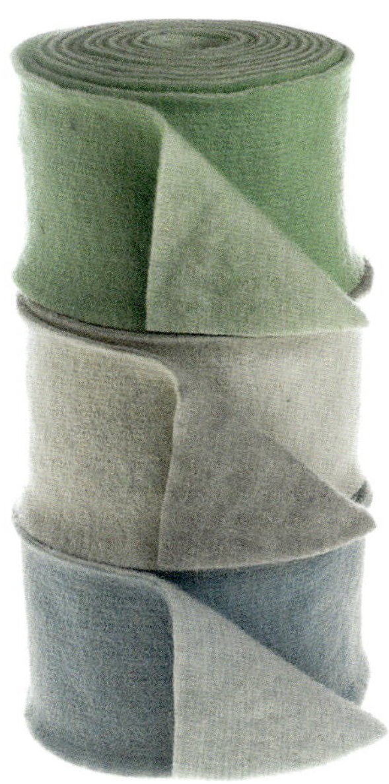

Auch **Filz** findet Verwendung in meinen Kreationen. Er lässt sich besonders leicht reißen und gibt den Werkstücken das gewisse Etwas.

In meinen Werkstücken verwende ich sowohl **Frisch- als auch Trockenblumensteckschaum.** Der Frischblumensteckschaum wird vor dem Verarbeiten in Wasser getränkt, damit er sich vollsaugen kann und die Blumen und Pflanzen später lange frisch hält. Der Trockenblumensteckschaum wird dagegen verwendet, wenn trockene Pflanzenteile wie Zweige, Holzspieße und Ähnliches Halt haben sollen.

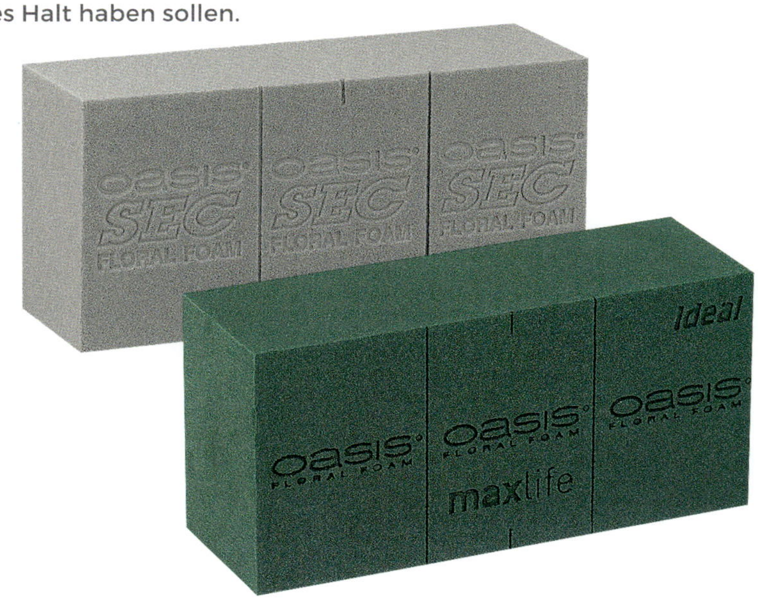

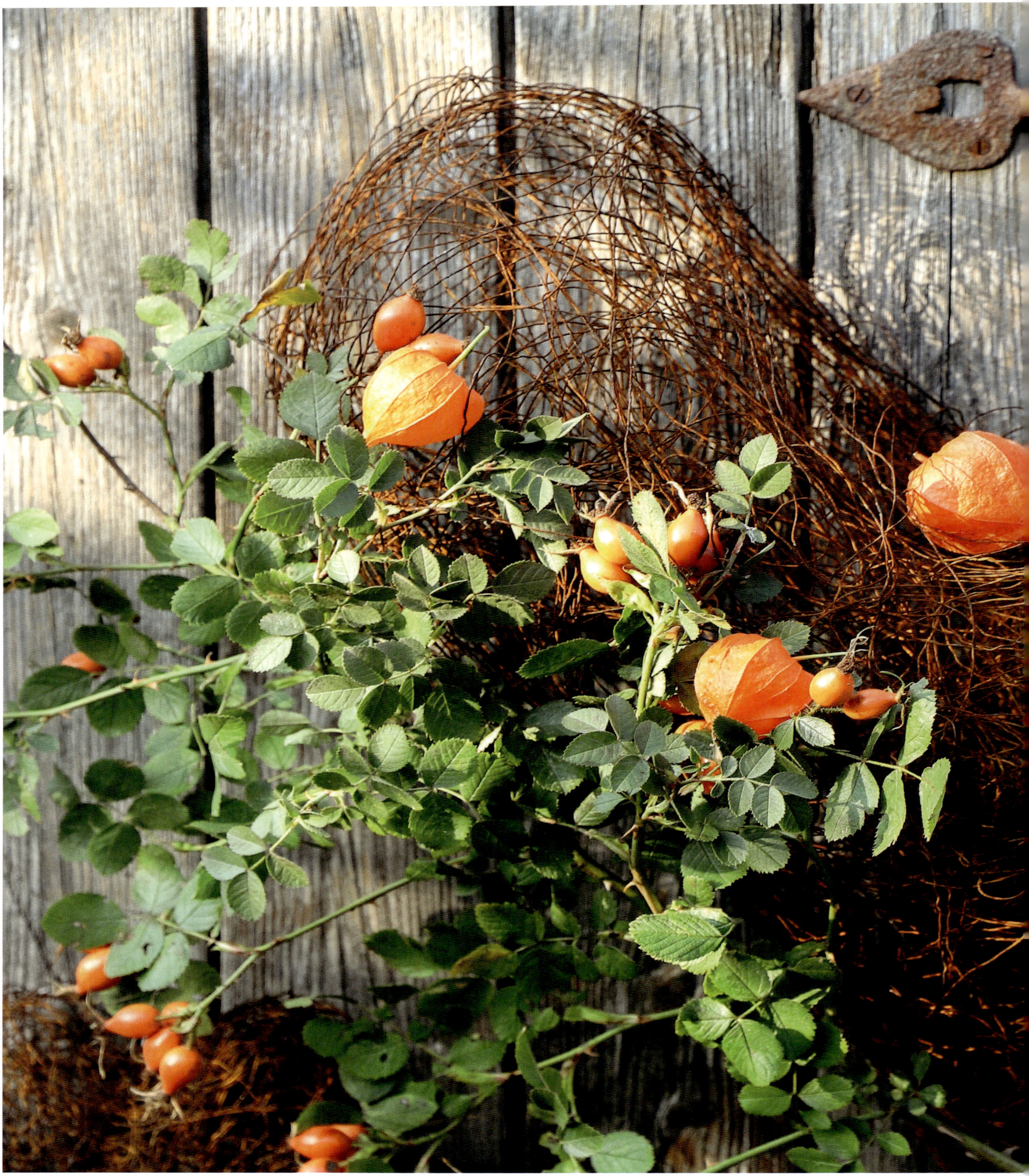

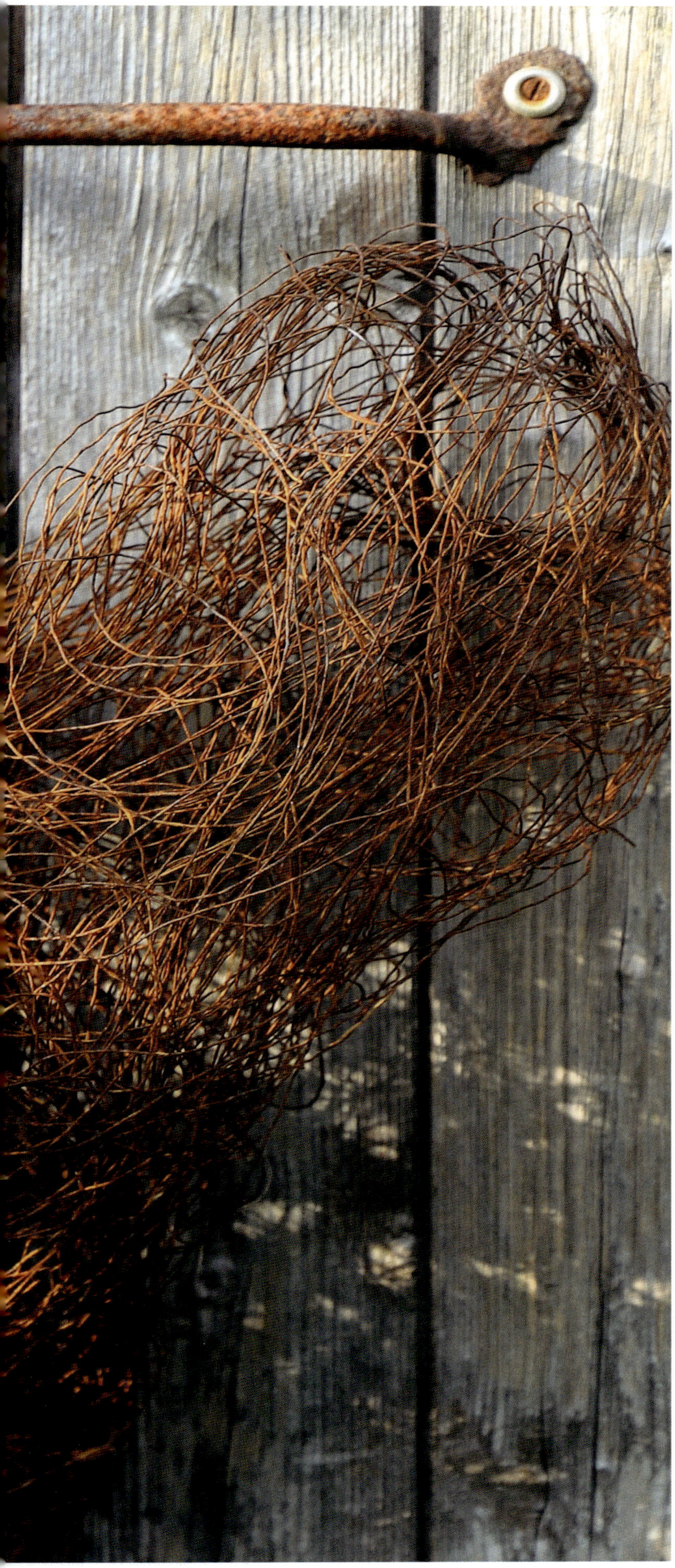

Danke!

Es hat mir große Freude bereitet, dieses Buch machen zu dürfen. Ich bin dem Verlag, ganz besonders Hella Henckel, sehr dankbar, dass mir die Chance für eine weitere Publikation gegeben wurde. Danke für das Vertrauen.

Ein Buch braucht eine professionelle Unterstützung. Und die hatte ich mit einem tollen Team an meiner Seite. Durch Julia Bramhoff, Marion Hennig und Britta Baschen bekam das Buch eine tolle Gestaltung. Allen danke ich für diese schöne Umsetzung. Frau Bramhoff, meine Redakteurin, geduldig und immer mit einem offenen Ohr, auch dafür vielen Dank.

Es ist ein wunderbares Lebensgefühl, wenn man eine Tätigkeit ausüben darf, die man liebt. Ich durfte in diesem Werk beides vereinen. Die Liebe zur Floristik und zur Fotografie. Dafür herzlichen Dank an alle, die mich dabei unterstützt haben und an mich glaubten. Der größte Dank geht dabei an meine Familie – mein Fels in der Brandung.

Im gleichen Verlag sind erschienen:

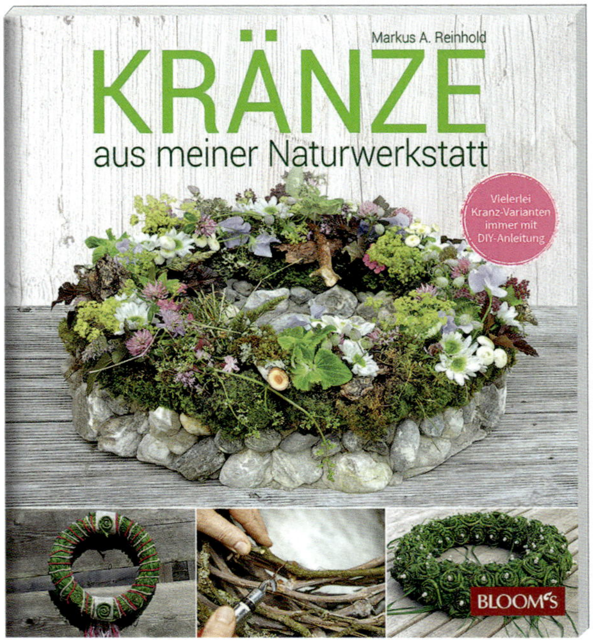

Markus A. Reinhold
KRÄNZE aus meiner Naturwerkstatt
128 Seiten, Format 25 x 28 cm,
Text deutsch, Softcover.
€ (D) 16,90 | € (A) 17,40 | SFR (CH) 21,90
ISBN 978-3-96563-062-8

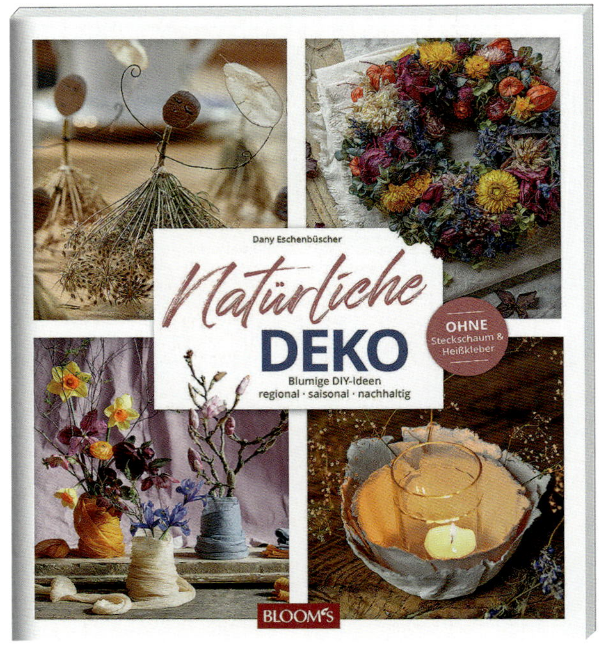

Dany Eschenbüscher
Natürliche DEKO – Blumige DIY-Ideen regional, saisonal, nachhaltig
136 Seiten, Format 25 x 28 cm,
Text deutsch, Softcover.
€ (D) 19,90 | € (A) 20,50 | SFR (CH) 24,90
ISBN 978-3-96563-070-3

Jetzt einfach bestellen:

0800 0 256667
info@blooms.de
blooms.de/shop

Kranzunterlagen, Dekoreifen, Twister und weitere Hilfsmittel zum kreativen Gestalten findet Ihr im Internet unter **blooms.de/kreativ-zubehoer**

Impressum

Herausgeber BLOOM's GmbH, Ratingen
Ideen & florale Gestaltung Ulrike Schmidt
Chefredaktion Hella Henckel
Redaktion Julia Bramhoff
Fotos Ulrike Schmidt
Grafikdesign/DTP Marion Hennig | Britta Baschen
Druck Firmengruppe APPL, aprinta Druck, Wemding

BLOOM's

© BLOOM's GmbH
Halskestraße 46 | 40880 Ratingen
T +49 (0)2102 9644-0
F +49 (0)2102 896073
info@blooms.de | blooms.de
1. Auflage 2021
ISBN 978-3-96563-071-0